21世纪会计系列规划教材·致用型

VBSE 跨专业综合实训教程

VBSE Interdisciplinary Comprehensive Training

凌祯蔚 主编
吴阳阳 杨娜 张倩丽 副主编

东北财经大学出版社
Dongbei University of Finance & Economics Press
大连

图书在版编目（CIP）数据

VBSE跨专业综合实训教程 / 凌祯蔚主编．—大连：东北财经大学出版社，2024.2（2025.8重印）

（21世纪会计系列规划教材·致用型）

ISBN 978-7-5654-5065-5

Ⅰ．V…　Ⅱ．凌…　Ⅲ．财务软件-高等学校-教材　Ⅳ．F232

中国国家版本馆CIP数据核字（2023）第255822号

东北财经大学出版社出版

（大连市黑石礁尖山街217号　邮政编码　116025）

网　　址：http://www.dufep.cn

读者信箱：dufep@dufe.edu.cn

大连东泰彩印技术开发有限公司印刷　东北财经大学出版社发行

幅面尺寸：185mm×260mm　字数：360千字　印张：15

2024年2月第1版　2025年8月第2次印刷

责任编辑：王　莹　刘慧美　责任校对：赵　楠

封面设计：张智波　版式设计：原　皓

定价：40.00元

教学支持　售后服务　联系电话：（0411）84710309

如有印装质量问题，请联系营销部：（0411）84710711

前　言

VBSE跨专业综合实训是基于新道VBSE跨专业综合实践教学平台（V综3.6）的一门综合实训课程。本课程营造了一个商业社会环境，虚拟了现代商业社会中的多种类型组织，包括制造企业、工贸企业、商贸企业、国贸企业等企业，也包括综合服务公司、物流公司、会计师事务所等服务性组织，还包括市场监督管理局、税务局、海关等政府部门。本课程以制造企业为核心，设置了采购与付款、销售与收款、生产与派工等业务。实训时，不同专业的学生分工协作，共同完成VBSE平台推送的工作任务，在行动中感知社会和企业经营环境，提升企业经营及管理所需要的决策能力、执行能力、创新创业能力以及综合职业素养。

学生在进行VBSE跨专业综合实训时，普遍的问题是“只见树木，不见森林”。这是因为VBSE系统中的任务按岗位推送，不同岗位的同学收到的仅仅是一项业务中与自己相关的任务。针对这一问题，本书在编写时，先按照业务发生的时间顺序对业务的操作原理进行介绍，对于时间跨度较长的业务，专门增设了第四章，进行跨日期交互型任务的流程梳理，使学生能够在按照时间先后顺序操作完成任务后思考整个业务流程，既能统揽全局，又能把握具体操作细节，还能方便地按照实训进度查找有关内容。

VBSE跨专业综合实训的另一个主题是各个组织的账务处理。针对有账务处理任务的组织，如制造企业、工贸企业、商贸企业以及代理记账的会计师事务所，本书不仅有针对性地讲解了记账凭证的编制、各类账簿的登记，而且设计了Excel账务处理环节，详细介绍了使用Excel登记账簿和编制财务报表的方法，使财务工作更加准确高效。

习近平总书记在党的二十大报告开篇部分开宗明义地指出：“高举中国特色社会主义伟大旗帜，全面贯彻新时代中国特色社会主义思想，弘扬伟大建党精神，自信自强、守正创新，踔厉奋发、勇毅前行，为全面建设社会主义现代化国家、全面推进中华民族伟大复兴而团结奋斗。”本书在主要章节后增加了课程思政元素，引导广大青年师生坚定不移听党话、跟党走，怀抱梦想又脚踏实地，敢想敢为又善作善成，立志做有理想、敢担当、能吃苦、肯奋斗的新时代好青年。引导学生把个人追求融入现代化建设伟大事业，将个人理想融入民族复兴的伟大理想，以真才实学为国尽责，为人民奉献，将培育和践行社会主义核心价值观融入教学全过程。本书旨在通过课程学习训练，培养学生爱岗敬业、诚实守信、廉洁自律、遵纪守法、细致严谨、吃苦耐劳、团结友爱等职业素养，使其具备胜任岗位工作的专业能力，成为德智体美劳全面发展的管理型、创新型、创业型人才。

本书由郑州商学院凌祯蔚担任主编，吴阳阳、杨娜、张倩丽担任副主编，薛培琼、张影参加编写。具体分工为：凌祯蔚编写第十章、第十一章；吴阳阳编写第八章、第十二章；杨娜编写第五章、第九章；张倩丽编写第三章、第七章；薛培琼编写第一章、第二章和第四章；张影编写第六章。

本书是编者基于多年来采用不同开课模式总结的教学经验编写的。在教学过程中，我们认真思考实验教学的模式，努力践行教学改革。感谢各单位对本书编写和出版所给予的大力支持。

因编者认知水平有限，书中难免存在不足之处，敬请读者批评指正。

编　者

2023年9月

目　录

第一章

课程导读

项目综述

新道VBSE跨专业综合实训是面向高校经管类专业的综合实践教学课程。本课程基于建构主义理论重构实践教学环境，把企业“搬进”校园，上课即上班。通过对不同形态组织的特征抽取，营造一个虚拟的商业社会环境，让受训学员在虚拟的市场环境、商务环境、政务环境和公共服务环境中，根据现实岗位工作内容、管理流程、业务单据，结合与教学目标适配的业务规则，将经营模拟与现实工作接轨，进行仿真经营和业务运作。在这个过程中，教师可进行宏观、微观管理，多人协同模拟经营，从而训练学生的综合执行能力、综合决策能力和创新创业能力，培养学生的全局意识和综合职业素养，帮助学生胜任财务工作，同时也能够认识企业、了解社会。

学习目标

1. 了解课程的培养目标；
2. 了解课程的学习内容；
3. 了解课程的组织方式和学习方法；
4. 了解课程的考核方式。

重点难点

课程组织、角色转变。

第一节　课程能力

VBSE课程是一门综合性实验课，其主要任务是通过模拟企业的经济业务，让学生了解不同岗位的工作，从而提高学生的综合素养，并为学生走向职场做好身份转换的准备。完成各项经济业务的过程需要企业内部多个岗位通力配合，还需要企业上下游组织协同完成。

一、课程培养目标

VBSE（Virtual Business Social Environment，虚拟商业社会环境）跨专业综合实训所使用的软件为新道VBSE综合实践教学平台3.6（简称V综3.6）。平台设置的组织类型有制造企业、工贸企业、商贸企业、连锁企业、物流公司、会计师事务所、进出口服务中心、中国银行、中国工商银行等，这些现代社会组织及重要部门共同形成了一个商业社会环境。平台模拟了组建团队、缴纳税款、发放工资、采购和销售等企业内部、企业之间以及企业与政府机构之间的业务，让参与实训的学生通过岗位角色扮演合作完成上述业务，了解企业内部管理、供应链管理以及政务管理，从而达到以下课程目标：

1.感知企业内外部组织管理流程、业务流程及各组织间的关系；

2.认知理论与实践相结合的重要性，能够根据组织岗位任务要求完成相应的工作；

3.熟悉主要社会组织的日常工作内容和岗位职责；

4.掌握主要社会组织的业务流程和业务单据的填报；

5.了解不同社会组织主要业务之间的数据传递关系；

6.培养受训学生的自主学习能力、实践操作能力、独立思考能力、全局意识、团结协作能力、综合决策能力和创新创业能力，使学生在步入社会后不迷茫，在工作岗位上接受任务时不陌生。

二、实训任务

VBSE跨专业综合实训主要包含制造企业的采购、生产和销售业务，也包含与制造企业上下游关系密切的其他社会组织活动，如缴纳企业所得税、物流运输业务等。在推送这些任务时，处于不同组织的不同岗位的受训学生所接受的任务也不一样。

实训任务包括固定数据阶段和自主经营阶段。其中，固定数据阶段又包含团队组建、工作交接、经营准备、月初经营和月末经营五个环节（见表1-1）。

表1-1　**固定数据阶段实训任务列表**

虚拟日期	任务名称	任务列表
1月5日	团队组建	实习动员
		系统操作培训
		CEO候选人报名
		CEO候选人竞选演讲
		投票选举CEO
		了解各组织岗位招聘需求
		现场招聘

续表

虚拟日期	任务名称	任务列表
1月5日	团队组建	员工上岗
		AR商业环境认知
1月5日	工作交接	了解各岗位职责
		熟悉企业规则
		分发办公用品
		查看办公用品清单
		各岗位工作交接
		收集各企业基本存款账户和银行预留签章
		学习公司注册流程
		虚拟商业社会行政管理制度编制（市场监督管理局）
		虚拟商业社会社会保障制度编制（人力资源和社会保障局）
1月5日	经营准备	商标制作及注册
		就业指导——职业规划（人力资源和社会保障局）
		办理个人银行卡
		部门借款
		发放薪酬
		申报个人所得税
		申报企业增值税
		申请和办理市场开拓（商贸企业）
		申请和办理ISO9000认证（制造企业）
		签订购销合同
		签订运输合同
		录入采购订单
		整理销售需求
		编制主生产计划
		编制物料净需求计划
		签订代发工资协议
		签订社保公积金同城委托收款协议
		签订税务同城委托收款协议
		商标制作及注册
		行政管理检查（市场监督管理局）
		下达社保稽查通知书（人力资源和社会保障局）

续表

虚拟日期	任务名称	任务列表
1月5日	经营准备	税务检查制度和奖惩机制的制定（税务局）
1月5日	月初经营	派工领料——童车（制造企业）
		派工领料——车架（制造企业）
		下达发货通知给商贸企业（制造企业）
		向物流公司下达运输订单（商贸企业）
		去制造企业取货并开发票（物流公司）
		为商贸企业办理出库及开票（制造企业）
		装车发运给商贸企业（制造企业）
		查看虚拟销售订单（商贸企业）
		组织商贸企业竞单（服务公司）
		给虚拟经销商发货（商贸企业）
		工贸企业收货入库
		扣缴五险一金
		缴纳个人所得税
		缴纳企业增值税
		行政管理检查（市场监督管理局）
		企业年度报告公示
		社保稽查（人力资源和社会保障局）
		行政处罚（人力资源和社会保障局）
		就业指导——简历制作（人力资源和社会保障局）
		税务稽查（税务局）
1月25日	月末经营	整理销售需求（制造企业）
		编制主生产计划（制造企业）
		编制物料净需求计划（制造企业）
		派工领料——车架（制造企业）
		派工领料——童车（制造企业）
		车架完工入库（制造企业）
		整车完工入库（制造企业）
		支付工贸企业货款（制造企业）
		支付运输费
		制造企业、商贸企业到货并办理入库
		制造企业原材料采购入库AR模拟操作

续表

虚拟日期	任务名称	任务列表
1月25日	月末经营	认证增值税抵扣联
		报送车间电费
		支付车间电费
		核算薪酬
		计提折旧
		销售成本核算
		存货核算
		成本核算
		期末账务处理
		编制资产负债表
		编制利润表
		行政管理检查（市场监督管理局）
		就业指导——面试技巧（人力资源和社会保障局）

三、实训任务之间的关系

系统推送的任务往往由多个步骤组成，每个步骤需要多个组织、多个岗位分工合作完成。比如，与制造企业采购和付款任务相关的步骤有：

1.【MCG1】与工贸企业签订购销合同（制造企业）；

2.【MCG2】与制造企业签订购销合同（工贸企业）；

3.【MCG3】录入采购订单（制造企业）；

4.【MCG4】确认采购订单（工贸企业）；

5.【MCG5】准备发货并通知制造企业（工贸企业）；

6.【MCG6】接到发货单准备取货（制造企业）；

7.【MCG7】向物流公司下达运输订单（制造企业）；

8.【MCG8】受理制造企业运输订单（物流公司）；

9.【MCG9】去工贸企业取货并开票（物流公司）；

10.【MCG10】为制造企业办理出库并开票（工贸企业）；

11.【MCG11】装车发运给制造企业（物流公司）；

12.【MCG12】送货到制造企业（物流公司）；

13.【MCG13】到货并办理入库（制造企业）；

14.【MCG14】收到运输费发票并支付（制造企业）；

15.【MCG15】收到工贸企业发票并支付（制造企业）；

16.【MCG16】收到制造企业运输业务回单（物流公司）；

17.【MCG17】收到制造企业货款银行回单（工贸企业）。

以上17个步骤共同组成了制造企业采购与付款的全流程。在固定数据阶段，这些步骤按先后顺序推送，分散在准备阶段、月初经营阶段和月末经营阶段，时间跨度为1月5日和25日。所以，可以这么理解："采购业务需经一个虚拟日才能到货。"在现实中，原材料通常需要提前采购，因此在固定数据阶段，系统设置的流程中采购和到货分2个虚拟日。在自主经营阶段，采购和到货可在一个虚拟日进行。采购业务各步骤及流程如图1-1所示。

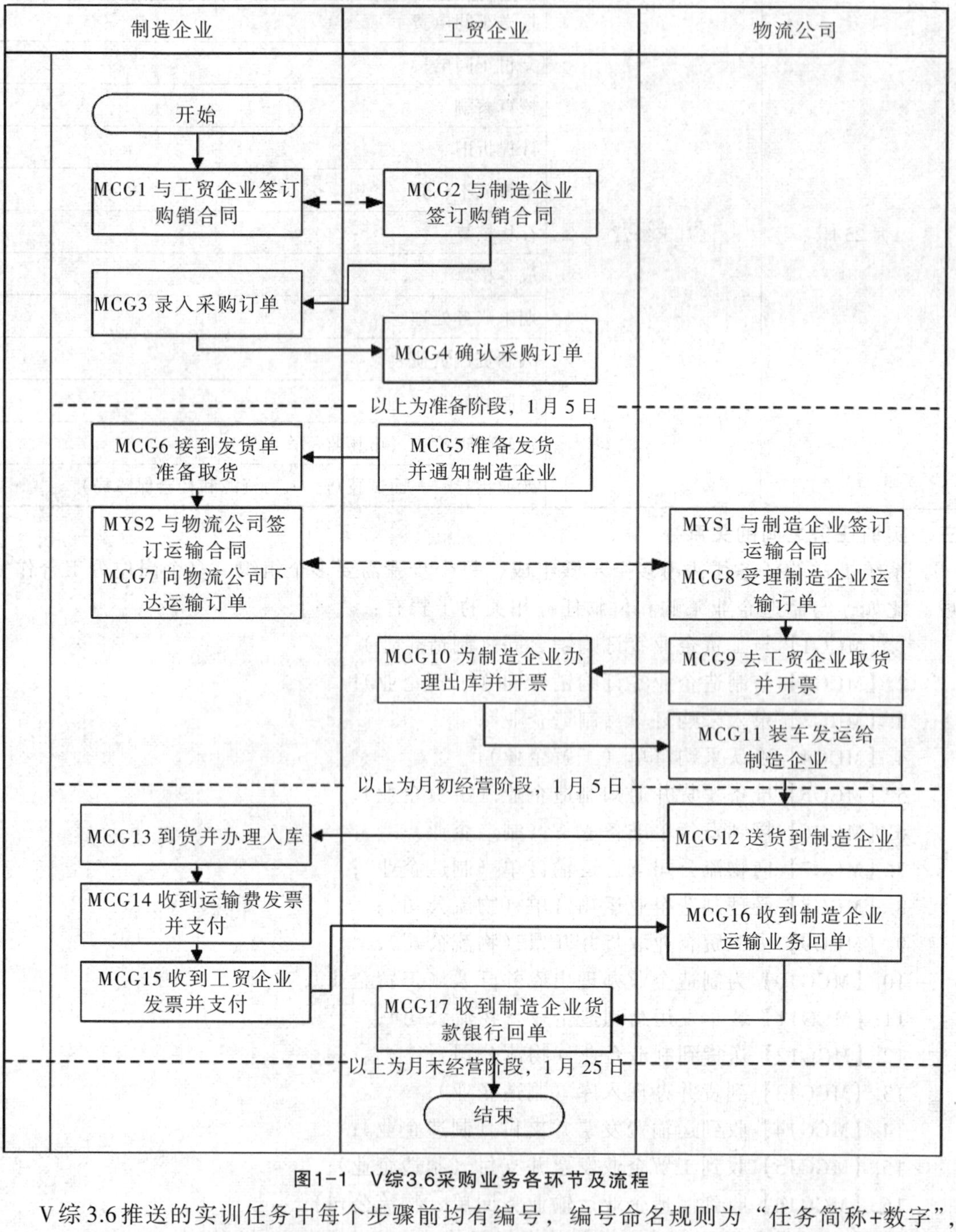

图1-1　V综3.6采购业务各环节及流程

V综3.6推送的实训任务中每个步骤前均有编号，编号命名规则为"任务简称+数字"，比如MCGn表示"制造企业采购业务第n个步骤"，其中M取Manufacturer（制造企业）的首字母，C和G是采购拼音的音序。实训时要按任务编号的顺序由小到大逐步完成。

V综3.6实训中也有一些任务不需要岗位配合即可完成。比如，学习型任务和考核型任务可以通过自学和自我测试来自主完成。

第二节　教学组织

VBSE实训课程适用于管理学和经济学一级学科下的各个专业，建议开设的学期为毕业前的第一个或第二个学期。开展实训时尽可能由不同专业的学生组成实训班，以便营造职场环境，带给学生更加真实的岗位体验。所以，VBSE实训课程的教学，不同于常规的知识讲授型或技能训练型课程，教学组织也不能采用常规的“教、学、做”或“See（观）-Do（为）-Get（得）”的逻辑框架。对于VBSE实训课程的教学组织形式建议如下。

一、课程教学安排

V综3.6系统设置了固定数据和自主经营两个阶段。固定数据阶段设置了2020年1月5日和1月25日两个虚拟日期，以便学生熟悉实训规则，了解企业业务和财务核算的流程。自主经营时间为2021年1月，经营周期可视各课程开设时间调整。

该系统提供线上电子单据填写和线下纸质单据填写两种模式，支持手工和信息化环境同步开展实训。所以，V综3.6实训可以基于学校情况及学生基础设计出不同的教学方案。本书推荐的教学方案见表1-2。

表1-2　**V综3.6实训教学安排**

可选方案	文案描述	授课内容	时间安排
集中授课	日期连续	固定数据3天+自主经营2天	12节/天×5天
		固定数据4天+自主经营3天	8节/天×7天
	每周8学时	固定数据4周+自主经营3周	8节/周×7周
	每周6学时	固定数据5周+自主经营4周	6节/周×9周

此外，由于系统支持信息化环境，因此在用友U8中完成业务和财务处理，可以加快实训进程。在实训时间充足的情况下，还可以实现实训岗位的轮换，让学生获得更多的岗位体验。

二、课程考核方法

本实训课程是分岗位的综合实训课，课程考核标准也不同于其他课程，既要从团队角度考核，又要从个人角度考核；既要考核业务处理能力，又要考核工作态度和职业素养。所以，本实训课程的考核，建议采用受训学生自主评价与指导教师评价相结合、个体评价与团队评价相结合、定性评价与定量评价相结合、过程评价与结果评价相结合的方法，考核方式中的团队考核和职场工作态度考核，可以体现在企业文化建设、团队任务完成效果、办公室环境建设和个人出勤情况等方面，也可以设置事务所岗位对日常财务工作进行考核，如有需要可根据实际情况适度调整。考核评价体系参见表1-3。

表1-3 V综3.6实训考核评价体系

项目	得分或权重	考核对象	评分
团队精神与合作效果	20	团队	教师
履行本岗位职责	30	个人	团队负责人
工作态度和工作绩效	10	个人	个人、团队负责人、教师
提交实训资料	10	团队、个人	教师、团队负责人
系统考核	30	个人	系统自动评分
合计	100		

三、课堂组织

VBSE实训打破了传统课堂中教师和学生的角色定位，师生角色随着课程的展开发生变化。教师不再是课堂的主导，转变为课堂活动的组织者、引导者、任务推送者和虚拟市场的维护者；学生成为教学活动的主导，是活动的参与者和职场人员。具体角色见表1-4。

表1-4 VBSE实训课程不同阶段教师和学生所扮演的角色

课程流程	具体任务	教师角色	学生角色
团队组建	实训动员、CEO竞聘、组织招聘	组织者、引导者	活动参与者
工作交接	分发办公用品、工作交接	组织者	新任各岗位职员
固定数据	经营准备、月初经营、月末经营	任务推送者、业务指导者、顾问	学习者（见习生）、岗位角色扮演
自主经营	模拟企业及其他社会组织开展日常业务	虚拟市场维护者、独立审计、进程控制者	岗位角色扮演
实训总结	实训总结	组织者、引导者	活动参与者

四、课程学习方法

VBSE实训课程不同于常规课程，是要求受训学生亲自“做”的课程。实训学生需要完成以下三个转变：

1.身份转变

这是指从学生身份到职场身份的转变。VBSE实训课程要求团队成员分工合作，共同完成实训任务。无论是处于实训主体的制造企业的岗位，还是处于外围的社会组织的岗位，参与者都要多沟通交流，学会换位思考，以职场身份解决问题。

2.学习方式转变

这是指从被动学习到主动学习的转变。针对每个任务，VBSE系统提供操作流程和操作步骤，改变过去“不懂就问”的学习习惯，变成自主学习、团队合作学习，受训学生要敢于尝试和探索，在错误中吸取教训。

3.心态转变

这是指从个体学习到集团合作的转变。每一位受训学生都必须完成本岗位工作，参与企业的经营过程，以获得切身体验；否则，不但自己没有收获，还会影响团队其他成员的进度。

第三节　系统操作

VBSE系统在实验过程中起到办公自动化平台的作用。在同一组织不同部门的岗位或不同组织有关联的岗位上任职的受训同学，都要在这个平台上完成业务处理。

VBSE系统提供两种身份：一个是教师身份，另一个是学生身份。用户以教师身份登录系统后，可以进行课程设置、任务推送和学生管理，可以查看学生经营情况、控制实训进程；用户以学生身份登录系统后，可以接收老师推送的任务，完成本岗位工作后将任务推送到下一环节。

一、VBSE系统操作原理

VBSE系统是一个教师和学生交互使用的平台，需要老师和学生相互配合，共同完成实训任务。其操作原理如图1-2所示。

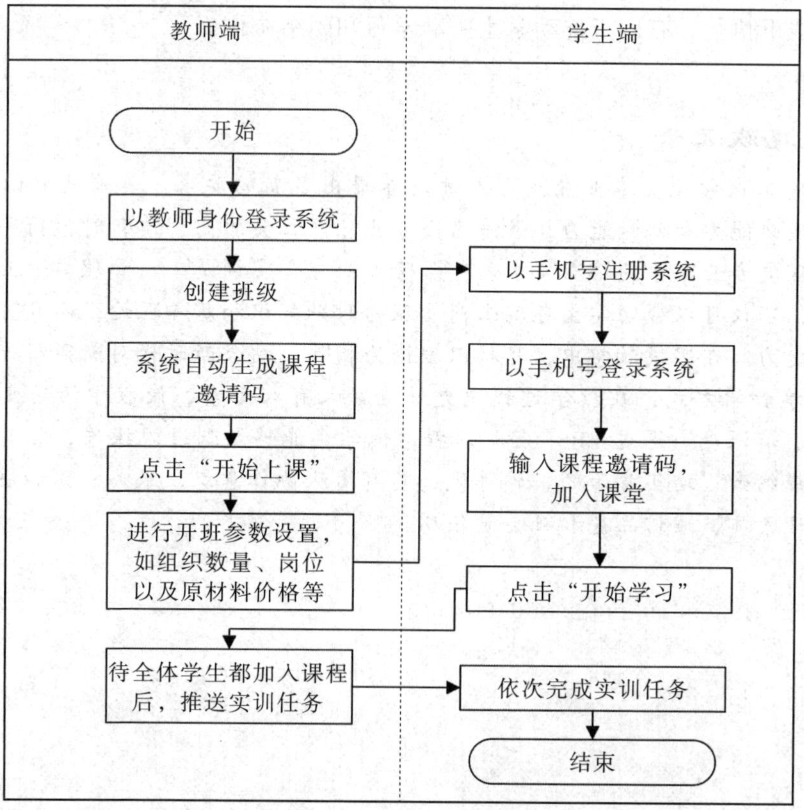

图1-2　VBSE系统操作原理

使用VBSE系统时，用户首先要以教师身份登录系统，创建班级，生成课程邀请码后，将课程邀请码发给学生，然后学生以手机号注册系统，输入课程邀请码，加入课堂。具体操作流程请扫码查看。

教师课程设置操作流程

二、学生操作界面

当学生加入课堂并进行团队组建后，VBSE系统界面及经常使用的功能如图1-3所示。

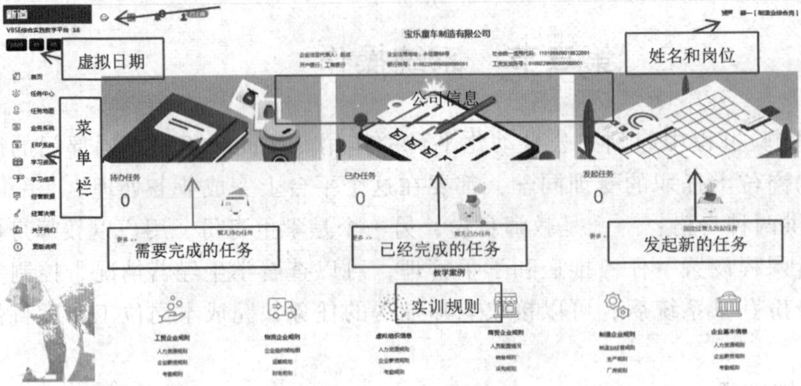

图1-3 VBSE学生操作界面

VBSE系统可以提醒学生当前本岗位有什么任务有待完成，学生也可以查询到已经完成的任务，还可以通过系统提供的“资源库”自主学习。这个平台有助于实现实训任务的线上驱动、线下执行，有助于推动学生主动学习和团结协作。

课程思政元素

新商科对工商管理类专业应用型人才培养提出了新的要求。具有良好的思想道德品质、较强的实践能力和创新能力，做一名懂专业、懂社会的高素质新时代商科人才，成为未来工商管理类专业人才的培养要求之一。跨专业综合实训是工商管理类专业一门必修综合实验课程，不仅可以帮助学生夯实工商管理的基础知识和基本理论，而且可以锻炼学生的实际操作能力。在实践教学中，坚持以理论为指导，结合新时代对新商科专业人才的需求，不断改革教学方式，在教学过程中更好地融入育人元素，使教学活动变得更加有温度、有情怀、有深度。通过VBSE实训课程，使学生能够做到遵规操作，具有爱岗敬业精神，具有严谨细致、踏实肯干的工作作风，具有团队协作意识、服务意识和法律意识，具有良好的心理素质、诚信品德和社会责任感。

第二章

团队组建

项目综述

学生参与VBSE实训，首先要清楚有哪些模拟企业和社会组织，提供哪些实习岗位；然后，通过CEO竞选和应聘上岗，完成团队组建，共同搭建起虚拟商业环境。受训学生应熟悉自己的岗位职责，在共同的经营规则约束下开展虚拟的商业活动。

学习目标

1.认识虚拟组织和岗位；
2.竞选出组织负责人；
3.应聘上岗，组建团队；
4.了解岗位职责；
5.了解经营规则。

重点难点

岗位职责；不同企业的经营规则。

第一节　组织及岗位

V综3.6系统以制造企业为核心，设置了与其生产销售相关的供应链上下游企业，供应商（工贸企业）、客户（商贸企业、国际贸易公司、连锁经营公司）以及物流公司、银行、服务公司、市场监督管理局、税务局、人力资源和社会保障局等社会组织，共同形成囊括企业管理全景、供应链管理全景乃至商业社会全景的仿真环境。

一、制造企业组织结构及其岗位

V综3.6系统最多可开设10家制造企业。每家制造企业设置了18个工作岗位，教师在进行课程设置时，可以根据参加实训的学生数量，选择制造企业的数量，并进行必要的岗位合并。本教材以两家制造企业（宝乐童车和小精灵童车）和11个岗位为例。

制造企业围绕价值创造，采用职能型组织结构，其组织结构及岗位设置如图2-1所示。

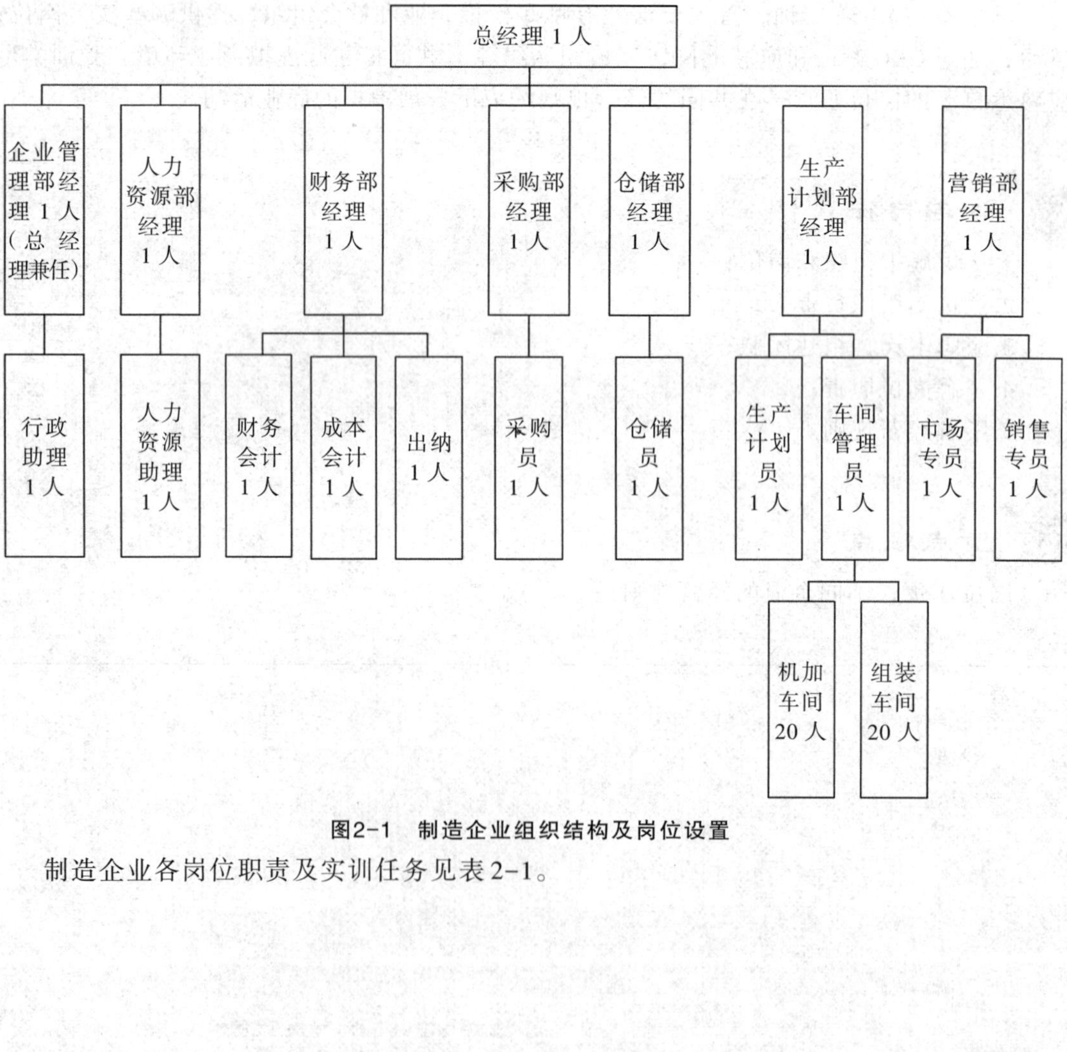

图2-1　制造企业组织结构及岗位设置

制造企业各岗位职责及实训任务见表2-1。

表2-1　　制造企业各岗位职责及实训任务

机构	岗位	在VBSE实训中的岗位职责和工作任务
制造企业	CEO	负责公司全面管理，制定重大决策，组织招聘，组建团队，召开内部会议，制订并落实经营计划
	行政助理	协助总经理开展日常工作，办公用品管理，合同管理，固定资产实物管理，证件办理和管理
	财务经理	制定财务制度，审核记账凭证和财务报表，登记总分类账，组织盘点，统筹资金运用
	出纳	办理银行开户，购买发票、支票，现金收支，转账付款，登记日记账，发放薪酬
	成本会计	核算成本，登记成本账，编制成本报表
	财务会计	填制和审核原始凭证，编制记账凭证，登记明细账，纳税申报，会计档案管理
	生产部（生产部经理+生产计划员+车间管理员）	负责生产相关工作：编制生产计划、物料需求计划，产品研发，请购单、领料出库单、完工入库单、质检单等单据的填写和审核
	采购部（采购部经理+采购员）	负责采购相关工作：编制采购计划，询价，议价，签订采购合同，跟踪合同执行，采购付款申请
	仓储部（仓储部经理+仓储员）	负责仓储管理相关工作：物料收发单据的填写和审核，仓库盘点，库存分析，库存控制
	营销部（市场专员+销售专员+营销部经理）	负责营销相关工作：市场预测和开发，广告投放，编制销售计划，签订销售合同，发货催款
	人力资源部（经理+助理）	负责人力资源管理相关工作：招聘、选用、培训、考核、薪酬计算、办理社保公积金等业务

二、工贸企业和商贸企业组织结构及其岗位

V综3.6系统开设邦尼、恒通、思远、新耀四家工贸企业，为制造企业提供生产所需原材料，在设置组织数量时可供选择。工贸企业设置企管部、业务部和财务部三个部门（如图2-2所示）。每个部门相应设置总经理、行政助理、业务主管和财务主管四个岗位。

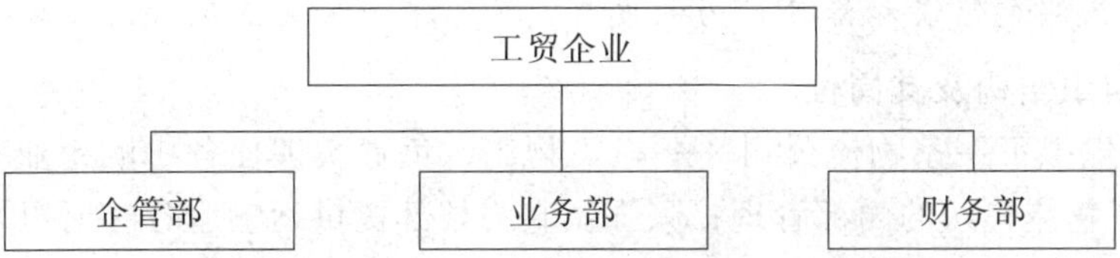

图2-2　工贸企业组织结构

V综3.6系统共设有华晨、旭日、仁合、天府四家商贸企业，可与制造企业签订采购合同，在国内销售制造企业生产的童车。商贸企业设置企管部、营销部、采购部、仓储

部、财务部五个部门（如图2-3所示）。每个部门相应设置总经理、行政助理、营销部经理等七个岗位。

图2-3　商贸企业组织结构

实训时，考虑到工作任务的均衡，岗位可以由教师在系统教师端进行合并，工贸企业最少可合并至三个岗位，建议保留四个岗位。商贸企业建议保留四个岗位（见表2-2）。

表2-2　**工贸企业和商贸企业的岗位职责及工作任务**

机构	岗位	在VBSE实训中的岗位职责和工作任务
工贸企业（邦尼、恒通）	CEO兼出纳（总经理）	负责公司全面管理和重大决策；实训任务包括会议纪要提交、库存现金日记账和银行存款日记账的填写
	行政助理	负责员工考勤、固定资产管理
	业务主管	负责所有与业务相关的工作；实训任务主要是合同签订，合同执行情况统计，原始单据的填制和审核，库存台账的登记
	财务主管	负责所有与财务相关的工作；实训任务主要是凭证和明细账的填制、登记
商贸企业（华晨、旭日）	CEO（总经理）	负责公司全面管理和重大决策；实训任务包括会议纪要提交、员工考勤、固定资产管理
	行政主管（行政助理+仓储部经理+出纳）	负责合同执行情况统计、原始单据的填制和审核、库存台账的登记、库存现金日记账和银行存款日记账的填写
	财务主管（财务部经理）	负责所有与财务相关的工作；实训任务主要是凭证的填制、审核及三栏式明细账的登记
	业务主管（营销部经理+采购部经理）	负责所有与业务相关的工作；实训任务主要是与制造企业签订采购合同，与线上商贸企业签订销售合同，开拓市场，投放广告

【温馨提示】

在V综3.6系统平台设置中的实训任务弱化了工贸企业和商贸企业的业务与财务处理，所以，其岗位分工主要考虑实训的任务量，而没有执行“不相容职务分离”的内部控制制度。在实务中，为避免错误和舞弊行为的发生，不允许一人兼任执行、记录和监督的岗位。

三、物流公司组织结构及其岗位

VBSE实训虚拟了一家物流公司——隆飞物流，负责实训任务中购销业务的货物运输。实训任务弱化了物流公司的内部管理，只强调它为外部提供运输服务，所以VBSE物流公司只设置企管部和业务部两个部门，设置总经理（CEO）和业务主管两个岗位。

实训时总经理岗位不能与其他岗位合并，但可以由一位学生通过“虚拟账号”的形式承担另一个岗位的工作。物流公司的岗位职责及实训任务见表2-3。

表2-3　物流公司的岗位职责及实训任务

机构	岗位	在VBSE实训中的岗位职责和工作任务
隆飞物流	CEO	负责公司全面管理和重大决策；实训时线上提交会议纪要
	业务主管	负责市场开发、业务洽谈，物流行业信息的收集、分析以及对客户的回访，编制物流合同执行统计表

四、国际贸易公司组织结构及其岗位

VBSE实训虚拟了一家国际贸易公司——五洲进出口，负责制造企业产品的出口销售。实训弱化了国际贸易公司的内部管理，只强调它所提供的出口业务，所以VBSE国际贸易公司只设置企管部、内陆服务部和海外业务部三个部门，设置总经理（CEO）、内陆业务经理和出口业务经理三个岗位，实训时内陆业务经理和出口业务经理岗位还可以合并。

合并后的国际贸易公司岗位职责及实训任务见表2-4。

表2-4　国际贸易公司岗位职责及实训任务

机构	岗位	在VBSE实训中的岗位职责和工作任务
五洲进出口	CEO	负责公司全面管理和重大决策；实训时线上提交会议纪要，兼任财务记账
	业务主管（出口业务经理+内陆业务经理）	负责国际市场开拓、出口业务洽谈、进出口订单管理、采购合同的执行统计、库存台账填制，兼任出纳

五、连锁企业组织结构及其岗位

VBSE实训虚拟了一家连锁企业——百联集团，与商贸企业和五洲进出口一样，从制造企业购进货物，不同的是，连锁企业购进货物后统一配送到门店，由门店向外销售。实训弱化了连锁企业的内部管理，强调总部集中采购、往门店发货、门店日结并向总部上交当日营业款的业务，所以VBSE连锁企业只设置企管部、业务部和仓储中心三个部门，设置总经理（CEO）、仓储经理、东区店长和西区店长四个岗位，实训时东、西区店长岗位还可以合并。

连锁企业不设置财务部，将财务相关工作委托给会计师事务所代理。合并后的连锁企业岗位职责及实训任务见表2-5。

表2-5　连锁企业岗位职责及实训任务

机构	岗位	在VBSE实训中的岗位职责和工作任务
百联集团	CEO	负责公司全面管理和重大决策；实训时线上提交会议纪要
	仓储经理	负责仓库货物的全面管理；实训任务主要是采购付款业务、委托代理记账业务、编制采购合同执行情况表、填制库存台账
	门店店长（东区店长+西区店长）	落实上级安排的销售任务和计划；负责本店客户需求分析，上架产品品类、品相的管理以及库存分析和配备；做好销售数据的记录、统计，定期上报总部；确保店内现金、收款等安全

六、服务公司组织结构及其岗位

VBSE实训虚拟了一家提供综合服务的企业——融通服务公司，为制造企业等提供市场开发、ISO认证、广告投放、出售办公和生产设备以及差旅服务。实训弱化了服务公司的内部管理，自身业务不记账，强调对外提供服务时开具发票、收取服务费等业务。根据课程需要可开设会计师事务所，由会计师事务所代理服务公司的记账业务。服务公司设有总经理（CEO）和业务员两个岗位，不支持合并。

服务公司岗位职责及实训任务见表2-6。

表2-6 服务公司岗位职责及实训任务

机构	岗位	在VBSE实训中的岗位职责和工作任务
融通服务公司	CEO	负责公司全面管理和重大决策；实训时线上提交会议纪要
	业务员	为其他组织提供人才培训、广告服务、市场开发、认证管理、产品研发、代买火车票和机票、办公用品经销、厂房仓库租赁与销售、生产设备销售与回购等服务

七、招投标公司组织结构及其岗位

VBSE实训虚拟了一家提供招投标代理业务的企业——新华招投标，其主要业务有新公司注册和招投标代理。VBSE招投标公司设置了总经理（CEO）岗位，其岗位职责及实训任务见表2-7。

表2-7 招投标公司岗位职责及实训任务

机构	岗位	在VBSE实训中的岗位职责和工作任务
新华招投标	CEO	负责新公司注册、编写招标文件、整理投标单位资料、发放招标文件、组织考察、询标、编写评标结果报告、发放中标通知书

八、会计师事务所组织结构及其岗位

VBSE实训虚拟了一家提供审计和代理记账服务的会计师事务所——立新会计师事务所。围绕审计工作，会计师事务所设置项目经理、审计师和审计助理三个岗位。实训时，审计助理和审计师岗位可以合并。其岗位职责及实训任务见表2-8。

表2-8 会计师事务所岗位职责及实训任务

机构	岗位	在VBSE实训中的岗位职责和工作任务
立新会计师事务所	项目经理	负责审计项目评估、带领项目小组完成业务工作
	审计主管（审计助理+审计师）	负责审计报告的编写、资料的收集建档、物流和连锁企业的代理记账

九、实训涉及的政务组织

在虚拟的商业社会环境中，企业的商业行为还需要一些政务组织的配合，如市场监督管理局、税务局、海关、人力资源和社会保障局、银行和进出口服务中心等。这些组织的实训任务主要是辅助企业业务的完成，比如在新公司注册时，要到市场监督管理局、税务局、人力资源和社会保障局登记，要到银行开户，需要这些组织及相关岗位工作人员的配合。除此之外，政务组织设有“学习型业务”，如税法知识宣传、社保政策普及等。承担相关岗位工作的学生，需要掌握这些信息并讲授给其他同学。

十、实训组织之间的关系

VBSE实训围绕制造企业的生产业务开展，各实训组织之间的关系如图2-4所示。制造企业从工贸企业购进原材料，生产加工成产品后销售给商贸企业、连锁企业或者国际贸易公司。商贸企业、连锁企业和国际贸易公司都是客户，所以也称商贸客户、连锁客户或国贸客户。商贸企业将商品出售给虚拟客户，连锁客户通过物流将产品配送至门店或虚拟国外客户。其中，虚拟供应商或虚拟客户都是系统内的组织，不是实训课程中的组织。

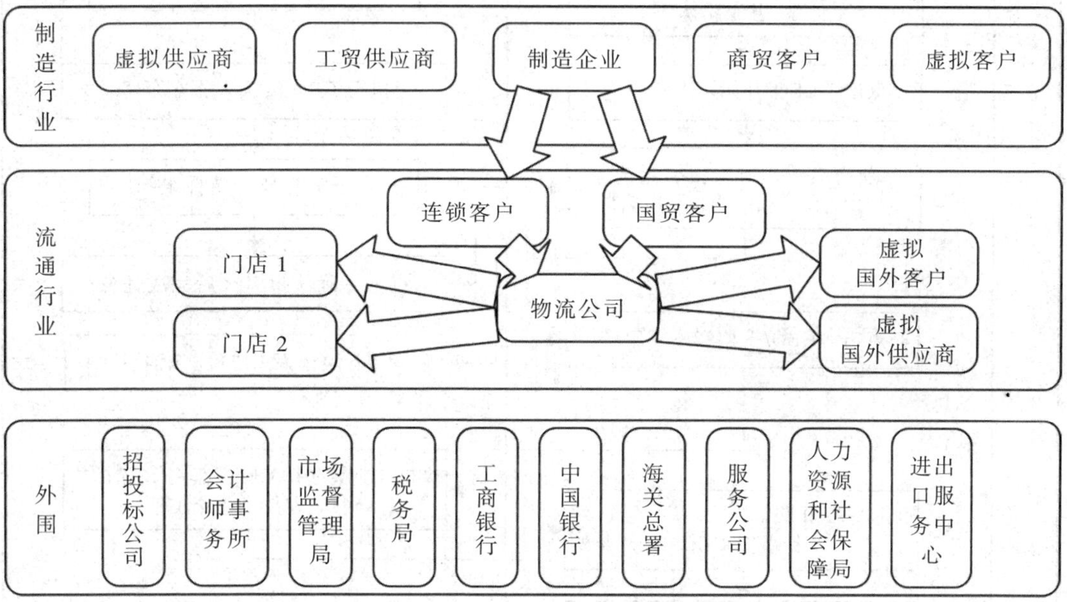

图2-4　VBSE实训中各组织之间的关系

在VBSE实训中，招投标公司、会计师事务所、市场监督管理局、税务局、工商银行、服务公司、人力资源和社会保障局、进出口服务中心等部门统称为外部组织（简称外围），是为制造企业和流通企业提供服务的社会团体。

第二节　CEO竞选

在实训中，每个组织都需要一个总负责人，系统提供CEO报名及竞选任务，学生可以根据各自的能力和意向推选出合适的负责人。

一、竞选CEO的操作流程

CEO的报名和竞选需要教师和学生共同完成，在系统的教师端和学生端交互执行一系列操作，操作流程如图2-5所示。

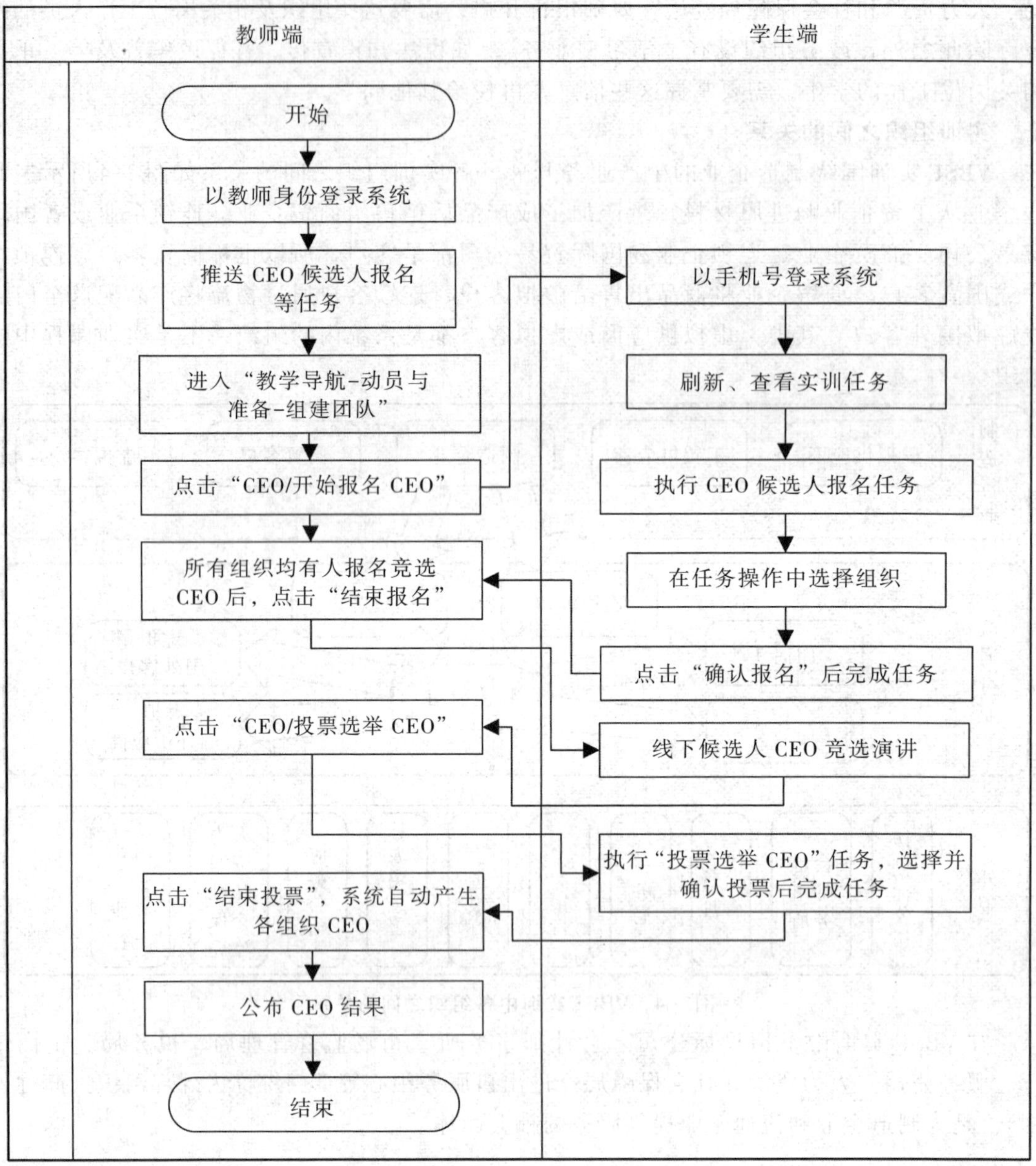

图2-5　V综3.6竞选CEO操作流程

二、竞选CEO的操作步骤

VBSE系统中竞选CEO的操作分两类：一类是报名候选人，另一类是在系统中选举产生CEO。竞选CEO时，教师可以组织线下的CEO竞选演讲活动。

【温馨提示】

制造企业需要招聘的人比较多，制造企业的负责人可以直接指认一名学生作为“人力资源主管”，两人共同完成本组织的团队组建。

第三节　招聘团队

各组织的负责人通过CEO竞选产生，组织的其他成员可通过应聘环节确定。单位负责人可指定人力资源主管，制作招聘海报后，其他同学撰写求职简历，应聘自己心仪的岗位，共同完成团队的组建。

一、招聘应聘流程

招聘工作是企业人力资源工作的重要内容，与企业的各项业务工作开展有着紧密联系。企业在组织招聘时会依据实际情况来确定有效的组织形式。在VBSE实训课程中，各组织的负责人根据本组织的人员数量和岗位职能要求，需要在短时间内集中各方力量完成人员的招聘工作。VBSE组织招聘、应聘流程如图2-6所示，是一个线上、线下交互完成的任务。

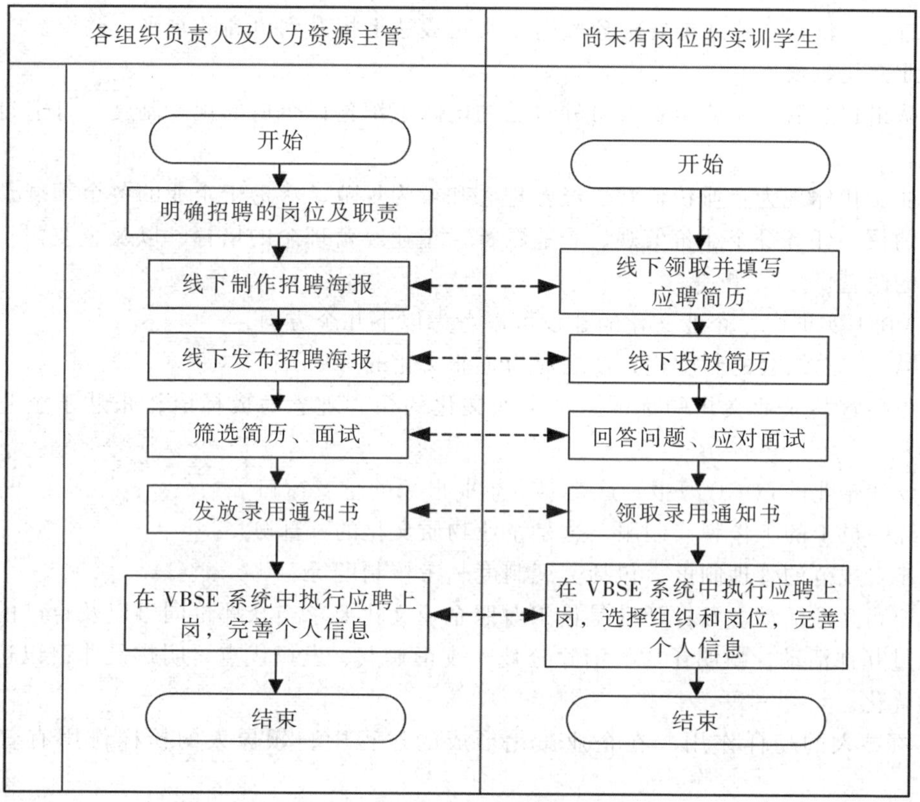

图2-6　VBSE招聘、应聘流程

招聘和应聘是一个双向选择的过程，在VBSE实训中，招聘方应明确自己所需要的岗位和人才，应聘方要熟知应聘的岗位需求以及自己的职业意向。在实训时，求职学生持纸质简历前往各组织招聘海报处投放，并现场回答面试问题，双方快速确认是否聘用。

各组织成员确定下来后，由组织负责人带领团队进行自我介绍，熟悉自己的岗位和工作职责，为以后的实训做好铺垫。

二、求职简历的撰写

简历是自我推销的工具，是一种个人广告，用来展示你的能力及其对用人单位的价值，制作简历的主要目的是帮助你获得笔试和面试的机会。

据统计，人力资源经理阅读一份简历的时间平均不到10秒，这就要求应聘者的简历简明扼要、精益求精，紧紧抓住人力资源经理关注的要点：个人信息、教育背景、实习实践经历、社会工作经历、奖励情况、专业技能和特长。所以，简历的篇幅一般不超过一页，尽量以表格形式呈现。

在撰写个人简历时，除了要做到精简以外，还应遵循清晰原则、真实性原则、针对性原则、客观原则和条理性原则。

三、职场礼仪

职场礼仪是指人们在职业场所中应当遵循的礼仪规范。学会这些礼仪规范，将使一个人的职业形象大为改善。职场礼仪是企业形象、文化，以及员工修养等的综合体现，只有做好应有的礼仪，企业才能在形象塑造、文化表达上提升到更高的水平。

四、企业文化建设

团队组建之后，团队负责人带领自己的团队组织建设企业的规章制度，打造自己企业的文化。

企业文化体现为企业价值观、经营理念和行为规范，渗透于企业的各个领域，企业文化建设的核心任务是企业价值观、企业精神、企业经营理念的培育，以及企业职工思想道德风貌的改善。

在VBSE实训中，企业文化的建设可以考虑以下几个方面：

1.晨会、总结会的制度化，使之成为企业文化的一部分。

2.张贴宣传企业文化的标语。把企业文化的核心理念写成标语，张贴于企业的醒目位置。

3.设计企业的LOGO海报，这是展示企业形象的重要窗口。

4.统一员工的工作牌、制服，这是企业物质文化的一部分。

5.建立规范的管理制度，包括奖惩制度、考核制度等。

6.开展互评活动。互评活动是员工对照企业文化要求当众评价同事以及自己的工作状态，通过互评活动，摆明矛盾、消除分歧、改正缺点、发扬优点、明辨是非，以达到工作状态的优化。

7.领导人的榜样作用。在企业文化形成的过程中，领导人的榜样作用有着很大的影响。

8.制作企业新闻报刊。企业新闻报刊是企业文化建设的重要组成部分，也是企业文化的重要载体，更是向企业内部及外部所有与企业相关的公众和顾客宣传企业的窗口。企业新闻报刊的内容可以包括企业员工的思想小结、有关企业的故事和公司文体活动的开展等。思想小结就是定期让员工以企业文化为标准进行自我评判，并思考如何改进；有关企业的故事在企业内部流传，会起到宣传企业文化的作用；文体活动指唱歌、跳舞、体育比赛、晚会等活动，在这些活动中可以贯穿企业文化的价值观。

第四节　员工上岗

经过一段时间的招聘，各个企业已经招聘到了合适的员工，但尽管如此，企业还是无法正常运营，这是因为招聘好的员工还没有在系统中进行上岗操作。因此，员工上岗是企业想要开始进行生产销售的必要步骤。

在进行上岗业务操作之前，我们要明确这里的员工上岗并不是针对所有人员，因为企业CEO（即总经理）在招聘团队时，已经完成上岗操作，所以员工上岗针对的是各个企业除CEO以外的其他员工。操作过程请扫码阅读。

员工上岗操作流程

注意：上岗任务是企业正常经营发展的基础，同时也关乎教师后续任务的推送，所以大家务必认真对待。

课程思政元素

在课程中，我们可以通过讲解团队合作的重要性，引导学生树立正确的人生观和价值观，提高他们的自我认知和自我管理能力，从而更好地适应团队合作的环境。同时，通过讲解团队合作的原则和技巧，引导学生学会与他人合作，以及有效地沟通和协调，从而提高团队的凝聚力和执行力。在本章的学习中，学生在团队合作中发现问题、解决问题，能培养学生的集体荣誉感、竞争意识、沟通协调能力和团队协作能力，在正确职业观的指引下，用端正的态度和踏实的干劲为企业和团队创造价值。

第三章

虚拟商业环境运营规则

项目综述

在企业开始经营之前，各组织各岗位的职员必须了解并熟悉企业运营过程中的各项规则，只有这样才能做到合法经营，才能在竞争中求生存、求发展。本规则适用于工贸企业、制造企业、商贸企业及物流运输业。

学习目标

1. 了解国际贸易运营规则；
2. 掌握制造企业运营规则；
3. 掌握商贸企业运营规则；
4. 掌握工贸企业运营规则；
5. 掌握物流公司运营规则。

重点难点

制造企业仓储及生产规则。

第一节 制造企业运营规则

在虚拟商业环境中，制造企业位于供应链中游，有着举足轻重的作用，只有对制造企业的运营规则进行深入了解，才能够为供应链注入活力。由于制造企业的部门较多，为了更好地梳理制造企业的运营规则，本节分部门对其进行讲解。

一、人力资源规则

人力资源是企业生产经营活动的基本要素。对于公司的员工配置、工资标准及核算、员工招聘与培训，要在遵循本规则的前提下，作出科学合理的规划安排，以保证公司的生产经营活动协调、有序、高效地开展。人力资源规则主要由人力资源部门和财务部门制定。

（一）人员信息

编制企业人员信息表，见表3-1。

表3-1 制造企业人员信息表

部门	岗位名称	岗位级别	在编人数	直接上级
企业管理部	总经理（兼企业管理部经理）	总经理	1	董事会
	行政助理	职能管理人员	1	总经理
营销部	营销部经理	部门经理	1	总经理
	市场专员	职能管理人员	1	部门经理
	销售专员	职能管理人员	1	部门经理
生产计划部	生产计划部经理	部门经理	1	总经理
	车间管理员	职能管理人员	1	部门经理
	生产计划员	职能管理人员	1	部门经理
	初级生产工人	工人	25	车间管理员
	中级生产工人	工人	15	车间管理员
仓储部	仓储部经理	部门经理	1	总经理
	仓管员	职能管理人员	1	部门经理
采购部	采购部经理	部门经理	1	总经理
	采购员	职能管理人员	1	部门经理
人力资源部	人力资源部经理	部门经理	1	总经理
	人力资源部助理	职能管理人员	1	部门经理
财务部	财务部经理	部门经理	1	总经理
	出纳	职能管理人员	1	部门经理
	财务会计	职能管理人员	1	部门经理
	成本会计	职能管理人员	1	部门经理

（二）薪酬核算规则

1.薪酬的构成

职工薪酬是指企业为获得职工提供的服务而给予各种形式的报酬以及其他相关支出。在企业管理全景仿真中，职工薪酬主要由以下几个部分构成：基本工资，奖金，医疗保险费、养老保险费、失业保险费、工伤保险费和生育保险费等社会保险费，住房公积金，辞退福利，缺勤扣款，代扣个人所得税等。

2.薪酬标准

基本薪酬标准见表3-2。

表3-2 VBSE模拟企业薪酬标准表

人员类别	月基本工资
总经理	12 000元/月
部门经理	7 500元/月
职能管理人员	5 500元/月
营销部员工	4 500元/月
初级/中级/高级生产工人	3 600元/月、4 000元/月、4 600元/月

3.“五险一金”

“五险一金”的缴费基数及比例在各地区的操作细则不一，本实训中的社会保险、住房公积金规则参照北京市有关政策规定设计，略作调整。社保中心行使社会保障中心和住房公积金管理中心的职能。“五险一金”缴费基数于每年3月核定，核定后的职工月工资额即为缴纳基数。

“五险一金”的缴费比例见表3-3。

表3-3 VBSE“五险一金”标准表

险种	单位承担	个人承担	合计
养老保险	20%	8%	28%
医疗保险	10	2%+3元	12%+3元
失业保险	1%	0.20%	1.20%
工伤保险	0.30%	0.00%	0.30%
生育保险	0.80%	0.00%	0.80%
住房公积金	10%	10%	20.00%

【注意】

单位养老保险缴费标准为20%，其中，17%划入统筹基金，3%划入个人账户。本次实训中以员工转正后的基本工资金额数为社会保险和住房公积金的缴费基数。

【温馨提示】

在实务中，“五险一金”的缴纳额度在每个地区略有不同，基数为上年度全地区平均工资（工资总额），通常按当地平均工资的60%至3倍设定几个级别供企业或个人选择。

4.个人所得税

个人所得税的计算采用2019年1月1日开始适用的综合所得税税率表。

个人所得税的计算方法为：

本月实缴个税=累计应纳个税-累计已缴个税

累计应缴个税=累计应税所得额×预扣率-速算扣除数

累计已缴个税应当从上月工资表中取数，若员工当月新入职，则取当月数据。

综合所得税税率表见表3-4。

表3-4 VBSE个人所得税税率表

级数	全年应纳税所得额（含税级距）	税率	速算扣除数
1	不超过36 000元	3%	0
2	超过36 000元至144 000元的部分	10%	2 520
3	超过144 000元至300 000元的部分	20%	16 920
4	超过300 000元至420 000元的部分	25%	31920
5	超过420 000元至660 000元的部分	30%	52 920
6	超过660 000元至960 000元的部分	35%	85 920
7	超过960 000元的部分	45%	181 920

（三）考勤规则

每天的实训开始后，学生必须登录VBSE系统点击“签到”按钮进行考勤签到。

VBSE实训对实际业务进行了抽象：1个实际工作日完成1个月的工作内容，每月工作任务集中在2个虚拟工作日。

计算出勤天数时，实训学生因病、事休假1个实际工作日的按3个工作日计算，休假类型按照实际情况确定。

比如，学生A因病没有参加当天的课程，则他的实际出勤天数=当月应出勤天数-3天，休假类型为病假。其中，应出勤天数为当月实际工作日天数。

迟到、早退按照实际情况计算，每次罚款30元。考勤扣款从当月工资中扣除。

二、仓储规则

仓储是制造企业的枢纽，仓储部作为核心连接了采购、生产、销售、财务多个部门，制造企业的所有部门需要掌握仓储规则，其中，仓储部、采购部、生产部、销售部需要熟练掌握仓储规则。

（一）仓库

在期初交接的时候，制造企业拥有一座普通仓库。普通仓库用于存放产成品、半成品、原材料。

仓库基本信息见表3-5。

表3-5 仓库基本信息

仓库名称	仓库编码	可存放物资
普通仓库	001	钢管、坐垫、车篷、车轮、经济型童车包装套件、镀锌管、记忆太空棉坐垫、数控芯片、舒适型童车包装套件、豪华型童车包装套件
		经济型童车车架、舒适型童车车架、豪华型童车车架
		经济型童车、舒适型童车、豪华型童车

仓库容量信息见表3-6。

表3-6 仓库容量信息

仓库类型	使用年限（年）	仓库面积（平方米）	仓库容积（立方米）	仓库总存储单位	售价（万元）
普通仓库	20	500	3 000	300 000	540

普通仓库的可存放物资种类与数量信息见表3-7。

表3-7 仓库存放物资种类及数量信息

存货编码	存货名称	存货占用存储单位
P0001	经济型童车	10
P0002	舒适型童车	10
P0003	豪华型童车	10
M0001	经济型童车车架	10
M0002	舒适型童车车架	10
M0003	豪华型童车车架	10
B0001	钢管	2
B0002	镀锌管	2
B0003	坐垫	4
B0004	记忆太空棉坐垫	4
B0005	车篷	2
B0006	车轮	1
B0008	数控芯片	1
B0007	经济型童车包装套件	2
B0009	舒适型童车包装套件	2
B0010	豪华型童车包装套件	2

【注意】

存货办理入库后立即占用仓库容量，办理出库后立即恢复仓库容量。制造企业在办理领料的时候不会恢复仓库容量，在派工之后才会恢复仓库容量。

（二）原材料及成品

仓储部负责原材料采购入库、生产领料出库、生产完工入库、成品销售出库和保管工作。在制造企业的工作中，原材料只用于采购、生产领料，不能进行销售；半成品只用于完工入库和生产领料，不能进行销售；成品只用于完工入库和销售，不能进行采购。

1. 原材料

制造企业的原材料种类见表3-8。

表3-8 **制造企业原材料一览表**

物料名称	物料编码	单位	规格	（相对制造企业）来源
钢管	B0001	根	Φ外16/Φ内11/L5 000（mm）	外购
镀锌管	B0002	根	Φ外16/Φ内11/L5 000（mm）	外购
坐垫	B0003	个	HJM500	外购
记忆太空棉坐垫	B0004	个	HJM600	外购
车篷	B0005	个	HJ72*32*40	外购
车轮	B0006	个	HJΦ外125/Φ内60 mm	外购
数控芯片	B0008	片	MCX3154A	外购
经济型童车包装套件	B0007	套	HJTB100	外购
舒适型童车包装套件	B0009	套	HJTB200	外购
豪华型童车包装套件	B0010	套	HJTB300	外购

2. 半成品

制造企业的半成品种类见表3-9。

表3-9 **制造企业半成品一览表**

物料名称	物料编码	单位	规格	（相对制造企业）来源
经济型童车车架	M0001	个	无	自制
舒适型童车车架	M0002	个	无	自制
豪华型童车车架	M0003	个	无	自制

3. 产成品

制造企业的产成品种类见表3-10。

表3-10 制造企业产成品一览表

物料名称	物料编码	单位	规格	（相对制造企业）来源
经济型童车	P0001	辆	无	自制
舒适型童车	P0002	辆	无	自制
豪华型童车	P0003	辆	无	自制

三、生产规则

在VBSE虚拟商业社会中，只有制造企业开展生产工作，企业生产离不开厂房、生产设备等基本生产场地及生产设施。生产规则重点由生产部门掌握。

在VBSE虚拟商业社会中，制造企业期初交接时拥有一座大厂房，大厂房内安装10台普通机床和1条组装生产线，且各设备无损坏、运行良好。

（一）物料清单（BOM）

在VBSE虚拟商业社会中，制造企业可以生产的产成品包括经济型童车、舒适性童车和豪华型童车。要完成这些产成品的生产，掌握其所需原材料是非常必要的。

经济型童车产品的物料清单如图3-1、表3-11所示。

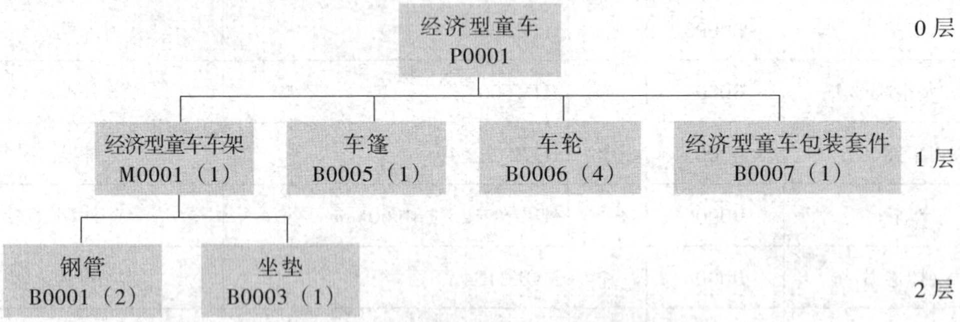

图3-1 经济型童车产品结构图

表3-11 经济型童车产品物料清单

结构层次	父项物料	物料编码	物料名称	规格型号	单位	用量	备注
0		P0001	经济型童车		辆	1	自制产成品
1	P0001	M0001	经济型童车车架		个	1	自制半成品
1	P0001	B0005	车篷	HJ72*32*40	个	1	外购原材料
1	P0001	B0006	车轮	HJΦ外125/Φ内60mm	个	4	外购原材料
1	P0001	B0007	经济型童车包装套件	HJTB100	套	1	外购原材料
2	M0001	B0001	钢管	Φ外16/Φ内11/L5 000（mm）	根	2	外购原材料
2	M0001	B0003	坐垫	HJM500	个	1	外购原材料

舒适型童车产品物料清单如图3-2、表3-12所示。

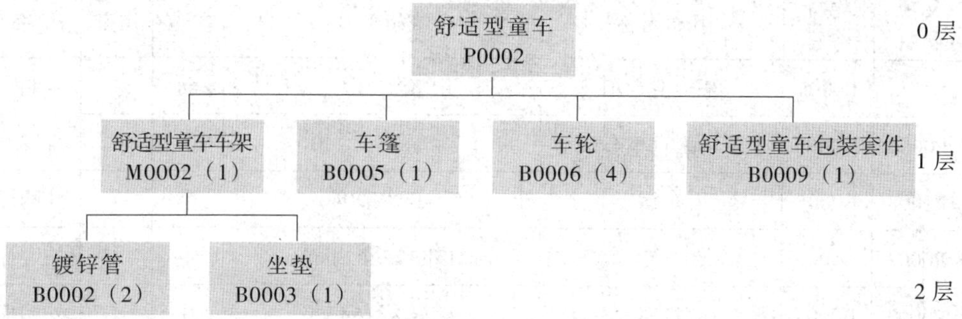

图3-2　舒适型童车产品结构图

表3-12　**舒适型童车产品物料清单**

结构层次	父项物料	物料编码	物料名称	规格型号	单位	用量	备注
0		P0002	舒适型童车		辆	1	自制产成品
1	P0002	M0002	舒适型童车车架		个	1	自制半成品
1	P0002	B0005	车篷	HJ72*32*40	个	1	外购原材料
1	P0002	B0006	车轮	HJΦ外125/Φ内60mm	个	4	外购原材料
1	P0002	B0009	舒适型童车包装套件	HJTB200	套	1	外购原材料
2	M0002	B0002	镀锌管	Φ外16/Φ内11/L5 000（mm）	根	2	外购原材料
2	M0002	B0003	坐垫	HJM500	个	1	外购原材料

豪华型童车产品物料清单如图3-3、表3-13所示。

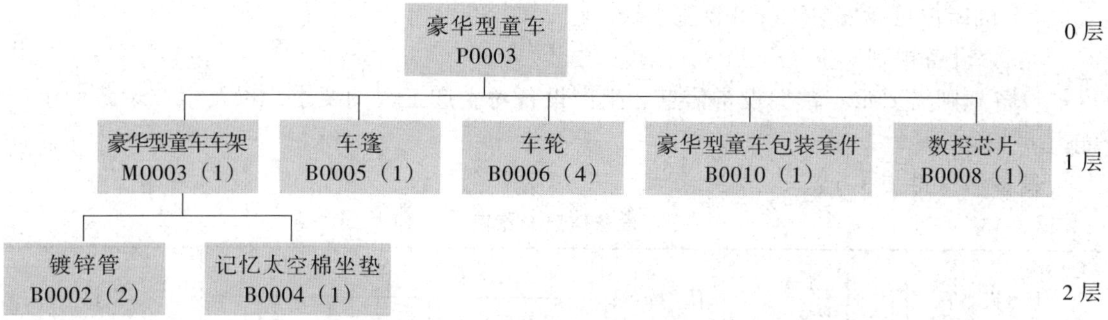

图3-3　豪华型童车结构图

表3-13　**豪华型童车产品物料清单**

结构层次	父项物料	物料编码	物料名称	规格型号	单位	用量	备注
0		P0003	豪华型童车		辆	1	自制产成品
1	P0003	M0003	豪华型童车车架		个	1	自制半成品
1	P0003	B0005	车篷	HJ72*32*40	个	1	外购原材料
1	P0003	B0006	车轮	HJΦ外125/Φ内60mm	个	4	外购原材料
1	P0003	B0008	数控芯片	MCX3154A	片	1	外购原材料
1	P0003	B0010	豪华型童车包装套件	HJTB300	套	1	外购原材料
2	M0003	B0002	镀锌管	Φ外16/Φ内11/L5 000（mm）	根	2	外购原材料
2	M0003	B0004	记忆太空棉坐垫	HJM600	个	1	外购原材料

（二）厂房规则

厂房信息见表3-14。

表3-14　**厂房信息一览表**

厂房类型	价值（万元）	使用年限（年）	容量
大厂房	720	20	20台机床位
小厂房	480	20	12台机床位

在经营期间，大厂房不得出售。厂房没有租赁业务，只能购买。在经营过程中，如遇厂房容量不足，可以向服务公司购买，服务公司只提供小厂房。

厂房容量与安装设备数量之间的关系如下：

1个机床位可以安装1台普通机床；

2个机床位可以安装1台数控机床；

4个机床位可以安装1条组装流水线。

（三）设备规则

设备规则需要重点掌握设备信息、生产设备对生产工人的要求，以及生产设备的生产能力。

设备信息见表3-15。

表3-15　**设备信息一览表**

生产设备	购置费（万元）	使用年限	生产能力（台/1虚拟日）			出售
			经济	舒适	豪华	
普通机床	21	10	500	500		
数控机床	72	10	3 000	3 000	3 000	账面价值
组装流水线	51	10	7 000	7 000	6 000	

企业根据生产经营状况，可以随时向服务公司购买生产设备。

设备安装周期：1个虚拟日。

生产设备按月计提折旧。

水电费收费标准：水费为9元吨，电费为1.5元/度。

普通机床耗电1 478.4度/月，组装流水线耗电4 329.6度/月，数控机床耗电2 640度/月，管理部门忽略不计。

生产设备对生产工人的要求见表3-16。

表3-16　**生产设备对工人的要求**

设备	人员级别	要求人员配置数量
普通机床	初级	2
数控机床	高级	2
组装流水线	初级	5
	中级	15

生产设备生产各种童车的能力见表3-17。

表3-17　**生产设备的生产能力**

设备名称	产品	定额生产能力 （台数×单台生产产能/1虚拟日）	所属部门
普通机床	经济型童车车架	10×500	生产计划部
	舒适型童车车架	10×500	
数控机床	经济型童车车架	1×3 000	生产计划部
	舒适型童车车架	1×3 000	
	豪华型童车车架	1×3 000	
组装流水线	经济型童车	1×7 000	生产计划部
	舒适型童车	1×7 000	
	豪华型童车	1×6 000	

（四）产能规则

产能规则主要包括以下几点：

（1）生产设备根据各自的生产能力进行派工，派工数量应小于等于（≤）该设备的生产能力。

（2）派工时，一条生产线只允许生产一个品种的产品。例如，给一条组装流水线安排生产5 000台经济型童车，剩下的2 000台产能不能用于生产舒适型童车与豪华型童车，必须等该资源产能全部释放后才允许安排不同种类的产品进行生产。

（3）派工时，需要根据产品的物料清单（BOM）检查原材料是否齐套，若原材料没有达到齐套要求，不能派工。

【注意】

齐套是指要生产某一产品时，产品物料清单（BOM）中所需的材料、用量都达到要求。

（五）工艺规则

工艺规则是指企业各项自制件的加工顺序和在各个工序中的标准工时定额情况，也称为加工路线，是一种计划管理文件，主要用来进行工序排产和车间成本统计。

“P0001-经济型童车”的工艺规则见表3-18。

表3-18 VBSE“P0001-经济型童车”的工艺规则

工序	部门	工序描述	工作中心	加工工时
10	生产计划部-机加车间	经济型童车架加工	普通（或数控）机床	1虚拟日
20	生产计划部-组装车间	经济型童车组装	组装生产线	1虚拟日

“P0002-舒适型童车”的工艺规则见表3-19。

表3-19 VBSE“P0002-舒适型童车”的工艺规则

工序	部门	工序描述	工作中心	加工工时
10	生产计划部-机加车间	舒适型童车架加工	普通（或数控）机床	1虚拟日
20	生产计划部-组装车间	舒适型童车组装	组装生产线	1虚拟日

“P0003-豪华型童车”的工艺规则见表3-20。

表3-20 VBSE“P0003-豪华型童车”的工艺规则

工序	部门	工序描述	工作中心	加工工时
10	生产计划部-机加车间	豪华型童车架加工	数控机床	1虚拟日
20	生产计划部-组装车间	豪华型童车组装	组装生产线	1虚拟日

（六）研发费用规则

制造企业初始默认的生产许可为经济型童车。随着企业的发展，需要生产舒适型或豪华型童车，该企业在服务公司购置相应的生产技术成果，代表企业已完成新产品的研发，可以立即开工生产。舒适型、豪华型童车的研发时间为1虚拟日，研发费用分别为100万元和150万元。

（七）认证规则

1.ISO认证

制造企业进行生产前，首先进行ISO 9000的资质认证，制造企业生产计划部需要前往服务公司办理本企业的ISO 9000资质认证业务，具体费用为50 000/次，认证一次即可。

2. 3C认证

制造企业进行销售出库前，首先进行3C的资质认证，初始默认的生产许可为经济型童车，制造企业生产计划部需要前往服务公司办理相应的3C认证，具体费用为22 000/次。

四、采购规则

在VBSE虚拟商业社会中，制造企业的原材料只能从工贸企业类型的企业进行采购，不能从其他类型的企业进行采购。该规则由采购部门重点掌握。

原材料信息见表3-21。

表3-21　　VBSE原材料信息　　金额单位：元

采购商品编码	采购商品名称	规格	计量单位	来源	市场供应平均不含税单价	市场供应平均含税单价
B0001	钢管	Φ外16/Φ内11/L5 000（mm）	根	外购	107.37	121.33
B0002	镀锌管	Φ外16/Φ内11/L5 000（mm）	根	外购	175.98	198.86
B0003	坐垫	HJM500	个	外购	80.97	91.50
B0004	记忆太空棉坐垫	HJM0031	个	外购	223.49	252.54
B0005	车篷	HJ72*32*40	个	外购	145.75	164.70
B0006	车轮	HJΦ外125/Φ内60 mm	个	外购	26.99	30.50
B0007	经济型童车包装套件	HJTB100	套	外购	91.77	103.70
B0008	数控芯片	MCX3154A	片	外购	274.23	309.88
B0009	舒适型童车包装套件	HJTB200	套	外购	194.34	219.60
B0010	豪华型童车包装套件	HJTB300	套	外购	227.81	257.42

【注意】

（1）采购双方需要签订纸质《购销合同》，此处的增值税税率为13%。

（2）制造企业根据《购销合同》在系统中制作采购订单。

（3）由工贸企业进行确认，确认后工贸企业可以发货，制造企业接货入库，双方再根据《购销合同》中的结算约定进行收付款。

五、销售规则

制造企业销售童车给商贸企业、国际贸易企业，不得销售给其他类型企业，须与商贸企业签订合同并在系统中录入订单相关信息，订单相关信息作为系统中发货、结算的依据。该规则由销售部门重点掌握。

制造企业还可以参加招投标公司的竞标，中标后可以进行销售、发货、开发票、收款等业务。

制造企业将童车销售给华中地区的虚拟经销商之前，需要先完成市场开拓和广告投放：制造企业市场专员前往服务公司办理市场开拓的业务，费用为452 000元；制造企业可以通过委托服务公司进行华中地区的市场开拓，开拓后投入广告费。广告费的起投金额为10万元，投入广告费后依据金额的高低依次选择华中地区的市场订单，市场单价见表3-22。

表3-22　　VBSE童车市场销售单价　　金额单位：元

存货编码	存货名称	单位	规格	市场平均含税单价
P0001	经济型童车	辆	无	1 011.00
P0002	舒适型童车	辆	无	1 499.00
P0003	豪华型童车	辆	无	1 886.00

六、财务规则

在会计分期假设下，企业的会计期间分为年度和中期，此案例固定数据阶段的会计期间是月度（2020年1月），自主经营阶段为2021年1月至3月，虚拟财务工作日为5日与25日。

（一）结算方式

结算方式有现金结算、转账支票和电汇三种。原则上，日常经济活动低于2 000元的可以使用现金；超过2 000元的一般使用转账支票结算，转账支票用于同一票据交换区内的结算；异地付款一般采用电汇方式。

（二）税种类型

（1）增值税：销售货物和购进货物的增值税率均为13%。

（2）个人所得税：税率见表3-4。

（3）企业所得税：应纳税所得额的25%。

（4）城市维护建设税：增值税税额的7%。

（5）教育费附加：增值税税额的3%。

（三）票据使用规则

各企业制定完善的票据使用登记制度，以备检查。

企业使用的发票：增值税专用发票；

增值税进项税额需要进行申报、抵扣联认证、缴纳；

从事购买商品或服务的过程中，购销双方的结算必须以发票为依据，不取得发票的不能进行结算业务；

税务局定期进行发票使用情况检查，税务局有权给予发票使用不合规范的企业一定金额的行政罚款。

（四）贷款规则

制造企业、商贸企业、工贸企业、国贸企业、连锁企业等均可向中国工商银行申请抵押贷款。贷款金额为0~1 000万元，贷款期限为1~12个月，企业可根据自身情况申请贷款金额与期限。申请企业抵押贷款所需基本资料有：营业执照，法定代表人身份证，银行开户许可证，最近一期财务报表（均须加盖财务印鉴），抵押保证（房屋产权）。还款方式为一次还本付息。

（五）固定资产分类

固定资产均通过购买的方式取得。固定资产购买当月不计提折旧，从次月开始计提折旧；出售当期须计提折旧，下月不提折旧；固定资产折旧按照直线法计提。固定资产类别见表3-23。

表3-23　　VBSE固定资产类别和折旧表

分类编码	分类名称	折旧年限（月）	折旧方法	残值率%
01	房屋及土地	240	直线法（一）	5
02	生产设备	120	直线法（一）	0
03	办公设备	48	直线法（一）	0

（六）办公用品采购规则

服务公司出售VBSE实训所需的各项办公用品，如表单、胶棒、曲别针等。买卖双方可对结算方式进行协商，既可选择当场结清价款，也可自行约定结算时间，如月结（每月统一结账）。办公用品价款可采用现金或支票进行结算。

（七）成本核算规则

1. 存货计价

存货按照实际成本计价，原材料采用实际成本计价，采购材料按照实际采购价入账，发出材料按照全月一次加权平均计算材料成本。

全月一次加权平均相关计算：

$$材料平均单价=\frac{期初库存数量\times库存单价+本月实际采购入库金额}{期初库存数量+本月实际入库数量}$$

发出材料成本=本月发出材料数量×材料平均单价

2. 固定资产取得方式及折旧

固定资产均通过购买的方式取得。固定资产购买当月不计提折旧，从次月开始计提折旧，出售当期须计提折旧，下月不提折旧。固定资产折旧按照直线法计提，见表3-24。

表3-24　　VBSE固定资产折旧　　金额单位：元

固定资产名称	使用年限（月）	开始使用日期	原值	残值	月折旧额
办公楼	240	2018.9.15	12 000 000.00	600 000.00	47 500.00
普通仓库	240	2018.9.15	5 400 000.00	270 000.00	21 375.00
大厂房	240	2018.9.15	7 200 000.00	360 000.00	28 500.00
普通机床	120	2018.9.15	210 000.00	—	1 750.00
组装生产线	120	2018.9.15	510 000.00	—	4 250.00
笔记本电脑	48	2018.9.15	6 000.00	—	125.00

3. 制造费用的归集与分配

各生产车间发生的各项直接费用和共同发生的间接费用分配计入制造费用（车间发生直接费用计入“制造费用-X车间”，间接费用按分配标准分配后再计入各车间制造费用）。生产计划部发生的各项费用计入制造费用，如管理人员的工资、固定资产的折旧、办公费等。

4. 成本计算

（1）产品成本分为直接材料、直接人工和制造费用。

（2）制造费用中车间的费用直接计入该车间生产的产品成本，如果该车间生产两个及以上产品，则按照该产品生产工时分配车间制造费用。

（3）在产品只计算材料费用，不计算制造费用和人工费用。结转当期生产成本的金额为：期初生产成本（直接材料）+本期归集的直接人工+本期归集的制造费用。

（4）原材料成本为按照材料出库单的发出数量乘以平均单价；人工成本为当月计算的生产部门的人员工资，包括生产管理人员和生产工人的工资。

（5）车架为半成品，车架成本的核算范围为车架原材料成本，生产车架发生的人工费、制造费，以及分摊的相关生产制造费用。

（6）如果同一车间生产不同产品，则以各产品完工数量为权重，分配该车间的直接制造费用和结转的间接制造费用。

（八）企业抵押贷款规则

制造企业可以向中国工商银行申请抵押贷款。贷款金额为0~1 000万元，贷款期限为1~12个月，企业可以根据自身情况确定贷款金额与期限。

企业抵押贷款利率见表3-25。

表3-25 企业抵押贷款利率

年利率（%）	6	7	8	9	10	11	12
月利率（%）	0.50	0.58	0.67	0.75	0.83	0.92	1.00

【注意】

（1）申请企业抵押贷款所需基本材料：营业执照，法定代表人身份证，银行开户许可证，最近一期财务报表（均须加盖财务印章）。

（2）抵押保证：房屋产权。

（3）还款方式：一次还本付息。

第二节 商贸企业运营规则

一、人力资源规则

商贸企业岗位及人员设置见表3-26。

表3-26 商贸企业岗位及人员信息

部门	岗位名称	在编人数	直接上级
企管部	总经理	1	—
企管部	行政经理	1	总经理
营销部	营销经理	1	总经理
采购部	采购经理	1	总经理
仓储部	仓储经理	1	总经理
财务部	财务经理	1	总经理
财务部	出纳	1	财务经理

商贸企业薪酬规则及考勤规则和制造企业相同，可参照本章第一节内容，此处不再赘述。

二、仓储规则

商贸企业现有一座仓库，用于存放各种采购来的商品，见表3-27。

表3-27　**商贸业仓库信息**

仓库名称	仓库编码	可存放物资
普通仓库	A库	经济型童车、舒适型童车、豪华型童车

仓储经理承担仓管职能，负责采购入库、生产出库、日常保管，以及成品的完工入库和销售出库。公司的物料和成品清单见表3-28。

表3-28　**存货清单**

物料编码	物料名称	规格	单位	来源
P0001	经济型童车	无	辆	外购
P0002	舒适型童车	无	辆	外购
P0003	豪华型童车	无	辆	外购

注：普通仓库不进行储位管理。

三、采购规则

商贸企业的商品采购途径：在固定数据阶段和自主经营阶段都只从制造企业采购。

采购的产品信息见表3-29。

表3-29　**商贸企业采购产品**

商品编码	商品名称	规格	计量单位	商品属性	市场平均含税单价（元）
P0001	经济型童车	无	辆	外购	1 011.00
P0002	舒适型童车	无	辆	外购	1 499.00
P0003	豪华型童车	无	辆	外购	1 886.00

【注意】

（1）价格只是参考价格，在自主经营阶段，价格需要供需双方进行谈判确认。

（2）商品从供应商送达企业时会发生相应的运输费用，运输费用为采购订单金额的5%（含税），运费结算依据以物流公司的运单金额为准。

四、销售规则

商贸企业将童车卖到虚拟市场，虚拟市场分为东部、南部、西部、北部、中部。其中，东部、南部、西部、北部四个地区由商贸企业经营，中部地区只能由制造企业经营。虚拟市场的订单需要先由服务公司开拓市场，再投广告费。

市场开拓费用：在固定数据阶段，北部（339 000元）、东部（361 600元）、南部（339 000元）、西部（333 350元）的广告费按照系统给定的数据投放；到自主经营阶段，广告费的起投金额为10万元，以万元为单位递增，这样服务公司才能根据投放金额派发订单（一个区域内的虚拟订单派发依据是已投放金额占本区域总投放金额的比例，由高至低依次进行选单，每次选择一笔虚拟订单，直至虚拟订单选完）。

市场开拓一次一年有效，广告投放一次有效期限为一个虚拟日，转到下一个虚拟日期时需要重新投放广告费。

虚拟市场的订单可以在库存充足的情况下提前发货、收款。

【注意】

在对虚拟客户的销售过程中，遵循先发货后收款的原则，在系统中未销售出库的订单不支持收款。

五、财务规则

商贸企业的财务业务规则和制造企业相同，可参照本章第一节的内容，此处不再赘述。

第三节　工贸企业运营规则

一、人力资源规则

工贸企业岗位及人员设置见表3-30。

表3-30　**工贸企业岗位及人员信息**

部门	岗位名称	在编人数	直接上级
企管部	总经理	1	—
企管部	行政经理	1	总经理
业务部	业务经理	1	总经理
财务部	财务经理	1	总经理

工贸企业薪酬规则及考勤规则和制造企业相同，可参照本章第一节内容，此处不再赘述。

二、仓储规则

公司现有一座仓库，用于存放各种采购来的商品，见表3-31。

表3-31　**工贸企业仓库信息**

仓库名称	仓库编码	可存放物资
商品库	A库	钢管、坐垫、车篷、车轮、包装套件、镀锌管、记忆太空棉坐垫、数控芯片、舒适型童车包装套件、豪华型童车包装套件

行政主管担当仓管职能，负责原材料的采购入库、日常保管及销售出库。公司的物料和成品清单见表3-32。

表3-32 工贸企业物料和成品清单

物料编码	物料名称	规格	单位	来源
B0001	钢管	Φ外16/Φ内11/L5 000（mm）	根	外购
B0002	镀锌管	Φ外16/Φ内11/L5 000（mm）	根	外购
B0003	坐垫	HJM500	个	外购
B0004	记忆太空棉坐垫	HJM0031	个	外购
B0005	车篷	HJ72*32*40	个	外购
B0006	车轮	HJΦ外125/Φ内60 mm	个	外购
B0007	经济型童车包装套件	HJTB100	套	外购
B0008	数控芯片	MCX3154A	片	外购
B0009	舒适型童车包装套件	HJTB200	套	外购
B0010	豪华型童车包装套件	HJTB300	套	外购

注：普通仓库不进行储位管理。

三、采购规则

工贸企业可以从系统中的虚拟供应商处选择采购的商品品种及数量。工贸企业采购的商品见表3-33。

表3-33 工贸企业商品采购信息

商品编码	商品名称	规格	计量单位	商品属性	平均单价（元）
B0001	钢管	Φ外16/Φ内11/L5 000（mm）	根	外购	98.00
B0002	镀锌管	Φ外16/Φ内11/L5 000（mm）	根	外购	163.00
B0003	坐垫	HJM500	个	外购	75.00
B0004	记忆太空棉坐垫	HJM0031	个	外购	205.00
B0005	车篷	HJ72*32*40	个	外购	134.00
B0006	车轮	HJΦ外125/Φ内60 mm	个	外购	25.00
B0007	经济型童车包装套件	HJTB100	套	外购	85.00
B0008	数控芯片	MCX3154A	片	外购	254.00
B0009	舒适型童车包装套件	HJTB200	套	外购	180.00
B0010	豪华型童车包装套件	HJTB300	套	外购	210.00

【注意】

（1）钢管、坐垫、车篷、车轮、经济型童车包装套件的采购价格在固定数据阶段按照表3-33中的采购价格采购；自主经营阶段的采购价格为双方协商制定。

（2）商品从供应商送达企业时会发生相应的运输费用，运输费用为采购订单金额的5%（含税），运费结算依据为物流公司的运单金额。

（3）在向虚拟供应商采购的过程中，下达采购订单后，先进行付款，然后才能进行采购入库操作；如果没有付款，系统的入库无法完成。

（4）工贸企业在付款后，依据采购订单到税务局代开虚拟供应商的销售发票（增值税专用发票）。

四、销售规则

工贸公司将商品销售给制造企业，双方洽谈后签订纸质合同，制造企业在VBSE系统中提交订单后，工贸企业进行确认，合同作为后续交易的依据。如出现延期交货，按双方合同中的约定进行处理；如出现争议，提交市场监督管理局进行调解或处罚。

五、财务规则

工贸企业财务业务规则和制造企业通用，可参照本章第一节内容，此处不再赘述。

第四节　物流公司运营规则

一、人力资源规则

物流公司岗位及人员设置见表3-34。

表3-34　**物流公司岗位及人员设置**

部门	岗位名称	在编人数	直接上级
企业管理部	物流总经理	1	无
业务部	物流业务经理	1	物流总经理

物流公司薪酬规则及考勤规则和制造企业相同，可参照本章第一节内容，此处不再赘述。

二、运输规则

物流运输只针对工贸企业与制造企业间的购销业务、制造企业与商贸企业间的购销业务，其他类型组织的物流运输不由物流公司负责；

物流费用由购货方支付，为货款金额的5%（含税）；

运费分配率=运费÷材料总数量；

物流公司与其他企业签订的运输合同的年限为1年；

费用结算以运单为依据，详见合同，如出现争议，提交市场监督管理局进行协调。

物流公司车辆信息见表3-35。

表3-35　**VBSE物流公司车辆信息**

车型	最大载重（T）	最大容积（m^3）	车厢尺寸	数量（辆）
短途运输车A	4T	$13m^3$	4m*1.8m*1.8m	40
短途运输车B	8T	$40m^3$	7m*2.4m*2.5m	20
牵引车	20T	$75m^3$	12.5m*2.5m*2.5m	20

三、财务规则

物流公司的财务业务规则与制造企业通用，可参照本章第一节内容，此处不再赘述。

第五节　国际贸易公司运营规则

在本系统中，国贸企业只有一家，且公司员工只有一位，不属于必开外围机构，因此，国际贸易公司运营规则可查看第十一章特殊组织业务中有关国贸企业经营的内容。

课程思政元素

规则是为了维护社会秩序和保护人们的共同利益而制定的。《孙子兵法》说："夫吴人与越人相恶也，当其同舟而济，遇风，其相救也如左右手。"人生来就是社会动物，有社会，便有规则。学会遵守规则是对公民的基本要求。孟子曾说过："不以规矩，不能成方圆。"无论出于何种目的，都应以尊重规则为前提，公司运营更是如此。一台庞大、复杂的机器，其运转是否正常，取决于各部件能否有序运行。一个社会是否健康有序，则取决于整个社会能否按规则运行。培育和践行社会主义核心价值观，更是要从守规则开始。同学们在学习公司运营的同时，要继承和发扬优秀传统文化，丰富社会主义核心价值观，学会敬畏规则、遵守规则，内生于心，外化于行。

第四章

跨日期交互型任务逻辑

项目综述

VBSE系统中的制造企业、工贸企业、商贸企业都有采购与付款业务、销售与收款业务、物流运输与收款业务、申报和缴纳增值税业务、申报和缴纳个人所得税业务。这些业务看似烦琐，但是相同类型的不同企业间的业务流程很相似。因此，我们需要把同种业务摘取出来对比分析，厘清它们中间的逻辑关系，明确任务链上下游的需求，以在实操中更加游刃有余。

学习目标

1.熟悉采购付款、销售与收款、物流运输与收款以及申报和缴纳增值税、个人所得税的业务流程；

2.掌握采购付款业务、销售与收款业务、物流运输与收款业务以及申报和缴纳增值税、个人所得税的账务处理；

3.理解业务流程管理和控制。

重点难点

采购付款业务、销售收款业务、增值税和个人所得税的申报与缴纳业务。

第一节　采购业务

采购业务是企业的常规业务之一，是企业经营管理活动的首要环节，直接影响企业的最终利润。同时，与采购业务相关的应付账款或预付账款的管理，对企业来说也相当重要。采购付款流程运行得成功与否，直接影响到企业的生产、产品的定价和整个供应链的最终获利情况。VBSE跨专业综合实训执行严格的采购付款和物流运输流程，是一个多组织、多岗位配合的活动。

一、采购业务介绍

采购是一个从计划到执行的过程，这个过程严格执行规定的权限和程序审批。采购主要环节包括：

1.编制采购计划

采购计划是根据物资使用部门的采购申请，结合生产计划、物料需求计划，平衡现有库存物资后，统筹决定的。采购缺乏计划、盲目采购或采购不及时，会造成物品的积压或与企业生产经营计划不协调。

2.选择供应商

选择供应商，就是确定采购渠道，是企业采购业务流程中非常重要的环节。如果供应商选择不当，可能导致采购物资质次价高，甚至出现舞弊行为。

3.确定采购价格

如何以最优“性价比”采购到符合需求的物资，是采购部门的永恒主题。如果采购定价机制不科学、采购定价方式选择不当，缺乏对重要物资品种价格的跟踪监控，引起采购价格不合理，可能造成企业资金损失。

4.签订采购合同

采购合同是指企业根据采购需要、确定的供应商、采购方式、采购价格等情况与供应商签订的具有法律约束力的协议，该协议对双方的权利、义务和违约责任等情况作出明确规定。如果购销合同签订不当，可能导致物资采购不顺畅；如果未经授权就对外订立采购合同，合同对方主体资格、履约能力等未达要求，合同内容存在重大疏漏和欺诈，可能导致企业合法权益受到侵害。

5.到货验收

到货验收是指企业对采购物资和劳务进行检验接收，以确保其符合合同规定或产品质量要求。如果验收标准不明确、验收程序不规范、对验收中存在的异常情况不作处理，可能造成账实不符、采购物资损失。

6.付款

付款是指企业在对采购预算、合同、相关单据凭证、审批程序等内容审核无误后，按照采购合同规定及时向供应商办理支付款项的过程。如果付款审核不严格、付款方式不恰当、付款金额控制不严，可能导致企业资金损失或信用受损。

二、采购付款业务流程

VBSE实训为制造企业、工贸企业、商贸企业、国贸企业、连锁企业都设计了采购付款业务。采购付款业务牵涉到采购方、销售方和物流公司，工作流程复杂，是多个岗位配合完成的业务。

以制造企业的采购付款业务为例，其牵涉到三个核心组织：制造企业、工贸企业和物流运输企业，制造企业向工贸企业下达订单，工贸企业确认订单后向制造企业发货、开票和收款；制造企业联系物流公司，签订运输合同，物流公司向工贸企业取货，运输发送到制造企业，然后向制造企业开票并收款。制造企业的采购付款业务除了涉及工贸企业和物流公司外，还需要银行协助，完成企业之间的转账。制造企业采购付款业务的组织间关系如图4-1所示。

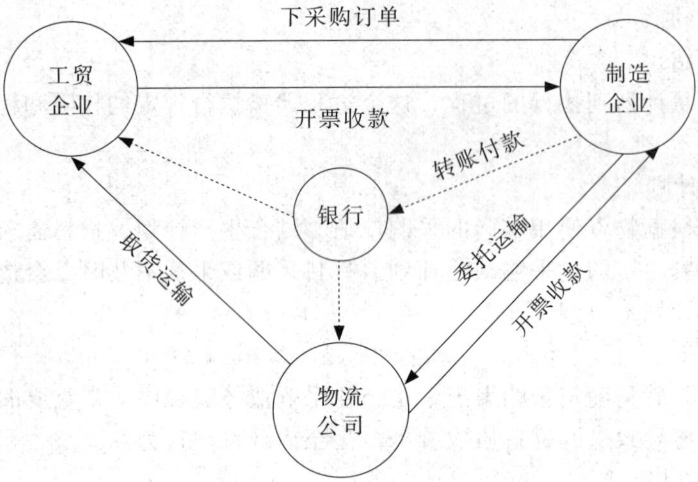

图4-1 制造企业采购付款业务的组织间关系

制造企业采购原材料的采购付款业务流程如图1-1所示。其中，每个环节描述前的代码（如MCG1）为任务缩写，每个任务下有多个步骤，多组织、多岗位共同配合完成任务。在VBSE跨专业综合实训中，采购业务流程比较复杂，执行了严格的内部控制流程，在实训时，同学们要从整体上把握业务流程，从制造企业和工贸企业签订合同、录入确定订单，到物流公司取货送货，再到制造企业到货入库、支付运费和货款，共有19个任务。这些任务都有编号，如MCG1代表的是制造企业采购的第一个业务。在实训时，按任务号从小到大执行。这些任务有很强的逻辑性，如果漏掉或者做错某个任务，后续任务就会出现问题。

三、制造企业采购付款业务步骤

制造企业采购原材料时需要根据市场需求和生产能力编制采购计划和选择供应商，其采购业务流程图如图4-2所示。

系统中的采购付款业务从签订采购合同开始，由制造企业的采购员发起。详细的操作步骤是：

1.【MCG1】制造企业：与工贸企业签订购销合同

（1）制造企业的采购员填写采购合同。

（2）制造企业的采购员填写合同会签单。

（3）制造企业的采购部经理对会签单签字。

（4）制造企业的财务部经理对会签单签字。

（5）制造企业的总经理对会签单签字。

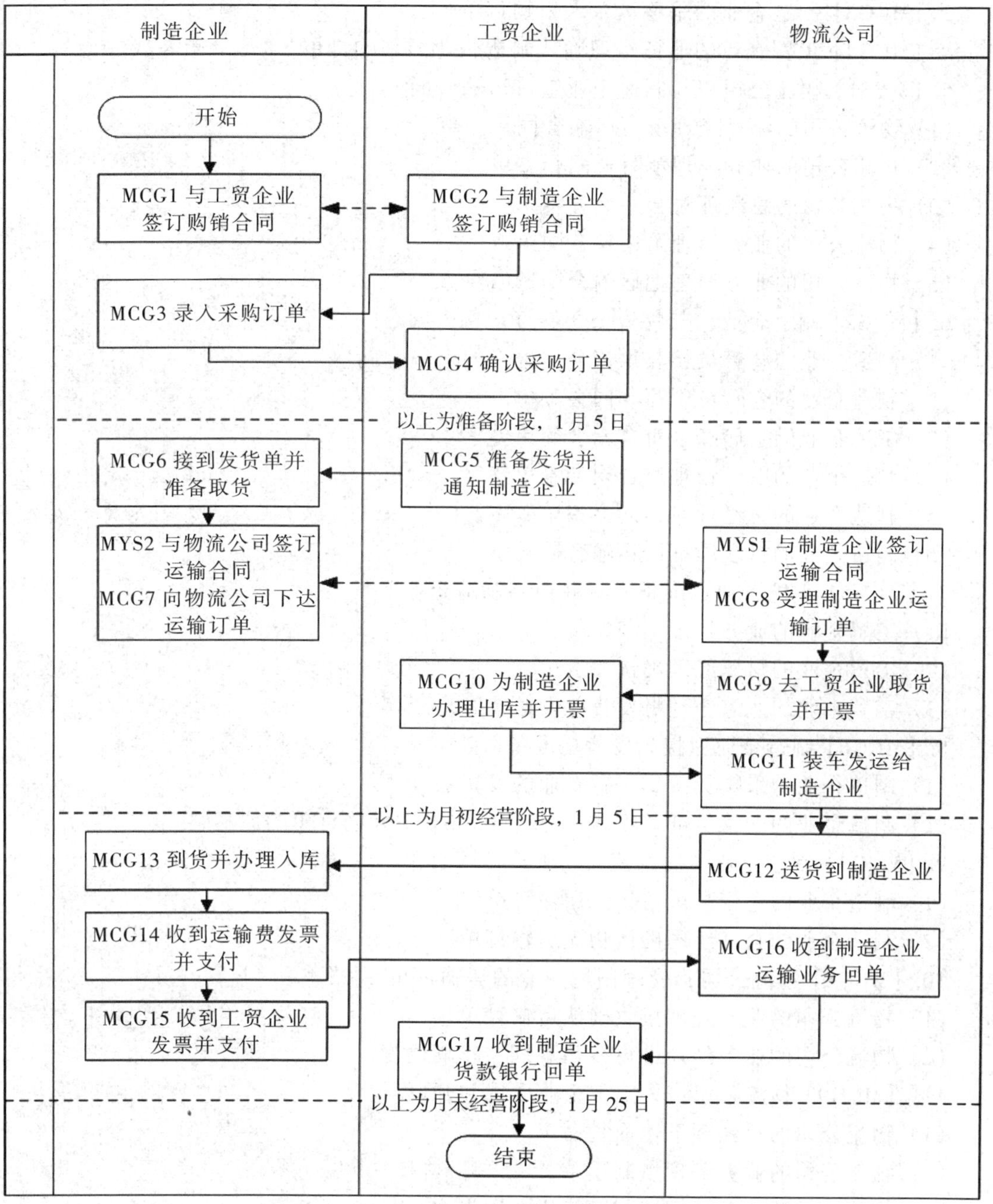

图4-2　采购业务流程及各步骤名称和编号

（6）制造企业的行政助理对购销合同盖章。

（7）制造企业的采购员更新采购合同执行情况表。

2.【MCG2】工贸企业：与制造企业签订购销合同

（1）工贸企业的业务经理填写合同会签单。

（2）工贸企业的行政经理给合同盖章。

（3）工贸企业对合同存档，并登记销售合同执行情况表。

3.【MCG3】制造企业的采购员录入采购订单

4.【MCG4】工贸企业的业务经理确认制造企业的采购订单

5.【MYS1】物流公司：与制造企业签订运输合同

(1) 物流公司的业务经理填写运输合同。

(2) 物流公司的业务经理填写合同会签单。

(3) 物流公司的总经理对会签单签字。

(4) 物流公司的业务经理给运输合同盖章。

(5) 物流公司的业务经理把运输合同送给对方。

6.【MYS2】制造企业：与物流公司签订运输合同

(1) 制造企业的仓管员接收物流公司送来的运输合同。

(2) 制造企业的仓管员填写合同会签单。

(3) 制造企业的仓储经理对合同会签单签字。

(4) 制造企业的财务经理对合同会签单签字。

(5) 制造企业的总经理对合同会签单签字。

(6) 制造企业的行政助理给运输合同盖章。

7.【MCG5】工贸企业：准备发货并通知制造企业取货

(1) 工贸企业的业务经理填制发货单。

(2) 工贸企业的财务经理确认发货单。

(3) 工贸企业的业务经理将发货单发送至客户。

8.【MCG6】制造企业：接到发货单准备取货

(1) 制造企业的采购员接到工贸企业的发货通知。

(2) 制造企业的仓管员准备收取任务【MCG3】中采购订单的原材料。

9.【MCG7】制造企业：向物流公司下达运输订单

(1) 制造企业的仓管员填写物流运输订单。

(2) 制造企业的仓储经理确认物流运输订单。

10.【MCG8】物流公司：受理制造企业的运输订单

(1) 物流公司的业务经理接收确认运输订单。

(2) 物流公司的业务经理进行线路规划、车辆调度。

11.【MCG9】物流公司：去工贸企业取货并开票

(1) 物流公司的总经理下达取货命令。

(2) 物流公司的业务经理填制运单。

(3) 物流公司的业务经理填制增值税专用发票。

(4) 物流公司的业务经理发车取货。

12.【MCG10】工贸企业：为制造企业办理出库并开票

(1) 工贸企业的业务经理填制出库单，办理出库业务。

(2) 工贸企业的业务经理登记库存台账。

(3) 工贸企业的业务经理更新销售发货明细表。

(4) 工贸企业的业务经理提交增值税专用发票申请。

(5) 工贸企业的财务经理审核增值税专用发票申请。

（6）工贸企业的总经理审核增值税专用发票申请。
（7）工贸企业的财务经理开具增值税专用发票。
（8）工贸企业的财务经理登记发票领用表。
（9）工贸企业的业务经理将发票送至客户。
（10）工贸企业的财务经理填制记账凭证。
（11）工贸企业的总经理审核记账凭证。
（12）工贸企业的财务经理登记科目明细账。
（13）工贸企业的财务经理登记总分类账。
13.【MCG11】物流公司：货物装车发运给制造企业
（1）物流公司的业务经理点验托运货物。
（2）物流公司的业务经理确认运单信息并签字。
（3）物流公司的业务经理装车作业。
（4）物流公司的业务经理送货作业。
14.【MCG12】物流公司：送货到制造企业
（1）车辆到达，物流公司的业务经理进行卸车前检查。
（2）物流公司的业务经理安排卸货和货物交接。
（3）物流公司的业务经理将增值税专用发票交给制造企业 。
（4）物流公司的业务经理送货作业。
15.【MCG13】制造企业：确认到货并办理入库
（1）运输车辆到达，制造企业的仓管员收到物流公司的运单。
（2）制造企业进行物料验收并办理入库。
（3）制造企业的仓管员填写采购入库单。
（4）制造企业的采购员登记采购合同执行情况表。
（5）制造企业的仓管员登记库存台账。
（6）制造企业的成本会计填制记账凭证。
（7）制造企业的财务经理审核记账凭证。
（8）制造企业的成本会计登记数量金额明细账。
（9）制造企业的财务会计登记科目明细账。
（10）制造企业的财务经理登记总账。
16.【MCG14】制造企业：收到运输费发票并支付
（1）制造企业的仓管员填写运输费付款申请。
（2）制造企业的仓储经理审核付款申请单。
（3）制造企业的财务经理审核付款申请单。
（4）制造企业的出纳办理网银付款（转账）。
（5）制造企业的财务会计填制记账凭证。
（6）制造企业的财务经理审核记账凭证。
（7）制造企业的出纳登记银行存款日记账。
（8）制造企业的财务会计登记科目明细账。
（9）制造企业的财务经理登记总账。

17.【MCG15】制造企业：收到工贸企业的发票并支付

（1）制造企业的采购员根据工贸企业的发票填写付款申请单。

（2）制造企业的采购经理审核付款申请。

（3）制造企业的财务经理审核付款申请。

（4）制造企业的出纳办理网银付款（转账）。

（5）制造企业的财务会计填制记账凭证。

（6）制造企业的财务经理审核记账凭证。

（7）制造企业的出纳登记银行存款日记账。

（8）制造企业的财务会计登记科目明细账。

（9）制造企业的财务经理登记总账。

18.【MCG16】物流公司：收到制造企业的运费业务回单

（1）物流公司的总经理查询网银。

（2）银行柜员打印收款业务回单。

19.【MCG17】工贸企业：收到制造企业的货款银行回单

（1）工贸企业的业务经理查询网银。

（2）银行柜员打印业务回单。

（3）工贸企业的业务经理确认回款客户。

（4）工贸企业的财务经理审核收款确认单并填制记账凭证。

（5）工贸企业的总经理审核记账凭证。

（6）工贸企业的总经理登记日记账。

（7）工贸企业的财务经理登记科目明细账。

（8）工贸企业的财务经理登记总账。

四、工贸企业采购付款业务

工贸企业的采购付款业务是在线上进行的，由各个工贸企业直接在线上进行原材料采购，工贸企业之间的采购价格是一定的，它们只需要依据确定好的订单数量在线上进行采购，具体流程如图4-3所示。

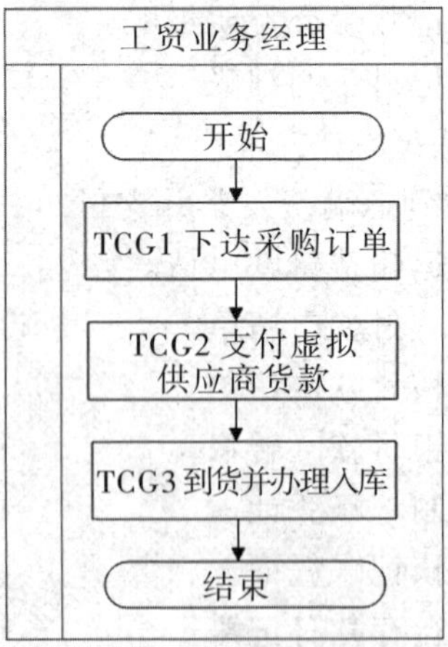

图4-3 工贸企业采购付款业务流程

工贸企业的采购订单由业务经理发起，其详细操作步骤如下：

1.【TCG1】工贸企业：业务经理下达采购订单

2.【TCG2】工贸企业：支付虚拟供应商货款

（1）工贸企业的业务经理提交付款申请。

（2）工贸企业的财务经理审核付款申请。

（3）工贸企业的总经理审核付款申请。

（4）工贸企业的总经理付款。

（5）银行柜员打印银行付款回单。

（6）工贸企业的业务经理去税务局代开增值税专用发票。

（7）税务专员为虚拟供应商代开增值税专用发票。

（8）工贸企业的业务经理收到税务局代开的增值税专用发票。

（9）工贸企业的财务经理填制记账凭证。

（10）工贸企业的总经理审核记账凭证。

（11）工贸企业的总经理登记日记账。

（12）工贸企业的财务经理登记科目明细账。

（13）工贸企业的财务经理登记总账。

3.【TCG3】工贸企业：到货并办理入库

（1）工贸企业的业务经理依据采购订单填写采购入库单。

（2）工贸企业的业务经理审核采购入库单。

（3）工贸企业的业务经理在系统内办理入库。

（4）工贸企业的业务经理登记库存台账。

（5）工贸企业的业务经理更新采购情况执行表。

（6）工贸企业的财务经理填制记账凭证。

（7）工贸企业的总经理审核记账凭证。

（8）工贸企业的财务经理登记科目明细账。

（9）工贸企业的总经理登记总账。

五、商贸企业采购付款业务

因为商贸企业只能向制造企业购买产品，所以商贸企业的采购付款业务实际上就是制造企业的销售收款业务，除了主体互换，两者的业务流程基本一致，具体流程如图4-4所示。

商贸企业的采购业务由其采购经理发起，详细操作步骤如下：

1.【DCG1】商贸企业：与制造企业签订购销合同

（1）商贸企业的采购经理向制造企业询价，谈判并签订采购合同，进行合同会签。

（2）商贸企业的财务经理审核购销合同和合同会签单。

（3）商贸企业的总经理审核购销合同和合同会签单。

（4）商贸企业的行政经理给合同盖章。

（5）商贸企业的采购经理登记购销合同。

2.【DCG2】制造企业：与商贸企业签订购销合同

（1）制造企业的销售专员与商贸企业谈判，签订销售合同。

（2）制造企业的销售专员填写合同会签单。

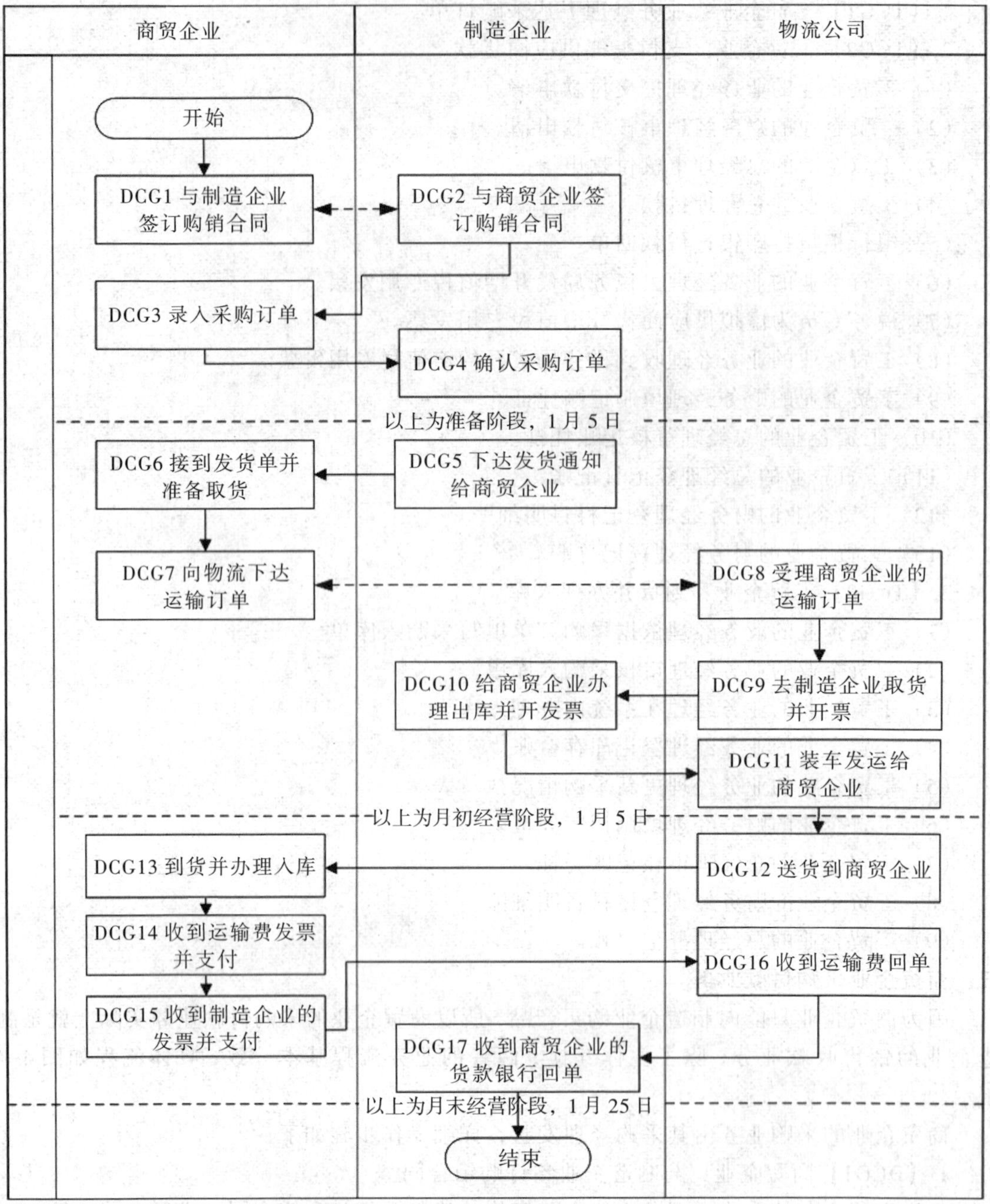

图4-4　商贸企业采购付款业务流程

（3）制造企业的营销经理对合同会签单签字。

（4）制造企业的财务经理对合同会签单签字。

（5）制造企业的总经理对合同会签单签字。

（6）制造企业的行政助理给购销合同盖章。

（7）制造企业的行政助理对购销合同存档。

（8）制造企业的销售专员对购销合同登记。

3.【DCG3】商贸企业：采购经理录入采购订单
4.【DCG4】制造企业：销售专员确认商贸企业的采购订单
5.【DCG5】制造企业：销售专员下达发货通知给商贸企业
（1）制造企业的销售专员填写发货单。
（2）制造企业的营销经理审核发货单。
（3）制造企业的销售专员分发发货单。
6.【DCG6】商贸企业：接到发货通知
（1）商贸企业的采购经理接到供应商的发货通知。
（2）商贸企业的仓储经理准备采购收货。
7.【DCG7】商贸企业：仓储经理向物流公司下达运输订单
8.【DCG8】物流公司：受理商贸企业的运输订单
（1）物流公司的业务经理接收确认运输订单。
（2）物流公司的业务经理进行线路规划和车辆调度。
9.【DCG9】物流公司：去制造企业取货并开票
（1）物流公司的总经理下达取货命令。
（2）物流公司的业务经理填制运单。
（3）物流公司的业务经理填制增值税专用发票。
（4）物流公司的业务经理发车取货。
10.【DCG10】制造企业：为商贸企业办理出库并开票
（1）制造企业的仓管员接收物流运单并填制销售出库单。
（2）制造企业的仓储经理审核单据并办理出库。
（3）制造企业的仓管员登记库存台账。
（4）制造企业的销售专员销售发货，通知仓管员办理运输业务并申请开票。
（5）制造企业的出纳开具发票。
（6）制造企业的销售专员将发票送给客户。
（7）制造企业的财务会计填制记账凭证。
（8）制造企业的财务经理审核记账凭证。
（9）制造企业的财务会计登记明细账。
（10）制造企业的财务经理登记总账。
11.【DCG11】物流公司：将货物装车发运给商贸企业
（1）物流公司的业务经理点验托运货物。
（2）物流公司的业务经理确认运单信息并签字。
（3）物流公司的业务经理装车作业。
（4）物流公司的业务经理送货作业。
12.【DCG12】物流公司：送货到商贸企业
（1）车辆到达，物流公司的业务经理进行卸车前检查。
（2）物流公司的业务经理安排卸货，进行货物交接。
（3）物流公司的业务经理将增值税专用发票交商贸企业。

13.【DCG13】商贸企业：到货并办理入库
（1）商贸企业的仓储经理接到物流公司交来的运单。
（2）商贸企业的仓储经理办理入库。
（3）商贸企业的仓储经理填写并审核采购入库单。
（4）商贸企业的仓储经理通过系统生成采购入库单。
（5）商贸企业的仓储经理登记库存台账。
（6）商贸企业的采购经理更新采购合同执行情况表。
14.【DCG14】商贸企业：收到运输费发票并支付
（1）商贸企业的仓储经理收到当次的运费增值税专用发票。
（2）商贸企业的财务经理审核运费增值税专用发票。
（3）商贸企业的出纳填制记账凭证。
（4）商贸企业的财务经理审核记账凭证。
（5）商贸企业的财务经理登记科目明细账。
（6）商贸企业的财务经理登记总账。
（7）商贸企业的仓储经理填写付款申请单。
（8）商贸企业的财务经理审核付款申请。
（9）商贸企业的总经理审核付款申请。
（10）商贸企业的出纳办理网银付款。
（11）商贸企业的出纳编制记账凭证。
（12）商贸企业的财务经理审核记账凭证。
（13）商贸企业的出纳登记日记账。
（14）商贸企业的财务经理登记科目明细账。
（15）商贸企业的财务经理登记总账。
15.【DCG15】商贸企业：收到制造企业发票并支付
（1）商贸企业的采购经理收到供应商开具的增值税专用发票。
（2）商贸企业的采购经理填写付款申请单。
（3）商贸企业的财务经理审核付款申请。
（4）商贸企业的总经理审核付款申请。
（5）商贸企业的出纳支付货款。
（6）商贸企业的出纳填制记账凭证。
（7）商贸企业的财务经理审核记账凭证。
（8）商贸企业的出纳登记日记账。
（9）商贸企业的财务经理登记科目明细账。
（10）商贸企业的财务经理登记总账。
16.【DCG16】物流公司：收到运输费回单
（1）物流公司的总经理查询网银。
（2）银行柜员打印收款业务回单。
17.【DCG17】制造企业：收到商贸企业货款回单
（1）制造企业的出纳查询网银。

（2）银行柜员打印业务回单。

（3）制造企业的财务会计编制记账凭证。

（4）制造企业的财务经理审核记账凭证。

（5）制造企业的出纳登记银行存款日记账。

（6）制造企业的财务会计登记科目明细账。

（7）制造企业的财务经理登记总账。

第二节　销售收款业务

销售收款业务是指企业销售商品并取得货款的行为。在这个环节中，企业的主要目的是销售产品，取得销售收入。销售收款业务的环节包括接受客户订单、批准销售折扣和赊销信用、填制销货发票、发运商品、核算销售收入与应收账款、办理和记录销货退回及销货折让、处理坏账等内容。完善对销售与收款业务会计制度的设计，有利于规范销售收款业务活动、全面系统地记录销售过程、监督和控制商品的发出和货款收回、优化企业营业收入的质量。

VBSE跨专业综合实训执行严格的销售收款和物流运输流程，是一个多组织多岗位配合的活动。

一、销售与收款业务介绍

1. 业务目标

（1）经营目标：通过规范销售与收款业务流程，确保产品销售与收款业务按规定程序和适当授权进行，实现预期经营目标。

（2）财务目标：确保销售收款业务及其相关会计账目的核算真实、完整、规范，防止出现差错和舞弊，保证财务报表合理揭示产品销售业务发生的折扣与折让。

（3）合规目标：保证销售业务及其税金的处理符合国家有关法律法规及公司的规定。

2. 业务风险

（1）经营风险：由于产品销售与收款业务流程设计不合理或控制不当，可能导致产品销售及价格、信用政策等与目标要求不一致，或出现舞弊和差错。

（2）财务风险：可能导致会计核算多记、少（漏）记或错记销售收入、应收账款以及其他相关会计事项，造成核算和反映不真实、不准确、不完整。

（3）合规风险：可能导致销售业务违反国家有关规定而受到行政处罚或法律制裁。

二、销售与收款业务流程

1. 受理订单与编制销售计划

销售部门分析客户需求，受理客户订单，订单要按照类别连续编号。所有订单均由授权人核准，并对客户信用状况进行初步核查。销售部门依据客户信用状况及订单和生产计划、库存等情况，编制销售产品的品种、规格型号、数量、价格、货款支付方式等具体的销售计划与赊账方案，并经部门领导审核签字。

2. 审定销售方案和信用政策

产品销售计划传送给公司分管业务的领导审定，特别重大的产品销售计划报公司总经理办公室审定；信用管理部门依据客户的信用资料以及本部门已建立的客户信用档案和记录，对客户信用情况进行审核或调查，评定信用等级，提出审核意见；销售部门将销售计划、销售订单和赊账方案报公司总经理办公室审定。销售价格未按照规定政策执行的，应报价格领导小组或授权领导审定。

3. 生产订单

销售部门及时将审批后的销售计划和销售订单传送给生产部门。生产部门根据生产计划与销售计划、销售订单情况，编制生产订单，安排生产。

4. 签订销售合同

销售数量较大或批量销售业务应当签订销售合同，销售合同文本由销售部门拟定。

5. 组织销售与收款

财务部门根据销售合同和销售方案查询、核实客户预留资金和客户预付款的到账情况或客户信用额度的使用情况，向销售部门传送核实信息或开具收款通知单。销售部门根据已签订的销售合同、销售订单向财务部门核实收款情况，确认后向仓储部门传送发货通知单，并逐笔录入系统。仓储部门依据销售发货通知单和销售合同、销售订单等组织发货。

6. 财务开票和记账

财务部门将销售合同、核准的发货单等有关原始单据传送至财税系统，开具销售发票，并加盖印章。根据财税系统开具的销售发票数据，系统生成收入和税金的会计凭证并编制分录，再由会计主管复核后记账。

7. 销售折让或退货

销售部门受理客户提出的折让或退货申请，并依据折让或退货理由组织相关部门查验和核实，提出处理意见。会计主管再审核销售折让通知书或退货通知书，会计凭证经过复核后由会计人员记账，需在财务报表中披露的应当披露。

8. 盘点对账

销售、财务、仓储等部门定期对产品销售及存货情况等进行对账和实物盘点，核对产品库存，对差异情况及时查明原因并按规定处理；同时，对赊销货款进行清理，对应收账款进行账龄分析。

9. 清理、关闭合同

合同执行完毕后，销售部门应对合同执行情况进行清理，建立客户信用档案。销售部门将合同清理结果和客户信用情况反馈给财务部门，财务部门按照核销合同的遗留问题，督促销售部门落实追索工作。

三、销售收款业务步骤

（一）制造企业的销售收款业务步骤

制造企业的销售收款业务事实上就是商贸企业的采购付款业务，两者只是上下游主体不一样，该业务由商贸企业的采购经理发起，其具体业务流程如图4-5所示。

（二）商贸企业的销售收款业务步骤

商贸企业的销售收款业务是在线上进行的，由各个商贸企业直接在线上进行销售收款，其业务流程如图4-6所示。

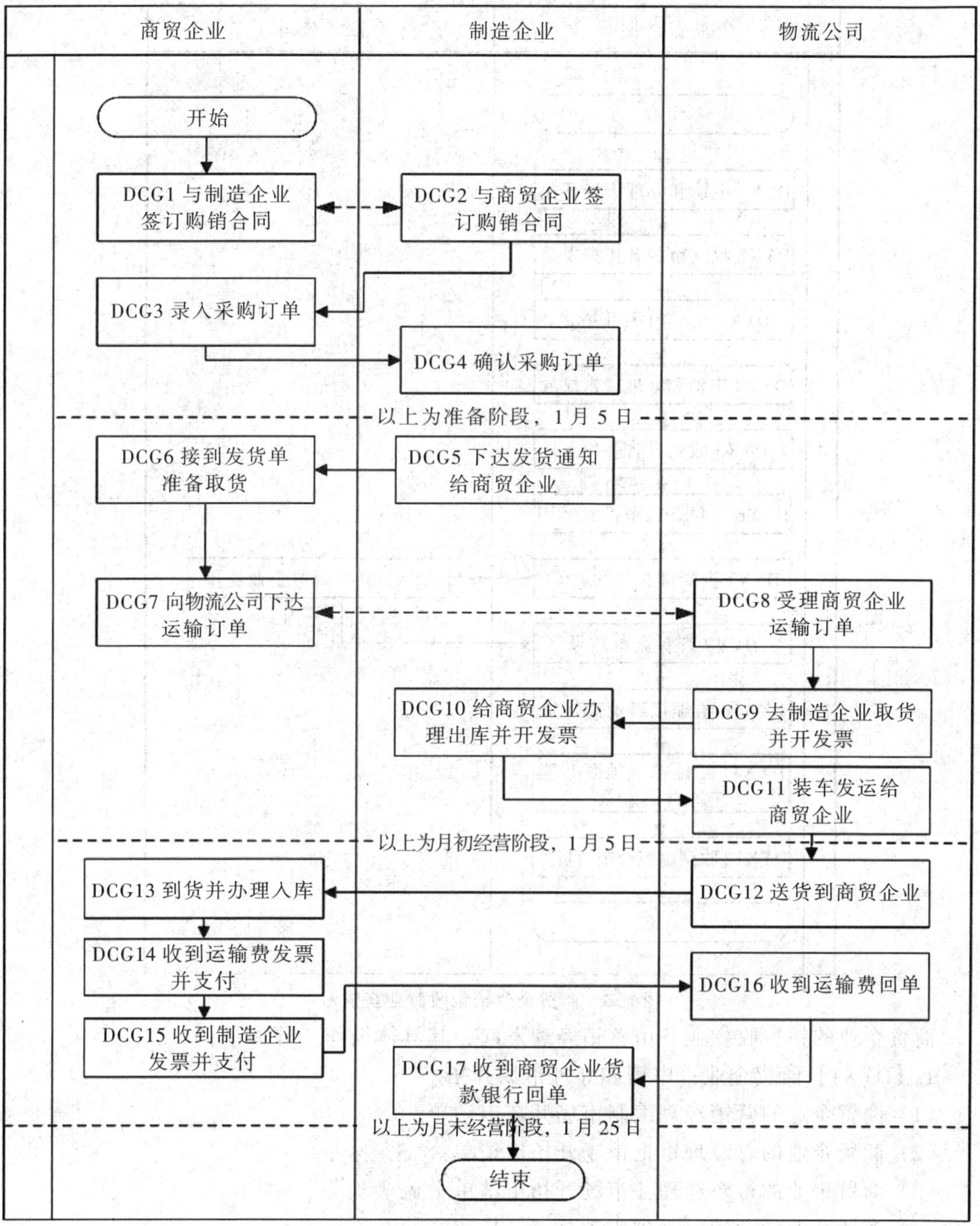

图4-5　制造企业销售收款业务流程

需要注意的是，商贸企业的销售市场是存在竞争关系的，各个商贸企业在与制造企业签订好购销合同并到货入库以后，需要依据服务公司开放的销售地区制订广告投放方案，然后到服务公司进行竞标选单，服务公司依据各个商贸企业广告费的高低依次排列先后顺序，让商贸企业按序逐一选取一定数量的虚拟订单并进行销售。

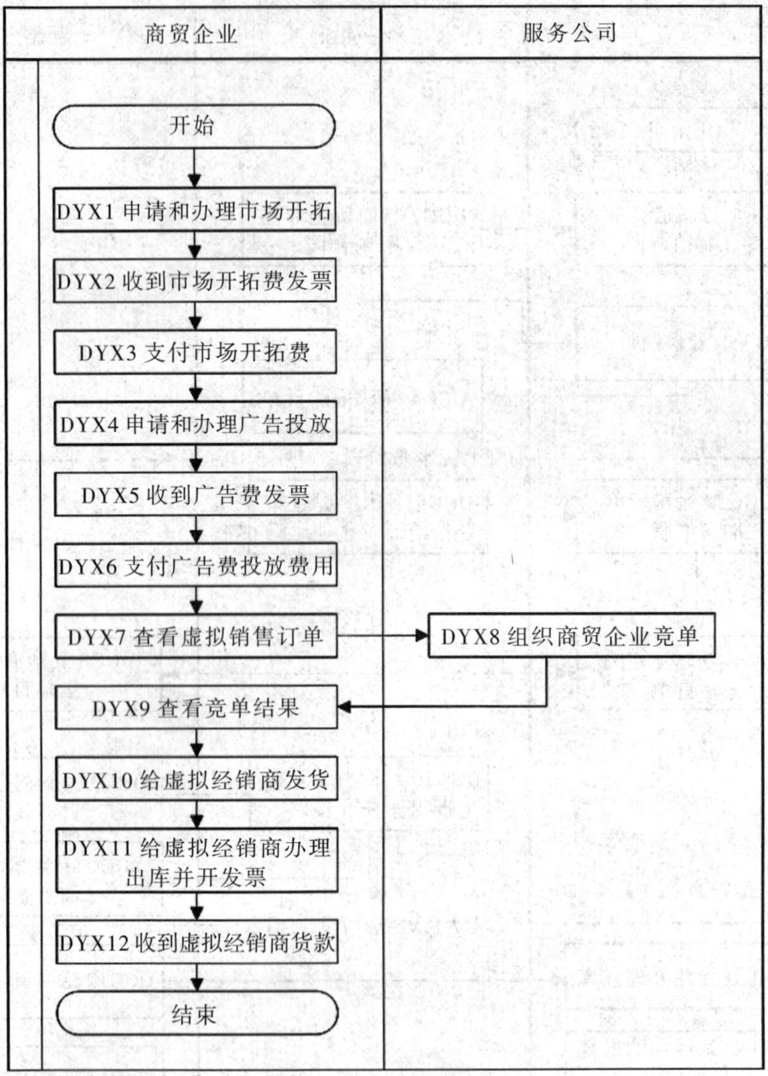

图4-6　商贸企业销售收款业务流程

商贸企业的销售收款业务由营销经理发起，其具体操作步骤如下：

1.【DYX1】商贸企业：申请和办理市场开拓

（1）商贸企业的营销经理编制市场开拓申请单。

（2）商贸企业的总经理审批市场开拓申请单。

（3）商贸企业的行政经理在市场开拓申请单上盖章。

（4）商贸企业的营销经理到服务公司开拓市场。

（5）服务公司的业务员办理市场开拓。

（6）商贸企业的营销经理确认市场开拓结果。

2.【DYX2】商贸企业：收到市场开拓费发票

（1）商贸企业的营销经理到服务公司取市场开拓费用发票。

（2）服务公司的业务员开具市场开拓费用发票。

（3）商贸企业的营销经理收取市场开拓费用发票。

（4）商贸企业的出纳收到市场开拓费用专用发票并记账。
（5）商贸企业的财务经理审核记账凭证。
（6）商贸企业的财务经理登记科目明细账。
（7）商贸企业的财务经理登记总账。
3.【DYX3】商贸企业：支付市场开拓费
（1）商贸企业的营销经理填写付款申请单。
（2）商贸企业的财务经理审核付款申请。
（3）商贸企业的总经理审核付款申请。
（4）商贸企业的出纳开具转账支票。
（5）商贸企业的财务经理审核支票。
（6）商贸企业的营销经理将支票送至服务公司。
（7）商贸企业的出纳填制记账凭证。
（8）商贸企业的财务经理审核记账凭证。
（9）商贸企业的出纳登记日记账。
（10）商贸企业的财务经理登记科目明细账。
（11）商贸企业的财务经理登记总账。
（12）服务公司的业务员收到转账支票并到银行办理转账。
（13）银行柜员办理转账并打印银行回单。
4.【DYX4】商贸企业：申请和办理广告投放
（1）商贸企业的营销经理编制广告投放申请单。
（2）商贸企业的总经理审批广告投放申请单。
（3）商贸企业的行政经理在广告投放申请单上盖章。
（4）商贸企业的营销经理到服务公司办理广告投放。
（5）服务公司的业务员办理广告投放。
（6）商贸企业的营销经理确认广告投放结果。
5.【DYX5】商贸企业：收到广告费发票
（1）商贸企业的营销经理到服务公司取广告投放费用发票。
（2）服务公司的业务员开具广告投放费用发票。
（3）商贸企业的营销经理收取广告投放费用发票。
（4）商贸企业的出纳收到广告投放费用专用发票并记账。
（5）商贸企业的财务经理审核记账凭证。
（6）商贸企业的财务经理登记科目明细账。
（7）商贸企业的财务经理登记总账。
6.【DYX6】商贸企业：支付广告投放费用
（1）商贸企业的营销经理填写付款申请单。
（2）商贸企业的财务经理审核付款申请。
（3）商贸企业的总经理审核付款申请。
（4）商贸企业的出纳开具转账支票。
（5）商贸企业的财务经理审核支票。

（6）商贸企业的营销经理将支票送至服务公司。
（7）商贸企业的出纳填制记账凭证。
（8）商贸企业的财务经理审核记账凭证。
（9）商贸企业的出纳登记日记账。
（10）商贸企业的财务经理登记科目明细账。
（11）商贸企业的财务经理登记总账。
（12）服务公司的业务员收到转账支票并到银行办理转账。
（13）银行柜员办理转账并打印银行回单。

7.【DYX7】商贸企业：营销经理查看虚拟销售订单

8.【DYX8】服务公司：组织商贸企业竞单

（1）服务公司的总经理通知商贸企业竞单。
（2）服务公司的总经理为商贸企业办理选单。

9.【DYX9】商贸企业：营销经理查看竞单结果

10.【DYX10】商贸企业：给虚拟经销商发货

（1）商贸企业的营销经理填制发货单。
（2）商贸企业的财务经理确认发货单。
（3）商贸企业的仓储经理确认发货单。

11.【DYX11】商贸企业：给虚拟经销商办理出库并开发票

（1）商贸企业的仓储经理填制出库单，办理出库业务。
（2）商贸企业的仓储经理办理出库。
（3）商贸企业的仓储经理登记库存台账。
（4）商贸企业的营销经理更新销售发货明细表。
（5）商贸企业的营销经理提交增值税专用发票申请。
（6）商贸企业的财务经理审核增值税专用发票申请。
（7）商贸企业的总经理审核增值税专用发票申请。
（8）商贸企业的出纳开具增值税专用发票。
（9）商贸企业的出纳登记发票领用表。
（10）商贸企业的营销经理给客户送发票。
（11）商贸企业的出纳填制记账凭证。
（12）商贸企业的财务经理审核记账凭证。
（13）商贸企业的财务经理登记科目明细账。
（14）商贸企业的财务经理登记总账。

12.【DYX12】商贸企业：收到虚拟经销商货款

（1）商贸企业的营销经理收到货款。
（2）商贸企业的出纳到银行取得收款结算凭证（电汇回单）。
（3）银行柜员查询并打印业务回单。
（4）商贸企业的出纳编制记账凭证。
（5）商贸企业的财务经理审核记账凭证。
（6）商贸企业的出纳登记日记账。

（7）商贸企业的财务经理登记科目明细账。

（8）商贸企业的财务经理登记总账。

补充：工贸企业的销售收款业务就是制造企业的采购业务，只是主体不同，具体操作步骤可参考制造企业的采购付款业务。

第三节　申报和缴纳增值税业务

增值税是以商品（含应税劳务）在流转过程中产生的增值额作为计税依据而征收的一种流转税。从计税原理上说，增值税是对商品生产、流通、劳务服务中多个环节的新增价值或商品的附加值征收的一种流转税。增值税实行价外税，由消费者承担。在V综3.6版本系统中，增值税的适用对象为一般纳税人，增值税税率为13%。其申报与缴纳工作模拟了真实的业务操作系统，需要财务经理在线上填写申报表进行申报和缴纳。

一、增值税的申报与缴纳业务介绍

1. 增值税纳税义务发生时间

（1）采取直接收款方式销售货物，不论货物是否发出，均为收到销售额或取得索取销售额的凭据，并将提货单交给买方的当天。

（2）采取托收承付和委托银行收款方式销售货物，为发出货物并办妥托收手续的当天。

（3）采取赊销和分期收款方式销售货物，为按合同约定的收款日期的当天。

（4）采取预收货款方式销售货物，为货物发出的当天。

（5）委托其他纳税人代销货物，为收到代销单位代销清单的当天；纳税人以代销方式销售货物，在收到代销清单前已收到全部或者部分货款的，其纳税义务发生时间为收到全部或者部分货款的当天；对于发出代销商品超过180天仍未收到代销清单及货款的，视同销售实现，一律征收增值税，其纳税义务发生时间为发出代销商品满180天的当天。

（6）销售应税劳务，为提供劳务同时收讫销售额或取得索取销售额的凭据的当天。

（7）纳税人发生视同销售货物行为，为货物移送的当天。

2. 纳税期限

纳税期限根据应纳税额大小分为1、3、5、10、15日或1个月。于期满之日起5日内预缴税款，于次月1日至10日内申报纳税并结清上月税款。

3. 纳税地点

（1）固定业户应当向其机构所在地主管税务机关申报纳税

（2）固定业户临时到外县（市）销售货物的，应当向其机构所在地主管税务机关申请开具外出经营活动税收管理证明，向其机构所在地主管税务机关申报纳税。未持有其机构所在地主管税务机关核发的外出经营活动税收管理证明，到外县（市）销售货物或者应税劳务的，应当向销售地主管税务机关申报纳税，销售地主管税务机关一律按6%

的征收率征税；未向销售地主管税务机关申报纳税的，由其机构所在地主管税务机关补征税款。

二、增值税的申报与缴纳业务流程

制造企业、工贸企业和商贸企业的增值税申报与缴纳业务流程一致，因此不再分别展开。

1. 增值税的申报

企业增值税的申报由财务经理发起，流程如图4-7所示。

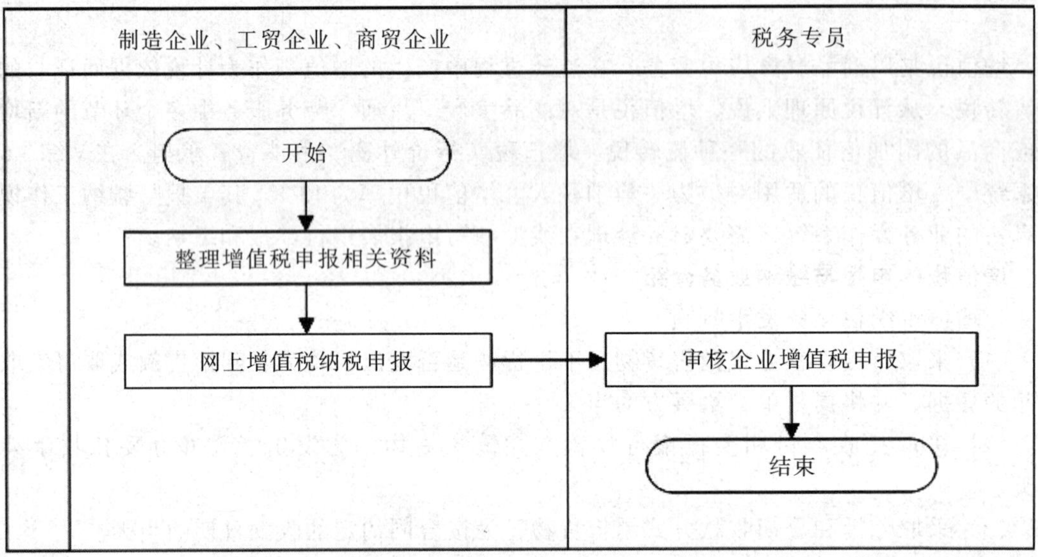

图4-7　企业增值税的申报业务流程

步骤如下：

（1）财务经理整理增值税申报相关材料。

（2）财务经理在网上进行增值税纳税申报。

（3）税务专员审核企业增值税申报。

2. 增值税的缴纳

企业增值税的缴纳由财务经理发起，流程如图4-8所示。

步骤如下：

（1）制造企业的财务经理确认申报状态并提交扣款。

（2）制造企业的出纳查询网银扣款情况。

（3）银行柜员打印缴税凭证。

（4）制造企业的出纳收到银行缴税扣款证明。

（5）制造企业的财务会计填制记账凭证。

（6）制造企业的财务经理审核记账凭证。

（7）制造企业的出纳登记银行存款日记账。

（8）制造企业的财务会计登记科目明细表。

（9）制造企业的财务经理登记总账。

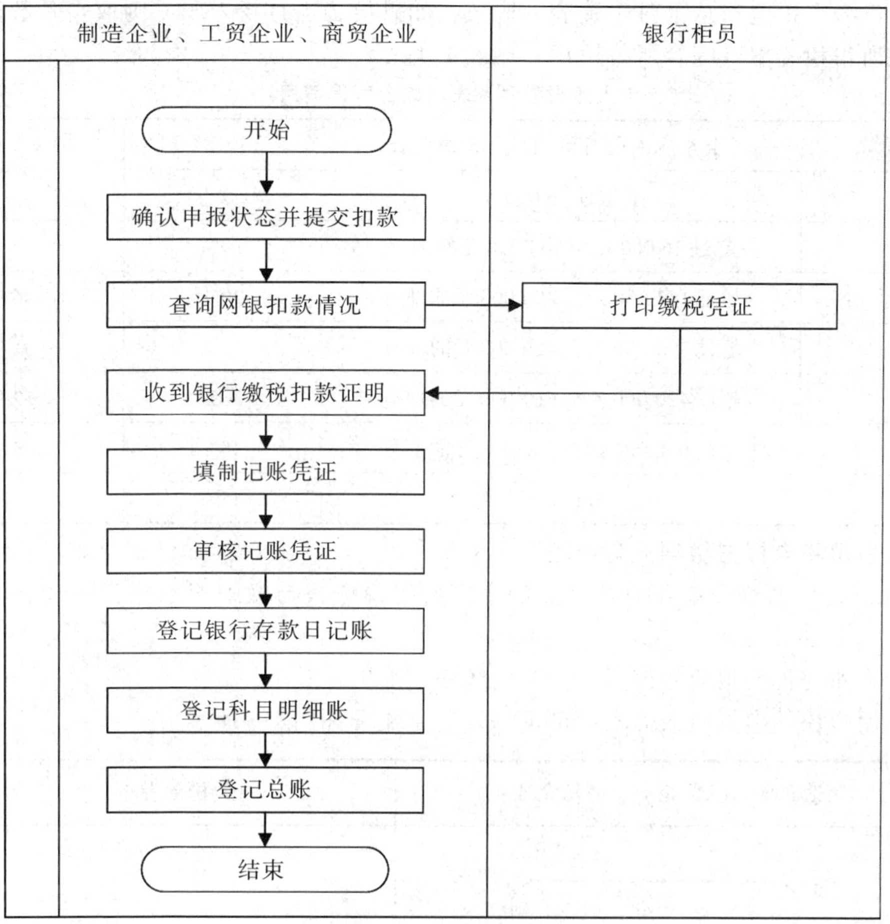

图4-8 企业增值税的缴纳业务流程

第四节 申报和缴纳个人所得税业务

一、个人所得税申报与缴纳业务介绍

个人所得税法是调整征税机关与自然人之间在个人所得税的征纳与管理过程中所发生的社会关系的法律规范的总称。个人所得税的纳税人是指在中国境内有住所，或者虽无住所但在境内居住满一年，以及无住所又不居住或居住不满一年但有从中国境内取得所得的个人，包括中国公民、个体工商户、外籍个人等。

VBSE系统中的个人所得税申报与缴纳工作也模拟了真实的业务操作系统，需要按照系统给出的个人所得税税率表，由人力资源部助理在线上填写申报表，进行申报和缴纳工作。

个人所得税计算采用2019年1月1日开始适用的综合所得税率表，具体计算方法为：

本月实缴个税=累计应纳个税-累计已缴个税

累计应缴个税=累计应税所得额×预扣率-速算扣除数

累计已缴个税应当从上月工资表中取数，如果员工当月新入职，则取当月数据。

个人所得税税率（综合所得适用）见表4-1。

表4-1　　个人所得税税率表（综合所得适用）

级数	全年应纳税所得额（含税级距）	税率	速算扣除数
1	不超过36 000元	3%	0
2	超过36 000元至144 000元的部分	10%	2 520
3	超过144 000元至300 000元的部分	20%	16 920
4	超过300 000元至420 000元的部分	25%	31 920
5	超过420 000元至660 000元的部分	30%	52 920
6	超过660 000元至960 000元的部分	35%	85 920
7	超过960 000元的部分	45%	181 920

二、个人所得税申报与缴纳业务流程

制造企业、工贸企业和商贸企业的个人所得税申报与缴纳业务流程一致，因此不再详述。

1. 个人所得税申报业务流程

个人所得税的申报由人力资源部助理发起，流程如图4-9所示。

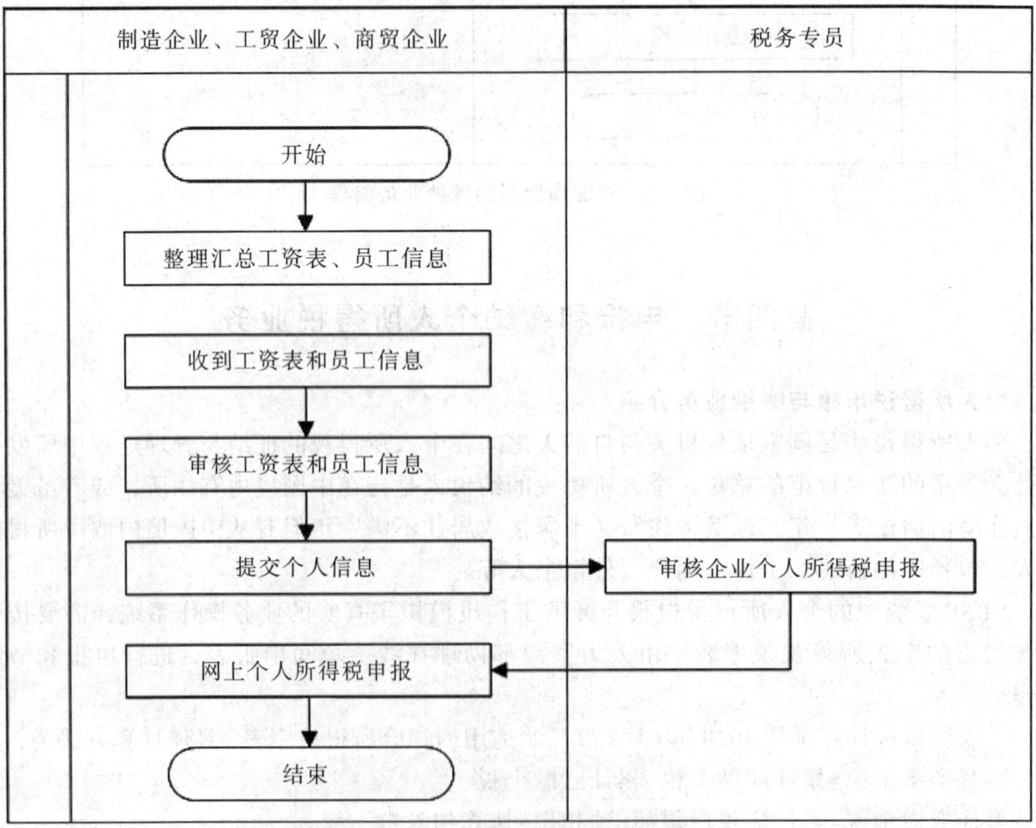

图4-9　个人所得税的申报业务流程

步骤如下：

（1）人力资源部助理整理汇总工资表、员工信息。

（2）财务会计收到工资表和员工信息。

（3）财务经理审核工资表和员工信息。

（4）财务会计提交个人信息。

（5）税务专员审核企业个人所得税申报。

（6）财务会计进行网上个人所得税申报。

2. 个人所得税缴纳业务

个人所得税的缴纳由出纳发起，流程如图4-10所示。

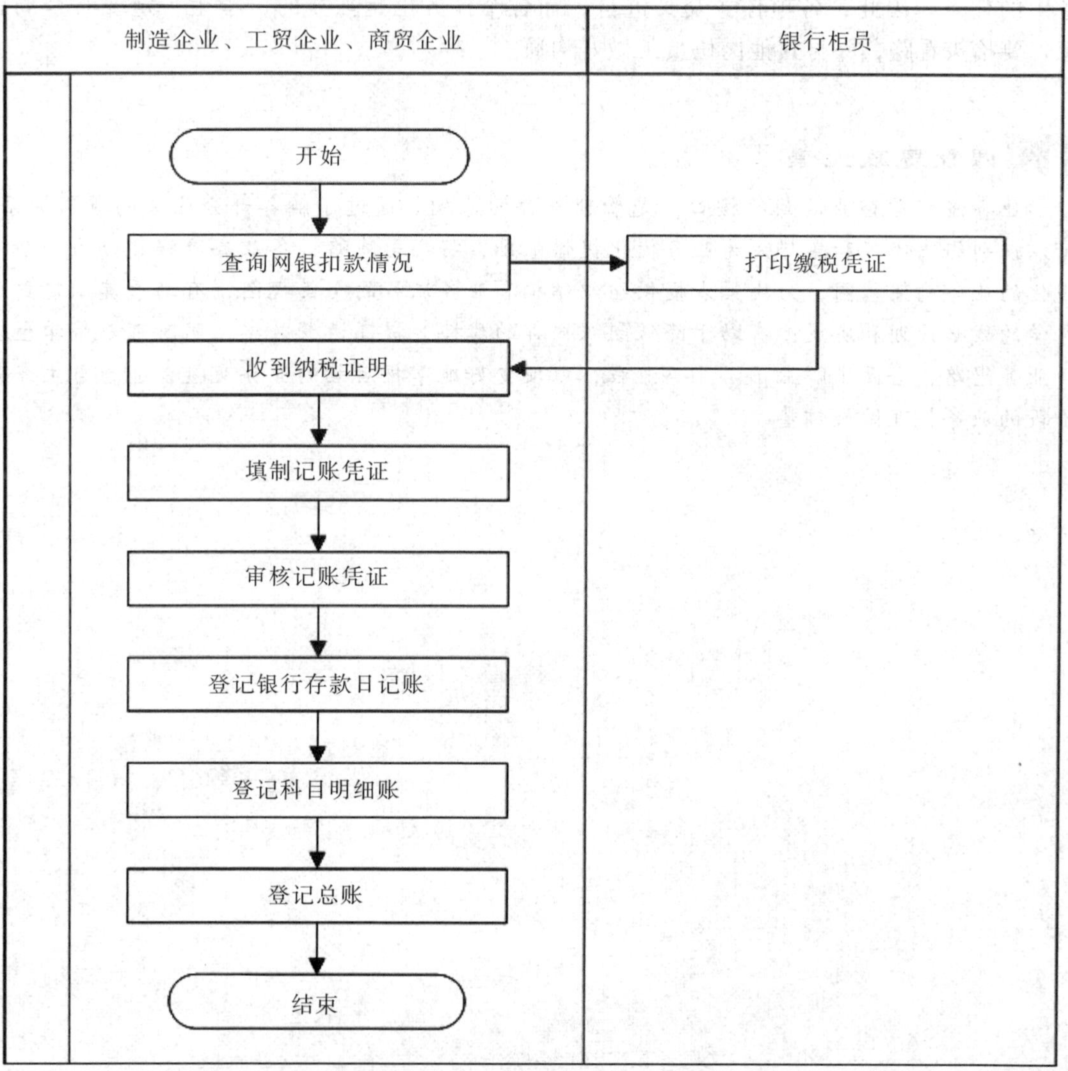

图4-10　个人所得税的缴纳业务流程

步骤如下：

（1）出纳查询网银扣款情况。

（2）银行柜员打印缴税凭证。

（3）出纳收到纳税证明。

（4）财务会计填制记账凭证。

（5）财务经理审核记账凭证。

（6）出纳登记银行存款日记账。

（7）财务会计登记科目明细账。

（8）财务经理登记总账。

VBSE跨专业综合实训的任务是由不同组织、不同岗位共同完成的。同一笔业务按流程，分成多个任务由系统推送给不同岗位的员工；而且每个岗位的员工会同时收到不同业务中的任务。因此，各项任务交叉进行，而各个任务也是独立的，学生一定要有全局思想，要抬头看路，并与其他岗位员工做好沟通。

课程思政元素

业务流程是企业运营的核心，是管理整合的基础。通过了解各部分业务的逻辑关系，可以识别组织优势和劣势，为业务优化提供基础，将公司战略、各业务流程整合为一个可视化的业务构架蓝图，为决策者提供组织结构和业务流程的全景视图，有助于其制定更加科学的战略计划和决策；有助于降低组织内部的摩擦，提高运营效率；同时可以帮学生理清业务思路，全面了解上下游业务流程，以便更好地掌握后续的业务交接，也为自主经营阶段的业务梳理做好铺垫。

第五章 工作交接

项目综述

在VBSE跨专业实训中，同学们应聘上岗的虚拟组织是已经运行了一段时期的企业，积累了一定的人、财、物等资源，也可能存在尚未完成的业务。工作交接不仅是与原岗位的工作移交，更是新员工了解企业的运营环境和规则、理清企业现实资源并建立档案、熟悉岗位业务流程和对象的良好时机。在工作交接时，不仅要盘点本企业资产、梳理运行中的本公司业务，还要了解供应链上下游企业的一些情况，需要团队成员合作共同完成。

学习目标

1.顺利完成本岗位的工作交接；

2.熟悉本企业的业务规则；

3.了解本企业其他岗位的工作交接内容；

4.培养全局意识和合作能力。

重点难点

各岗位期初建账。

第一节 清点实训用品

VBSE跨专业综合实训牵涉到的组织和岗位比较多，实训中填写的单据有纸质的，也有在VBSE系统中填写的，单据类型达到一百多种，所以准确地发放、保管和回收实训用品就成了一件烦琐而重要的事情。在实务中，办公用品的采购、分发和保管也应建立专项制度，规范办公用品的管理和流程，减少铺张浪费，节约成本，提高办公效率。

一、办公用品领用登记

在开始实训之前，各组织需要领取必备的办公设备、办公用具以及实训用到的单据、账簿、企业公章等。VBSE实训所需单据品种杂、数量多，虽然不需要虚拟企业购买，为提高使用效率、避免浪费，也应该建立规范的领用和使用制度。

服务公司可以编制“办公用品领用登记表”，见表5-1。此表可设计成Excel格式，方便汇总各组织、各部门的领用情况。

表5-1 办公用品领用登记表

序号	物品名称	单位	数量	领用部门	领用人	领用时间

实训中的虚拟组织将实训用品领回后，根据单据分配表和各岗位需求进行分发，公司的公章、营业执照、银行开户许可证等章证应由专人保管，实训结束整理后如数完好交回。

二、证件类实训用品的保管

为尽可能提供虚拟的仿真环境，VBSE实训提供了仿真的印章和证件。制造企业、商贸企业、工贸企业、会计师事务所、物流公司、服务公司、招投标公司、连锁企业、国贸企业等所有虚拟组织都将领到企业公章、合同专用章和营业执照等章证，这也是实务中每个企业组织应有的章证。虚拟企业的章证见表5-2。

表5-2 适用于所有虚拟企业的章证

序号	证章名称	标准用量（1家企业）
1	企业公章	1
2	合同专用章	1
3	法定代表人章	1
4	财务专用章	1
5	发票专用章	1
6	企业法人营业执照（正本）	1
7	企业法人营业执照（副本）	1
8	银行开户许可证	1

除此之外，制造企业从事生产还需要“生产许可证”，连锁企业门店销售应有“销售

小票现金收讫章”。国贸企业比较特殊，除以上证章外，还需有进出口检疫等印章。国贸企业额外的证章见表5-3。

表5-3 国贸企业额外需要的证章

序号	证章名称	标准用量（1家企业）
1	报送专用章	1
2	合同专用章（双语）	1
3	企业公章（长条）	1
4	验讫章	1
5	出入境检验检疫局章	1
6	对外输运总公司印章	1
7	外汇管理局核销章	1

市场监督管理局、税务局、人力资源和社会保障局，使用的证章与企业不同，在实训中是单列的。VBSE实训政务机构所用印章见表5-4。

表5-4 政务部门使用的印证

序号	印章名称	所属机构
1	业务专用章	市场监督管理局
2	业务专用章	税务局
3	业务专用章	人力资源和社会保障局

实训中的银行，负责企业间的转账、企业代扣代缴业务，所使用的印章也是专用的。VBSE实训银行印章种类见表5-5。

表5-5 银行使用的印章

序号	印章名称	标准用量（1家企业）
1	银行转讫章（三角）	1
2	银行付讫章（三角）	1
3	银行收讫章（三角）	1
4	国际结算专用章	1
5	信息证通知专用章	1
6	收汇结汇专用章（椭圆）	1
7	收汇结汇专用联章（长条）	1
8	保险业务专用章	1
9	汇票专用章（椭圆）	1
10	法定代表人章	1
11	合同专用章	1

实训用品印章集中放在一个箱子里，学生领回实训用品后，由不同岗位的人申请使用。在实训中，印章应由不同岗位的人分别保管，以起到相互制衡的目的。比如，合同专用章由行政助理保管；财务专用章由财务经理保管；单位公章由行政助理保管；发票专用

章由税务会计保管；企业法定代表人章由出纳或法定代表人自己保管。企业印章需要凭“企业法人营业执照”到有资质的地方刻制。

不同印章有不同的使用场合：

公章用于以企业名义发出的信函、公文、合同、介绍信、证明或其他企业材料。

合同专用章专门用于签订合同，可以在签约的范围内代表企业，在没有合同专用章时，公章可以代替合同专用章使用。

财务专用章主要用于企业资金收付，与法人章一起作为银行预留印鉴。

发票专用章用于购买和开具发票，发票专用章的印章里含单位名称、发票专用章字样、税务登记号。

法定代表人章是一个企业法定代表人所拥有的个人签章，跟个人签名是一样的，代表企业法定代表人的认可。法定代表人章一般不单独使用，与公章一同使用表示法人认可，与合同章一起用于合同的签订，或者与财务章一起用于银行预留印鉴。

另外，企业自行刻制的其他业务章，如物资进出库专用章等，还有企业隶属各级职能部门、基层单位的公章等，主要在企业内部使用，一般不能在企业外部使用。这些内部章的加盖仅是对该事实的确认。

三、实训用单据的领用和保管

在VBSE实训中，各虚拟组织需要填写并保管记账凭证、会计账簿等会计资料以及企业运营过程中所使用的各种纸质原始单据，如增值税专用发票、转账支票、领料单、完工单等，每个组织不同岗位所需实训资料各不相同，V综3.6中各虚拟组织所用单据类型见表5-6至表5-17。

【温馨提示】

部分单据为一式多联，在不同的岗位之间流转，如合同、发票、入库单等，列表中以“★”标识，除此之外的大部分单据均可以设计成Excel格式，方便统计和管理。

表5-6 **制造企业手工单据一览表**

编号	部门	岗位	单据名称	固定部分			自主部分（一个经营周期）		
				每组用量	开课组数	合计	标准用量	开课组数	合计
1	企管部	行政助理	合同管理表	2	10	20	2	10	20
2	人力资源部	人力资源部经理	★银企代发工资合作协议	2	10	20	0	10	0
3			招聘计划表	2	10	20	2	10	20
4			★利润表	1	10	10	1	10	10
5			住房公积金汇缴变更清册	0	10	0	1	10	10
6			北京市社会保险参保人员减少表	0	10	0	1	10	10
7			北京市社会保险参保人员增加表	0	10	0	1	10	10
8	财务部	财务经理	★授权划缴税款协议书	3	10	30	0	10	0
9			★委托银行代收合同书	3	10	30	0	10	0
10			贷款申请书	0	10	0	2	10	20

续表

编号	部门	岗位	单据名称	固定部分			自主部分（一个经营周期）		
				每组用量	开课组数	合计	标准用量	开课组数	合计
11	财务部	财务经理	抵押贷款合同	0	10	0	4	10	40
12			★资产负债表	1	10	10	1	10	10
13		财务会计	固定资产折旧计算表	1	10	10	1	10	10
14		成本会计	制造费用分配表	4	10	40	4	10	40
15		出纳	票据领用登记单	1	10	10	1	10	10
16			★增值税专用发票	4	10	40	4	10	40
17			支票登记簿	2	10	20	2	10	20
18			发票领用表	4	10	40	8	10	80
19			★转账支票	10	10	100	10	10	100
20	采购部	采购员	采购合同执行情况表	2	10	20	2	10	20
21			★厂房仓库购销合同	0	10	0	6	10	60
22			★购销合同	8	10	80	8	10	80
23	仓储部	仓管员	★材料出库单	4	10	40	4	10	40
24			★生产入库单	4	10	40	4	10	40
25			★销售出库单	4	10	40	4	10	40
26			★采购入库单	4	10	40	4	10	40
27			★物料检验单	4	10	40	4	10	40
28			★运输合同	2	10	20	20	10	200
29			运输订单	14	10	140	14	10	140
30	生产计划部	生产计划部经理	3C认证申请单	1	10	10	1	10	10
31		生产计划员	★派工单	2	10	20	2	10	20
32			主生产计划表	1	10	10	1	10	10
33			主生产计划计算表	1	10	10	1	10	10
34		车间管理员	水电缴费单	1	10	10	1	10	10
35			发票记录表	2	10	20	2	10	20
36			★领料单	4	10	40	4	10	40
37			生产执行情况表	1	10	10	1	10	10
38			★完工送检单	2	10	20	2	10	20
39			★完工单	2	10	20	2	10	20
40	营销部	市场专员	★广告投放申请单	0	10	0	1	10	10
41			★市场开拓申请单	0	10	0	1	10	10
42		销售专员	★发货单	4	10	40	20	10	200
43			销售订单汇总表	1	10	10	1	10	10
44			销售发货计划	1	10	10	1	10	10
45			销售发货明细表	1	10	10	1	10	10

表5-7　　商贸企业手工单据一览表

编号	部门	岗位	单据名称	固定部分			自主部分（一个经营周期）		
				标准用量	开课组数	合计	标准用量	开课组数	合计
1	企管部	行政经理	工资表	1	4	4	1	4	4
2			公章、印鉴、资质证照使用申请表	4	4	16	4	4	16
3			公章印鉴使用登记表	1	4	4	1	4	4
4			合同管理表	2	4	8	2	4	8
5			★银企代发工资合作协议	2	4	8	0	4	0
6	营销部	营销部经理	★发货单	5	4	20	10	4	40
7			发票记录表	2	4	8	2	4	8
8			★广告投放申请单	1	4	4	4	4	16
9			★市场开拓申请单	1	4	4	4	4	16
10			销售发货计划	1	4	4	1	4	4
11			销售发货明细表	1	4	4	1	4	4
12	采购部	采购部经理	采购合同执行情况表	1	4	4	1	4	4
13			厂房仓库购销合同	0	4	0	4	4	16
14			发票记录表	2	4	8	2	4	8
15			★购销合同	20	4	80	20	4	80
16	仓储部	仓储部经理	★采购入库单	10	4	40	10	4	40
17			发票记录表	2	4	8	2	4	8
18			★销售出库单	4	4	16	4	4	16
19			★运输合同	20	4	80	20	4	80
20			运输订单	10	4	40	25	4	100
21	财务部	财务部经理	固定资产折旧计算表	1	4	4	1	4	4
22			★利润表	1	4	4	1	4	4
23			销售成本结转明细表	1	4	4	2	4	8
24			★资产负债表	1	4	4	1	4	4
25			★委托银行代收合同书	3	4	12	0	4	0
26			★授权划缴税款协议书	3	4	12	0	4	0
27			贷款申请书	0	4	0	2	4	8
28			抵押贷款合同	0	4	0	4	4	16
29		出纳	票据领用登记单	1	4	4	1	4	4
30			★增值税专用发票	4	4	16	4	4	16
31			发票领用表	2	4	8	2	4	8
32			支票登记簿	2	4	8	2	4	8
33			★转账支票	4	4	16	4	4	16

表5-8　　**工贸企业手工单据一览表**

编号	部门	岗位	单据名称	固定部分			自主部分（一个经营周期）		
				标准用量	开课组数	合计	标准用量	开课组数	合计
1	企管部	总经理	★转账支票	6	4	24	6	4	24
2			★支票登记簿	1	4	4	1	4	4
3		行政经理	工资表	1	4	4	1	4	4
4			公章、印鉴、资质证照使用申请表	3	4	12	3	4	12
5			公章印鉴使用登记表	1	4	4	1	4	4
6			合同管理表	2	4	8	2	4	8
7			★银企代发工资合作协议	2	4	8	0	4	0
8	营销部	业务经理	采购合同执行情况表	1	4	4	1	4	4
9			★采购入库单	4	4	16	4	4	16
10			★厂房仓库购销合同	0	4	0	4	4	16
11			★发货单	10	4	40	20	4	80
12			销售发货计划	1	4	4	1	4	4
13			销售发货明细表	1	4	4	1	4	4
14			★销售出库单	10	4	40	10	4	40
15	财务部	财务经理	公章印鉴使用登记表	1	4	4	1	4	4
16			固定资产折旧计算表	1	4	4	1	4	4
17			★利润表	1	4	4	1	4	4
18			销售成本结转明细表	6	4	24	6	4	24
19			发票领用表	10	4	40	10	4	40
20			★增值税专用发票	10	4	40	10	4	40
21			★中国工商银行进账单	4	4	16	4	4	16
22			★资产负债表	1	4	4	1	4	4
23			★委托银行代收合同书	3	4	12	0	4	0
24			★授权划缴税款协议书	3	4	12	0	4	0
25			贷款申请书	0	4	0	2	4	8
26			抵押贷款合同	0	4	0	4	4	16

表5-9 物流公司手工单据一览表

编号	部门	岗位	单据名称	固定部分			自主部分（一个经营周期）		
				标准用量	开课组数	合计	标准用量	开课组数	合计
1	业务部	业务经理	★运输合同	28	1	28	28	1	28
2			★运单	80	1	80	86	1	86
3			★增值税专用发票	14	1	14	14	1	14

表5-10 国际贸易公司手工单据一览表

编号	部门	岗位	单据名称	固定部分			自主部分（一个经营周期）		
				标准用量	开课组数	合计	标准用量	开课组数	合计
1	企管部	总经理	★销售出库单	4	1	4	4	1	4
2			销售发货明细表	1	1	1	1	1	1
3			采购合同执行情况表	2	1	2	2	1	2
4			合同管理表	2	1	2	2	1	2
5	内陆业务部	内陆业务经理	★购销合同	20	1	20	20	1	20
6			★采购入库单	10	1	10	10	1	10
7	海外业务部	进出口经理	★建交函	1	1	1	1	1	1
8			★询价函	1	1	1	1	1	1
9			★发盘函	1	1	1	1	1	1
10			★销售合同	1	1	1	1	1	1
11			★信用证	1	1	1	1	1	1
12			★商业发票	1	1	1	1	1	1
13			★装箱单	1	1	1	1	1	1
14			★订舱委托书	1	1	1	1	1	1
15			★出境货物报检单	1	1	1	1	1	1
16			★品质证	1	1	1	1	1	1
17			★投保单	1	1	1	1	1	1
18			★保险单	1	1	1	1	1	1
19			★核销单申请书	1	1	1	1	1	1
20			★出口收汇核销单	1	1	1	1	1	1
21			★出口货物报关单	1	1	1	1	1	1
22			★装货单	1	1	1	1	1	1
23			★海运提单	1	1	1	1	1	1
24			★汇票	1	1	1	1	1	1
25			★结汇水单	1	1	1	1	1	1
26			★配舱回单	1	1	1	1	1	1
27			★大副收据	1	1	1	1	1	1
28			★发货单	10	1	10	20	1	20
29			★转账支票	2	1	2	2	1	2
30			支票登记簿	1	1	1	1	1	1
31		银行柜员	★中国银行信用证通知书	1	1	1	1	1	1

表5-11　　连锁公司手工单据一览表

编号	部门	岗位	单据名称	固定部分			自主部分（一个经营周期）		
				标准用量	开课组数	合计	标准用量	开课组数	合计
1	企管部	总经理	★增值税普通发票	8	1	8	8	1	8
2			门店核算明细表	2	1	2	2	1	2
3			采购计划表	2	1	2	2	1	2
4			合同管理表	4	1	4	4	1	4
5			采购合同执行情况表	4	1	4	4	1	4
6	仓储部	仓储经理	★配送通知单	4	1	4	4	1	4
7			★配送出库单	4	1	4	4	1	4
8			★补货申请单	2	1	2	2	1	2
9			★购销合同	20	1	20	20	1	20
10			★采购入库单	10	1	10	10	1	10
11	零售部	东区店长	★销售小票	4	1	4	4	1	4
12			保险柜检查表	2	1	2	2	1	2
13			销售日报表	2	1	2	2	1	2
14			★补货入库单	4	1	4	4	1	4
15		西区店长	★销售小票	4	1	4	4	1	4
16			保险柜检查表	2	1	2	2	1	2
17			销售日报表	2	1	2	2	1	2
18			★补货入库单	4	1	4	4	1	4

表5-12　　服务公司手工单据一览表

编号	部门	岗位	单据名称	固定部分			自主部分（一个经营周期）		
				标准用量	开课组数	合计	标准用量	开课组数	合计
1	企管部	总经理	★增值税专用发票	28	1	28	60	1	60
2	业务部	业务员	★中国工商银行进账单	30	1	30	60	1	60

表5-13 招投标公司手工单据一览表

编号	岗位	单据名称	固定部分			自主部分（一个经营周期）		
			标准用量	开课组数	合计	标准用量	开课组数	合计
1	总经理	★委托招标代理合同	2	1	2	2	1	2
2		★中标通知书	2	1	2	2	1	2
3		社会保险单位信息登记表	2	1	2	0	1	0
4		银行结算账户申请书	2	1	2	0	1	0
5		企业设立登记申请书	2	1	2	0	1	0
6		名称预先核准申请书	2	1	2	0	1	0
7		授权划缴税款协议书	3	1	3	0	1	0
8		委托银行代收合同书	3	1	3	0	1	0

表5-14 会计师事务所手工单据一览表

编号	岗位	单据名称	固定部分			自主部分（一个经营周期）		
			标准用量	开课组数	合计	标准用量	开课组数	合计
1	项目经理	★代理记账合同	4	1	4	4	1	4
2		★审计业务约定书	20	1	20	20	1	20
3	审计助理	★资料移交清单	10	1	10	10	1	10

表5-15 工商银行手工单据一览表

编号	岗位	单据名称	固定部分			自主部分（一个经营周期）		
			标准用量	开课组数	合计	标准用量	开课组数	合计
1	银行柜员	票据领用登记单	6	1	6	6	1	6
2		★转账支票	0	1	0	50	1	50
3		★银行卡	250	1	250	0	1	0

表5-16 税务局、市场监督管理局、人力资源和社会保障局手工单据一览表

编号	岗位	单据名称	固定部分			自主部分（一个经营周期）		
			标准用量	开课组数	合计	标准用量	开课组数	合计
1	税务专员	税务稽查底稿	22	1	22	22	1	22
2		★税务行政处罚决定书	22	1	22	22	1	22
3		税务稽查报告	22	1	22	22	1	22
4		★税务稽查通知书	22	1	22	22	1	22

续表

编号	岗位	单据名称	固定部分			自主部分（一个经营周期）		
			标准用量	开课组数	合计	标准用量	开课组数	合计
5	市场监管专员	★市场监管行政处罚决定书	22	1	22	22	1	22
		名称预先核准通知	2	1	2	0	1	0
6	人力资源和社会保障局专员	★劳动保障监察行政处罚决定书	22	1	22	22	1	22
7		★社保稽核通知书	22	1	22	22	1	22
8		★社保稽核整改意见书	22	1	22	22	1	22
9		社会保险稽核报告	22	1	22	22	1	22
10		社会保险单位信息登记表	2	1	2	2	1	2

注：表中加“★”的部分，为一式多联单据或需要在多个岗位之间传递的，尽量使用纸质单据，增加实训的场景感。其他单据多为某一岗位单独使用的统计表，可以制成Excel表格，不仅节约纸张，而且便于统计汇总。

表5-17　**VBSE系统中填写的电子单据**

序号	组织	部门	岗位	单据名称	固定部分（一个经营周期）			自主部分（一个经营周期）		
					标准用量	开课组数	合计	标准用量	开课组数	合计
1	制造企业	财务部	财务会计	记账凭证	65	10	650	50	10	500
	商贸企业	财务部	出纳		50	4	200	40	4	160
	工贸企业	财务部	财务经理		30	4	120	25	4	100
2	制造企业	财务部	财务会计	三栏式明细账	50	10	500	50	10	500
	制造企业	财务部	成本会计		10	10	100	10	10	100
	商贸企业	财务部	财务经理		35	4	140	35	4	140
	工贸企业	财务部	财务经理		35	4	140	35	4	140
3	制造企业	财务部	财务会计	多栏式明细账	10	10	100	10	10	100
	商贸企业	财务部	财务经理		10	4	40	10	4	40
	工贸企业	财务部	财务经理		10	4	40	10	4	40
4	制造企业	财务部	财务会计	数量金额明细账	20	10	200	20	10	200
	商贸企业	财务部	财务经理		6	4	24	6	4	24
	工贸企业	财务部	财务经理		15	4	60	15	4	60
5	制造企业	财务部	出纳	现金日记账	2	10	20	2	10	20

续表

序号	组织	部门	岗位	单据名称	固定部分（一个经营周期）			自主部分（一个经营周期）		
					标准用量	开课组数	合计	标准用量	开课组数	合计
	商贸企业	财务部	出纳		2	4	8	2	4	8
	工贸企业	财务部	总经理		2	4	8	2	4	8
6	制造企业	财务部	出纳	银行存款日记账	3	10	30	3	10	30
	商贸企业	财务部	出纳		3	4	12	3	4	12
	工贸企业	财务部	总经理		3	4	12	3	4	12
7	制造企业	财务部	财务经理	总账	30	10	300	30	10	300
	商贸企业	财务部	财务会计		25	4	100	25	4	100
	工贸企业	财务部	财务经理		25	4	100	25	4	100
8	制造企业	财务部	仓储员	库存台账	20	10	200	20	10	200
	商贸企业	财务部	仓储经理		6	4	24	6	4	24
	工贸企业	财务部	业务经理		15	4	60	15	4	60
9	制造企业	财务部	行政助理	固定资产卡片	40	10	400	40	10	400
	商贸企业	财务部	行政经理		15	4	60	15	4	60
	工贸企业	财务部	行政经理		10	4	40	10	4	40
10	制造企业	企管部	行政助理	借款单	1	10	10	1	10	10
		营销部	销售专员		1	10	10	1	10	10
		采购部	采购员		1	10	10	1	10	10
		仓储部	仓管员		1	10	10	1	10	10
		生产部计划部	生产计划员		1	10	10	1	10	10
	商贸企业	企管部	行政经理		1	4	4	1	4	4
		采购部	采购经理		1	4	4	1	4	4
		营销部	营销经理		1	4	4	1	4	4
		仓储部	仓储经理		1	4	4	1	4	4
	工贸企业	企管部	行政经理		1	4	4	1	4	4
		业务部	业务经理		1	4	4	1	4	4
11	制造企业	采购部	采购员	合同会签单	4	10	40	4	10	40
		仓储部	仓储经理		4	10	40	4	10	40
	商贸企业	采购部	采购经理		10	4	40	10	4	40
		仓储部	仓储经理		10	4	40	10	4	40
12	制造企业	人力资源部门	人力资源助理	支出凭单	5	10	50	5	10	50

续表

序号	组织	部门	岗位	单据名称	固定部分（一个经营周期）			自主部分（一个经营周期）		
					标准用量	开课组数	合计	标准用量	开课组数	合计
	商贸企业	企管部	行政经理		4	4	16	4	4	16
	工贸企业	企管部	行政经理		4	4	16	4	4	16
13	制造企业	人力资源部门	人力资源助理	借记卡集体申领登记表	1	10	10	1	10	10
	商贸企业	企管部	行政经理		1	4	4	1	4	4
	工贸企业	企管部	行政经理		1	4	4	1	4	4
14	制造企业	生产计划部	生产计划员	ISO9000认证申请表	2	10	20	2	10	20
15	制造企业	营销部	销售专员	开票申请单	4	10	40	4	10	40
	商贸企业	营销部	营销经理		5	4	20	5	4	20
	工贸企业	业务部	业务经理		10	4	40	10	4	40
16	制造企业	营销部	销售专员	收款确认单	4	10	40	4	10	40
	商贸企业	营销部	营销经理		4	4	16	4	4	16
	工贸企业	业务部	业务经理		10	4	40	10	4	40
17	制造企业	营销部	销售专员	付款申请单	10	10	100	10	10	100
	商贸企业	营销部	营销经理		10	4	40	10	4	40
	工贸企业	业务部	业务经理		8	4	32	8	4	32

注：此表为VBSE系统提供的电子单据，可以在系统中填写，也可以填制成手工单据。

第二节　了解各岗位职责

工作交接包括档案资料的交接、实物资产的清查等。一般来说，档案交接只需在档案交接表上签字，而不必重新建立档案，但VBSE实训固定数据阶段的虚拟日期为2020年1月5日和25日，自主经营阶段的虚拟日期是2021年1月5日，会计档案需要重新建账。同时，对于新入职的员工来说，厘清企业现有资源和公司正在运行的业务，有利于其熟悉业务规则，尽快上手。

一、工作交接任务列表

各个岗位的工作交接任务，有的需要填制账簿，有的需要制作电子档文件，还有的仅仅需要查阅材料。交接时所填写的单据，可能是纸质线下单据，也可能是在VBSE系统中填写的电子单据（以下简称“线上单据”），还有可能是自己建立的Excel表文件。

制造企业的工作交接需要填写或自制的单据见表5-18，除此之外，各部门经理还需要起草一份Word版的“部门管理制度”。

表5-18　　　　　　　　　　　　　**制造企业的工作交接任务**

部门	岗位	需要了解的信息	需要填制的单据
企管部	总经理	企业经营策略	线上提交会议纪要 公司章程（Word）
	行政助理		固定资产登记表（Excel）
人力资源部	人力资源经理	企业人员信息 “五险一金”计提比例	人员信息表（Excel） 考勤表（Excel）
	人力资源助理		
营销部	营销部经理	市场预测、客户信息、期初库存等	销售合同执行统计表（Excel） 客户信息汇总表（Excel）
	市场专员		
	销售专员		
采购部	采购部经理	采购价格、供应商信息、期初库存等	采购合同执行统计表（Excel） 供应商信息汇总表（Excel）
	采购员		
仓管部	仓管部经理	库存信息	库存台账（线上单据）
	仓管员		物料卡（线下单据）
财务部	财务部经理	期初余额	总账（线上单据）
	财务会计		三栏式明细账（线上单据）
	出纳		日记账（线上单据）
	成本会计		明细账（线上单据）
生产计划部	生产部经理	投产情况、产能情况等	无
	计划员		
	车间管理员		

VBSE系统为商贸企业设置了7个岗位，与制造企业一样，也要进行期初建账，但启用的账簿及业务数量没有制造企业多。商贸企业的工作交接需要填写或自制的单据见表5-19。

表5-19　　　　　　　　　　　　　**商贸企业的工作交接任务**

岗位	需要了解的信息	需要填制的单据
总经理 行政经理	企业基本情况及人员信息	线上提交会议纪要
		考勤表（Excel）
		固定资产登记表（Excel）
出纳	期初余额	日记账（线上单据）
财务经理	期初余额	总账、明细账（线上单据）
仓储经理	期初库存	库存台账（线上单据）
		物料卡（线下单据）
采购经理	了解供应商信息、编撰采购合同执行统计表（Excel）	
营销经理	了解客户信息、编撰销售合同执行统计表（Excel）	

实训中的工贸企业为制造企业提供原材料，岗位设置与商贸企业相同，期初交接任务也相似。工贸企业的工作交接需要填写或自制的单据见表5-20。

表5-20　**工贸企业的工作交接任务**

岗位	需要了解的信息	需要填制的单据
总经理	监督、协调，组织会议	线上提交会议纪要 现金/银行存款日记账（线上单据）
业务经理	企业基本情况 期初库存 供应商信息 客户信息	库存台账（线上单据） 物料卡（线下单据） 采购合同执行统计表（Excel）
行政经理	企业人员信息 期初余额	考勤表、固定资产明细表（Excel）
财务经理	期初余额	明细账（线上单据）

VBSE实训中的其他组织的主要业务是配合供应链上的三类主要企业，期初交接任务没有以上三个组织多，其期初交接任务见表5-21。

表5-21　**其他组织的工作交接任务**

组织	岗位	需要了解的信息	需要填写的单据
国贸企业	总经理	监督、协调，组织会议	线上提交会议纪要
	内陆业务经理	本企业基本信息 供应商信息 仓储信息	采购合同执行统计表（Excel）
			库存台账（线上单据）
	进出口经理		采购合同执行统计表（Excel）
连锁企业	总经理	监督、协调，组织会议	线上提交会议纪要
	东/西区店长	本企业基本信息 仓库期初库存 供应商信息	销售日报表（Excel）
			库存台账（线上单据）
	仓储经理		采购合同执行统计表（Excel）
			库存台账（线上单据）
物流公司	总经理	本企业基本信息 车辆信息、运输费用 客户信息、承运存货档案	线上提交会议纪要
	业务经理		物流合同执行统计表（Excel）
招投标企业	总经理	新公司注册	公司注册流程（线上操作）
会计师事务所	项目经理	监督、协调，组织会议	线上提交会议纪要
	审计师	了解审核的相关概念；熟悉制造企业的业务流程和内部控制制度	审计工作流程（Word）
	审计助理	搜集客户信息	客户信息表（Excel）

续表

组织	岗位	需要了解的信息	需要填写的单据
银行	柜员	各企业开户信息	企业开户信息（线上操作）
市场监督管理局	专员	公司注册流程	配合新公司注册（线上操作）
税务局	专员	公司注册流程	配合新公司注册（线上操作）
人力资源和社会保障局	专员	公司注册流程 五险一金知识	配合新公司注册（线上操作）
海关	专员	公司注册流程	
服务公司	总经理	公司注册流程	
	业务员	公司注册流程	

各虚拟组织、各岗位应有条不紊地开展工作交接任务。上述列表中标注的线上操作和线上单据部分，需要在VBSE系统中交互操作或填写；标注有Word或Excel的，制作后自己保管。

二、组织内部的信息公开

因为工作交接是分岗位进行的，为使组织内部的其他成员全面了解企业情况，可在工作交接任务完成后召开组织会议，每个岗位就企业现有资源进行汇报，使同一组织内部信息互通。比如，制造企业互通的信息如下：

（一）人力资源信息

总经理：1人，基本工资12 000元，实发9 115.70元。

部门经理：6人，基本工资7 500元，实发5 952.54元。

管理部门其他人员：9人，基本工资5 500元，实发4 386.00元。

销售人员：2人，基本工资4 500元，实发3 588.00元。

初级工人：25人，基本工资3 600元，实发2 869.80元。

中级工人：15人，基本工资4 000元，实发3 189.00元。

（二）财务信息

银行存款：10 000 000元。

库存现金：20 000元。

（三）实物信息

产成品：经济型童车数量5 400辆，单价756.82元。

半成品：经济型童车车架数量5 400个，单价346.24元。

原材料：钢管数量10 800根，单价105.2元。

坐垫数量5 400个，单价80.18元。

车篷数量5 400个，单价144.26元。

车轮数量21 6000个，单价26.89元。

经济型童车包装套件数量5 400套，单价90.16元。

其他组织也可按此模式在组织内部公开信息，为企业日常运营打下牢固的基础。

第三节　各岗位工作交接

在虚拟的商业社会环境中，学生对企业的期初状况要进行系统的了解和分析：一是要阅读岗位相关的业务知识；二是要记录和分类整理企业已有的合同信息、订单信息等，以便在固定的经营工作中延续。

制造企业的业务最广，涵盖的岗位最全面，以下以制造企业为例，分析期初的相关数据。

一、企管部门工作交接

企业管理部是企业的重要业务部门，主要负责企业管理及运营、上下联络沟通、及时向领导汇报情况等工作，督查和考核各部门的工作。企业管理部工作交接的具体内容见表5-22。

表5-22　　企业管理部工作交接

岗位	期初数据	说明
总经理	企业组织结构	
	岗位设置	
	企业年度经营规划书	依据企业的经营情况、战略规划编制的用以指导企业未来一段时间的经营方向和方针、阶段计划等文件
行政助理	固定资产卡片	每一项资产建立一张卡片
	固定资产登记簿	

（一）总经理工作交接

1. 岗位职责

制造企业的总经理通过分析前任员工的工作文档，掌握企业的商业运行模式及财务状况，以便及时、正确地领导本企业继续开展业务。

2. 企业组织结构

作为核心制造企业，总经理（CEO）在公司业务开展之前需要理解并掌握企业的组织机构情况，以合理、高效地运用各种资源。在虚拟商业环境中，制造企业设有董事会、总经理及各部门经理，共有7个部门、18个岗位，制造企业的组织结构如图5-1所示。

3. 岗位设置

岗位是一个单位为实现其工作目标而进行组织分工的基本单元。每个岗位都应有具体的职责任务、工作标准和任职条件。岗位设置管理包含两层意思：一是岗位设置，二是岗位管理。在虚拟商业环境中，截至2020年1月5日，制造企业共有在岗管理人员18名、中级工人15名、初级工人25名。其中，机加车间配置20名初级工人，组装车间配置5名初级工人、15名中级工人。

制造企业的岗位结构如图5-2所示。

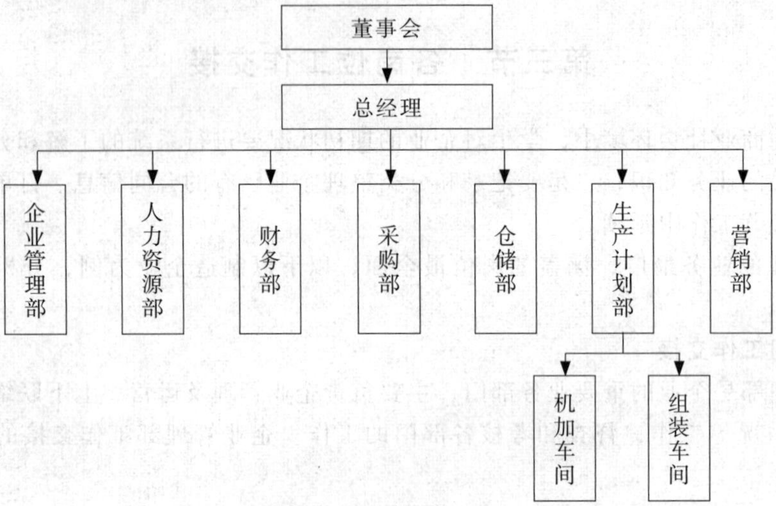

图5-1　组织结构图

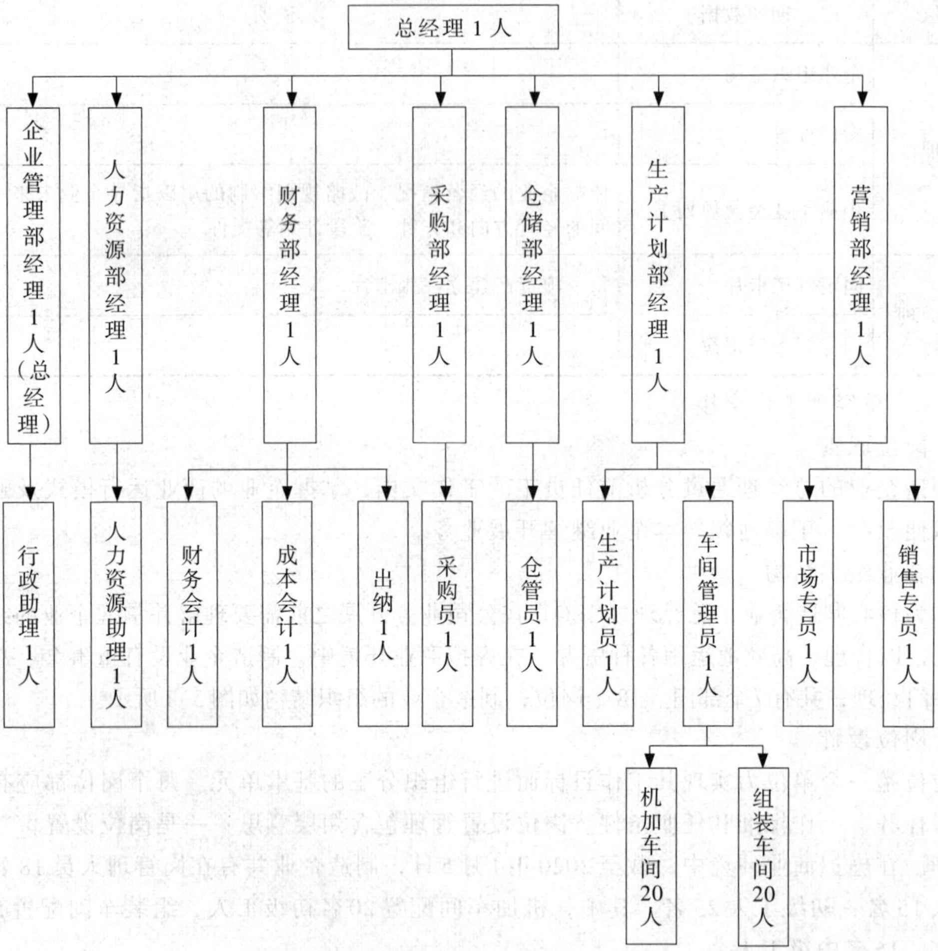

图5-2　岗位结构图

注：为了提高岗位配置效率，可以采用一人多岗的方式，如车间管理员兼任生产计划员，营销部经理兼任市场专员和销售专员。

【温馨提示】

CEO在工作交接阶段需要下载行业规则及期初数据，并上传到系统中的“学习资源/资源库/团队资源”。

（二）行政助理工作交接

行政助理是总经理的左膀右臂，负责管理员工档案和行政人事文件、起草一般文件、组织策划公司的各种活动、协助总经理完成公司行政事务管理。行政助理在开展业务之前要掌握以下信息。

1. 固定资产卡片

行政助理要完成固定资产卡片的整理工作，将每一项固定资产的全部档案记录。固定资产卡片是指登记固定资产各种资料的卡片，固定资产从进入企业到退出企业的整个生命周期所发生的全部情况都要在卡片上予以记载。

（1）固定资产卡片数量

在工作交接时，企业中拥有登记在案的固定资产共33项，每项固定资产均登记在固定资产卡片上。制造企业每个月的25日进行固定资产折旧的计提，工作交接中所登记的相关信息为2019年12月25日计提折旧完成之后所显示的数据。

（2）制作固定资产卡片

行政助理需要在企管部工作交接时根据现有固定资产状况以及系统中的固定资产列表信息进行固定资产卡片的填写。简易起见，以“固定资产编号0100001办公大楼”为例填写固定资产卡片（如图5-3所示），其他固定资产卡片可参照固定资产清单填写。

固　定　资　产　卡　片

卡片编号 01　　　日期 2020.1.5

固定资产编号 0100001　　　固定资产名称 办公大楼

类别编号 01　　　类别名称 房屋及土地

规格型号　　　使用部门 企业管理部　（同使用部门）

增加方式 购买　　　存放地点 企业管理部

使用状况 在用　　　预计使用年限 240（月）　折旧方法 直线法

开始使用日期 2018-09-15　　　已计提月份 15　　　币种：人民币

原值 12 000 000.00　　　净残值 600 000

累计折旧 712 500.00

净值 11 287 500.00　　　折旧费用类别 管理费用　　　保管人 叶瑛　（行政助理）

图5-3　固定资产卡片样例

2. 固定资产登记簿

行政助理还需填写固定资产登记簿，对所有固定资产卡片进行统一记录和管理。固定资产登记簿（见表5-23）记录所有办公用的固定资产的购买时间、使用年限及折旧等内容。

表5-23

固定资产登记簿

卡片编号	资产编号	资产名称	使用部门	使用状态	使用年限（月）	开始使用日期	已计提月份	资产原值（元）	残值（元）	累计折旧（元）	月折旧额（元）	资产净值（元）	折旧科目
001	0100001	办公大楼	企管部	在用	240	2018.09.15	15	12 000 000.00	600 000.00	712 500.00	47 500.00	11 287 500.00	管理费用
002	0100002	普通仓库	仓储部	在用	240	2018.09.15	15	5 400 000.00	270 000.00	320 625.00	21 375.00	5 079 375.00	管理费用
003	0100003	大厂房	生产计划部	在用	240	2018.09.15	15	7 200 000.00	360 000.00	427 500.00	28 500.00	6 772 500.00	制造费用
004	0200001	普通机床（机加生产线）	生产计划部	在用	120	2018.09.15	15	210 000.00	—	26 250.00	1 750.00	183 750.00	制造费用—机加
005	0200002	普通机床（机加生产线）	生产计划部	在用	120	2018.09.15	15	210 000.00	—	26 250.00	1 750.00	183 750.00	制造费用—机加
006	0200003	普通机床（机加生产线）	生产计划部	在用	120	2018.09.15	15	210 000.00	—	26 250.00	1 750.00	183 750.00	制造费用—机加
007	0200004	普通机床（机加生产线）	生产计划部	在用	120	2018.09.15	15	210 000.00	—	26 250.00	1 750.00	183 750.00	制造费用—机加
008	0200005	普通机床（机加生产线）	生产计划部	在用	120	2018.09.15	15	210 000.00	—	26 250.00	1 750.00	183 750.00	制造费用—机加
009	0200006	普通机床（机加生产线）	生产计划部	在用	120	2018.09.15	15	210 000.00	—	26 250.00	1 750.00	183 750.00	制造费用—机加
010	0200007	普通机床（机加生产线）	生产计划部	在用	120	2018.09.15	15	210 000.00	—	26 250.00	1 750.00	183 750.00	制造费用—机加
011	0200008	普通机床（机加生产线）	生产计划部	在用	120	2018.09.15	15	210 000.00	—	26 250.00	1 750.00	183 750.00	制造费用—机加
012	0200009	普通机床（机加生产线）	生产计划部	在用	120	2018.09.15	15	210 000.00	—	26 250.00	1 750.00	183 750.00	制造费用—机加
013	0200010	普通机床（机加生产线）	生产计划部	在用	120	2018.09.15	15	210 000.00	—	26 250.00	1 750.00	183 750.00	制造费用—机加
014	0200011	组装生产线	生产计划部	在用	120	2018.09.15	15	510 000.00	—	63 750.00	4 250.00	446 250.00	制造费用—组装
015	0300001	笔记本电脑	企管部	在用	48	2018.09.15	15	6 000.00	—	1 875.00	125.00	4 125.00	管理费用
016	0300002	笔记本电脑	人力资源部	在用	48	2018.09.15	15	6 000.00	—	1 875.00	125.00	4 125.00	管理费用
017	0300003	笔记本电脑	财务部	在用	48	2018.09.15	15	6 000.00	—	1 875.00	125.00	4 125.00	管理费用

续表

卡片编号	资产编号	资产名称	使用部门	使用状态	使用年限（月）	开始使用日期	已计提月份	资产原值（元）	残值（元）	累计折旧（元）	月折旧额（元）	资产净值（元）	折旧科目
018	0300004	笔记本电脑	采购部	在用	48	2018.09.15	15	6 000.00	—	1 875.00	125.00	4 125.00	管理费用
019	0300005	笔记本电脑	销售部	在用	48	2018.09.15	15	6 000.00	—	1 875.00	125.00	4 125.00	销售费用
020	0300006	笔记本电脑	仓储部	在用	48	2018.09.15	15	6 000.00	—	1 875.00	125.00	4 125.00	管理费用
021	0300007	笔记本电脑	生产计划部	在用	48	2018.09.15	15	6 000.00	—	1 875.00	125.00	4 125.00	制造费用
022	0300008	台式电脑	财务部	在用	48	2018.09.15	15	4 800.00	—	1 500.00	100.00	3 300.00	管理费用
023	0300009	台式电脑	财务部	在用	48	2018.09.15	15	4 800.00	—	1 500.00	100.00	3 300.00	管理费用
024	0300010	台式电脑	企管部	在用	48	2018.09.15	15	4 800.00	—	1 500.00	100.00	3 300.00	管理费用
025	0300011	台式电脑	人力资源部	在用	48	2018.09.15	15	4 800.00	—	1 500.00	100.00	3 300.00	管理费用
026	0300012	台式电脑	财务部	在用	48	2018.09.15	15	4 800.00	—	1 500.00	100.00	3 300.00	管理费用
027	0300013	台式电脑	采购部	在用	48	2018.09.15	15	4 800.00	—	1 500.00	100.00	3 300.00	管理费用
028	0300014	台式电脑	销售部	在用	48	2018.09.15	15	4 800.00	—	1 500.00	100.00	3 300.00	销售费用
029	0300015	台式电脑	销售部	在用	48	2018.09.15	15	4 800.00	—	1 500.00	100.00	3 300.00	销售费用
030	0300016	台式电脑	仓储部	在用	48	2018.09.15	15	4 800.00	—	1 500.00	100.00	3 300.00	管理费用
031	0300017	台式电脑	生产计划部	在用	48	2018.09.15	15	4 800.00	—	1 500.00	100.00	3 300.00	制造费用
032	0300018	台式电脑	生产计划部	在用	48	2018.09.15	15	4 800.00	—	1 500.00	100.00	3 300.00	制造费用
033	0300019	打印复印一体机	企管部	在用	48	2018.09.15	15	24 000.00	—	7 500.00	500.00	16 500.00	管理费用
	合计	—	—	—	—	—	—	27 328 800.00	—	1 824 000.00	121 600.00	25 504 800.00	—

二、营销部门工作交接

营销部是企业的重要业务部门，企业的利润来自销售收入，销售实现是企业生存和发展的关键。因此，营销工作的成功与否直接决定企业的成败。营销部兼顾了两大职能：一是销售职能，二是市场职能。

营销部门需要了解期初数据表（见表5-24），如销售发货明细表、销售预测表、客户信息汇总表、库存期初报表、物料清单以及生产车间产能报表，并及时反馈市场预测的变化。

表5-24 营销部门期初数据表

序号	期初数据	数据来源	数据说明
1	销售发货明细表	营销部经理、销售专员	本期已发货订单 已发货未收款订单
2	销售预测表	营销部经理、销售专员、市场专员、生产计划部经理	2020年1月和2月
3	客户信息汇总表	营销部经理、销售专员	商贸企业信息
4	库存期初报表	营销部经理、销售专员、生产计划部经理	产成品的期初库存情况
5	物料清单	生产计划部经理	产品原料组成情况
6	生产车间产能报表	营销部经理、生产计划部经理	车间产能情况

（一）销售发货明细表

销售发货是指将货物发向客户，是销售流程的核心。销售发货通过向库存、存货、应收等系统传递信息来实现企业物流的运转。销售发货明细表是销售发货的信息载体，涵盖客户名称、产品名称、数量、发货时间等基本信息，销售发货明细表样例见表5-25。

表5-25 销售发货明细表

销售订单号	客户名称	产品名称	数量	单位	合同约定交货日期	计划发货日期	货品编号	发货方式
BL-HC001	华晨商贸有限公司	经济型童车	4 500	辆	2020.1.25	2020.1.5	P0001	物流公司托运

（二）销售预测表

销售预测表的编制是根据以往的销售情况及销售预测数据获得的对未来销售情况的预测，销售预测表样例见表5-26。

表5-26 销售预测表

产品	2019年						2020年		
	7月	8月	9月	10月	11月	12月	1月	2月	3月
经济型童车				4 000	5 000	5 000	4 800		
舒适型童车									
豪华型童车									

（三）客户信息汇总表

客户信息能够为企业的经营决策提供原始数据，主要包括客户名称、注册地、联系方式、邮政编码等，客户信息汇总表样例见表5-27。

表5-27 客户信息汇总表

序号	企业法定中文名称	简称	办公电话	邮政编码	注册资金（元）	企业注册登记日期	企业法定代表人	企业注册地址	企业法人营业执照注册号	开户银行	银行账号
1	旭日商贸有限公司	旭日	010-68500412	100094	4 500 000	2015/1/4	李峰	北清路5号	100108554831327	中国工商银行	0100229999000099011
2	华晨商贸有限公司	华晨	021-68500412	100084	4 500 000	2015/1/4	王强	沙静南路671号	110108753990101	中国工商银行	0100229999000099012
3	仁和商贸有限公司	仁和	020-63470422	100086	4 500 000	2015/1/4	董浩	安杰北街18号	110108554831245	中国工商银行	0100229999000099013
4	天府商贸有限公司	天府	028-62500478	100080	4 500 000	2015/1/4	康庄	丰豪中街55号	110108120101673	中国工商银行	0100229999000099014
5	湖北强盛商贸有限公司（中部）		027-84859011	430090	1 000 000	2015/1/4		武汉市汉南区纱帽街汉南大道12号	420113000028713	中国工商银行	4563512600681022353
6	湖北静洁商贸有限公司（中部）		027-84852312	430120	1 000 000	2015/1/4		武汉市星源大道19号	420113000028193	中国工商银行	4563512600681022354
7	五洲进出口有限公司	五洲	010-62500478	101060	20 000 000	2015/1/4	郭容	广顺北街38号	110108120101688	中国工商银行	0100229999000099021

（四）库存期初报表

期初库存就是在一个库存会计时期开始时，可供使用或出售的存货（如货品、物资或原料）的账面价值，包括库存量、成本单价、单价等信息，见表5-28。

表5-28 **库存期初报表** 金额单位：元

存货编码	存货类型	存货名称	期初库存量	成本单价	占用存储空间	期初金额	计量单位
B0001	原材料	钢管	10 800.00	105.20	21 600	1 136 160.00	根
B0002	原材料	镀锌管	—	—	—	—	根
B0003	原材料	坐垫	5 400.00	80.18	21 600	432 972.00	个
B0004	原材料	记忆太空棉坐垫	—	—	—	—	个
B0005	原材料	车篷	5 400.00	144.26	10 800	779 004.00	个
B0006	原材料	车轮	21 600.00	26.89	5 400	580 824.00	个
B0007	原材料	经济型童车包装套件	5 400.00	90.16	10 800	486 864.00	套
B0008	原材料	数控芯片	—	—	—	—	片
B0009	原材料	舒适型童车包装套件	—	—	—	—	套
B0010	原材料	豪华型童车包装套件	—	—	—	—	套
M0001	半成品	经济型童车车架	5 400.00	346.24	54 000	1 869 696.00	个
M0002	半成品	舒适型童车车架	—	—	—	—	个
M0003	半成品	豪华型童车车架	—	—	—	—	个
P0001	产成品	经济型童车	5 400.00	756.82	54 000	4 086 828.00	辆
P0002	产成品	舒适型童车	—	—	—	—	辆
P0003	产成品	豪华型童车	—	—	—	—	辆

（五）物料清单

采用计算机辅助企业生产管理，首先要使计算机能够读出企业所制造的产品构成和所有涉及的物料，为了便于计算机识别，必须把用图示表达的产品结构转化成某种数据格式，这种以数据格式来描述产品结构的文件就是物料清单（Bill of Material，BOM）。物料清单是定义产品结构的技术文件，因此它又称为产品结构表或产品结构树。在某些工业领域，物料清单可能称为“配方”“要素表”等其他名称。

1. 经济型童车产品结构图和物料表（如图 5-4 和表 5-29 所示）

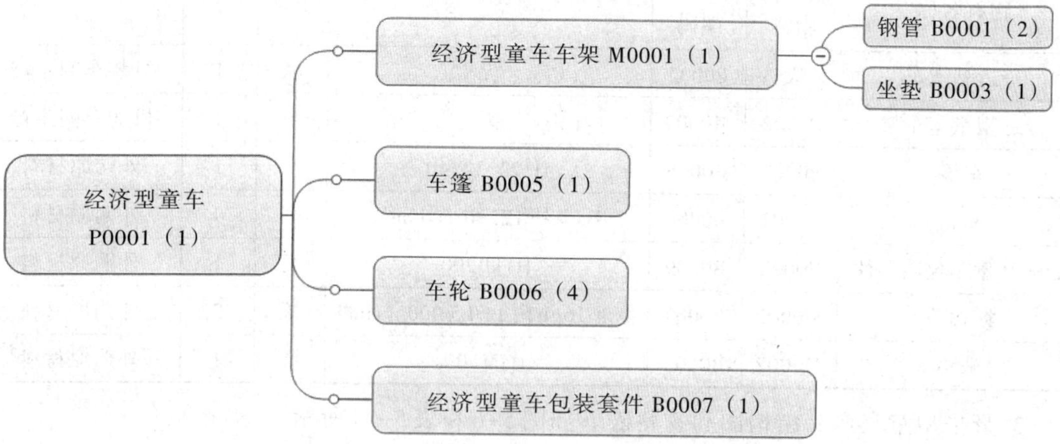

图5-4　经济型童车BOM图

表5-29

经济型童车物料表

物料名称	父项物料	物料编码	规格型号	单位	用量	（相对制造企业）备注
经济型童车	无	P0001	无	辆	1	组装车间生产
经济型童车车架	P0001	M0001	无	个	1	机加车间生产
车篷	P0001	B0005	HJ72*32*40	个	1	外购原材料
车轮	P0001	B0006	HJΦ外 125/Φ内 60mm	个	4	外购原材料
经济型童车包装套件	P0001	B0007	HJTB100	套	1	外购原材料
钢管	M0001	B0001	Φ外 16/Φ内 11/L5 000（mm）	根	2	外购原材料
坐垫	M0001	B0003	HJM500	个	1	外购原材料

2. 舒适型童车产品结构图和物料表（如图 5-5 和表 5-30 所示）

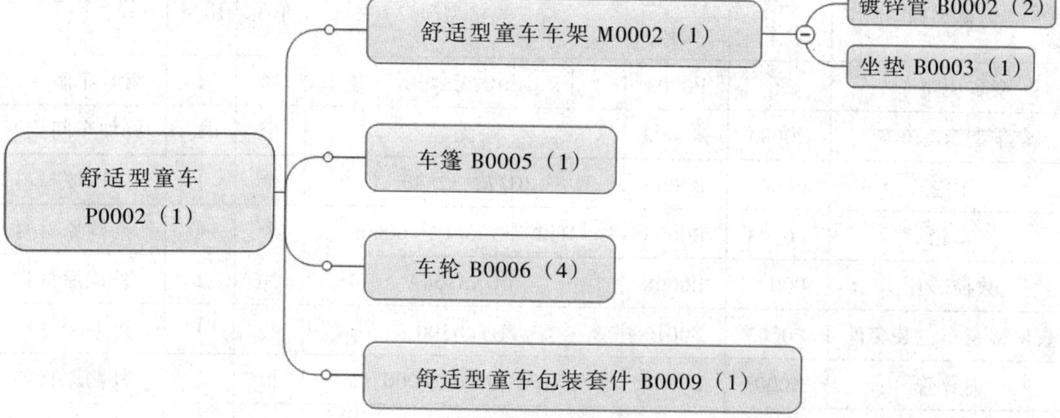

图5-5　舒适型童车BOM图

表5-30　　舒适型童车物料表

物料名称	父项物料	物料编码	规格型号	单位	用量	（相对制造企业）备注
舒适型童车	无	P0002	无	辆	1	组装车间生产
舒适型童车车架	P0002	M0002	无	个	1	机加车间生产
车篷	P0002	B0005	HJ72*32*40	个	1	外购原材料
车轮	P0002	B0006	HJΦ外125/Φ内60mm	个	4	外购原材料
舒适型童车包装套件	P0002	B0009	HJTB200	套	1	外购原材料
镀锌管	M0002	B0002	Φ外16/Φ内11/L5 000（mm）	根	2	外购原材料
坐垫	M0002	B0003	HJM500	个	1	外购原材料

3. 豪华型童车产品结构图和物料表（如图5-6和表5-31所示）

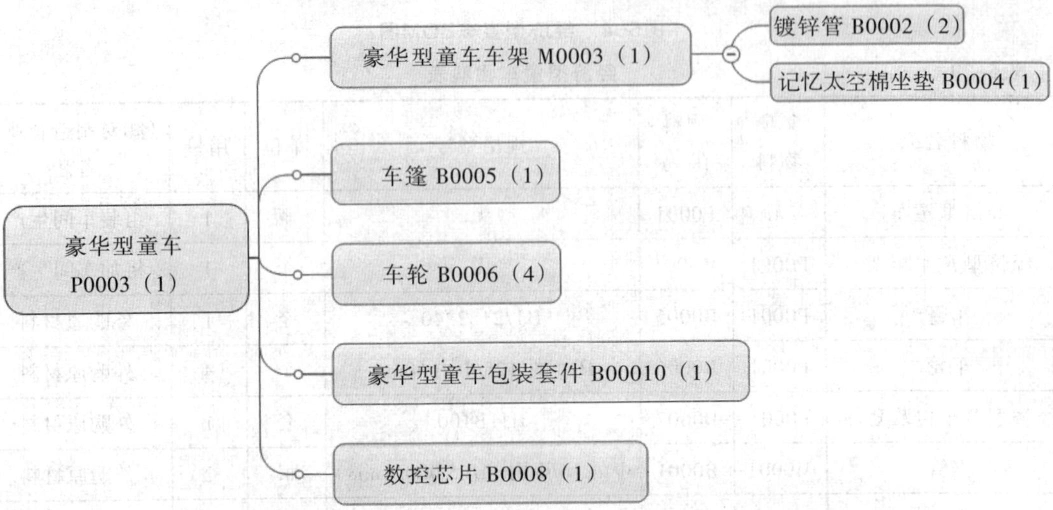

图5-6　豪华型童车BOM图

表5-31　　豪华型童车物料表

物料名称	父项物料	物料编码	规格型号	单位	用量	（相对制造企业）备注
豪华型童车	无	P0003	无	辆	1	组装车间生产
豪华型童车车架	P0003	M0003	无	个	1	机加车间生产
车篷	P0003	B0005	HJ72*32*40	个	1	外购原材料
车轮	P0003	B0006	HJΦ外125/Φ内60mm	个	4	外购原材料
数控芯片	P0003	B0008	MCX3154A	片	1	外购原材料
豪华型童车包装套件	P0003	B0010	HJTB300	套	1	外购原材料
镀锌管	M0003	B0002	Φ外16/Φ内11/L5 000（mm）	根	2	外购原材料
记忆太空棉坐垫	M0003	B0004	HJM600	个	1	外购原材料

（六）生产车间产能报表

生产车间产能是对生产能力的分析，在虚拟商业环境中，其指的是制造企业不同车间一个月的生产产能。生产车间产能报表见表5-32。

表5-32　生产车间产能报表

生产设备名称	生产设备类型	购置费（万元）	使用年限	生产能力（辆/1虚拟日）			占用机床位
				经济型童车	舒适型童车	豪华型童车	
普通机床	机床	21	10	500	500	0	1
数控机床	机床	72	10	3 000	3 000	3 000	2
组装流水线	生产线	51	10	7 000	7 000	6 000	4

三、生产部门工作交接

（一）岗位职责

生产计划部是企业的重要管理部门，主要负责有效组织生产部门资源、实现产品高效优质生产、成品准时入库。其主要职责有生产计划的制定，产能的调整，生产进度的控制，生产计划及生产进度的适当调整，物料进度的督促，统计数据的分析，部门间有关事务的沟通与协调等。

生产计划部经理通过分析前任员工的交接文档，了解本企业的生产需求，预测产能状况、生产库存、物料清单、产品设计等信息，为今后的业务开展提供支持。生产部门工作交接的线上任务具体内容见表5-33。

表5-33　生产部门工作交接

岗位	期初数据	说明
生产计划部门经理	派工单	前期下达未完工的派工单
	生产执行情况表	未完工的生产记录
	年度销售预测	2020年销售预测
	期初库存	各种物料的期初库存情况
	物料清单	产品结构
	企业产能报表	车间产能情况

（二）派工单

派工单是指生产管理人员向生产人员派发生产指令的单据，是工业企业中工人分配生产任务并记录其生产活动的原始数据。派工单是一种面向工作中心说明加工工序优先级的文件，说明工作中心的工序在一周或一个时期内要完成的生产任务。它还说明什么时间开始加工，什么时间完成，计划加工数量是多少，计划加工时数是多少，在制的生产货位是什么，计时的费率，计件的费率，加班的费率，外协的费率等。经济车架派工单、经济型童车派工单见表5-34、表5-35。

表5-34　　**经济型童车车架派工单**

派工部门：生产计划部

派工单号：BL-PG-001　　派工时间：2020年1月5日

产品名称	工序	工序名称	工作中心	生产数量	计划进度	
					开始时间	结束时间
经济型童车车架	10	经济型童车车架加工	普通机床	4 800	2020.1.5	2020.1.25

生产计划部经理：叶润中　　车间管理员：周群

表5-35　　**经济型童车派工单**

派工部门：生产计划部

派工单号：BL-PG-002　　派工时间：2020年1月5日

产品名称	工序	工序名称	工作中心	生产数量	计划进度	
					开始时间	结束时间
经济型童车	20	经济型童车组装	组装生产线	4 800	2020.1.5	2020.1.25

生产计划部经理：叶润中　　车间管理员：周群

（三）生产情况执行表

企业在下达了生产任务后，对于每一张生产任务单所需要生产的产品是否按时生产完工、已完成的产品分多少批完工入库的、何时生产完工，以及是按计划生产完工的还是延期完工的，车间管理员都需要实时掌握相关情况，以免造成出货延期。生产执行情况表是为解决出货延期问题而设计的，见表5-36。

表5-36　　**生产执行情况表**

指标部门：生产计划部制表　　日期：2020年1月5日

派工单号	产品名称	领用情况	开工数量	完工数量	开工日期	计划完工日期	完工日期	在产数量	完工数量	产品入库日期	备注
BL-PG-001	经济型童车车架	已领	4 800		2020.1.5	2020.1.25		4 800			

车间管理员：周群

四、仓储部门工作交接

（一）岗位职责

仓储部目前有仓储经理和仓管员两个工作人员。仓储部是企业的重要业务部门，主要负责储存保管生产所需的各类原材料、半成品以及生产完工等待销售的产成品；同时需要根据业务部门的需要适时地做好相关物料的入库、出库、库存登记以及库存盘点等工作。

仓储部经理通过与前任的工作交接，了解本企业的物料与产成品的库存状况、生产加工模式，为企业的生产提供支持。仓储部门工作交接的线上任务具体内容见表5-37。

表5-37　**仓储部门工作交接**

角色	期初数据	说明
仓储部经理 仓管员	存货种类	存货类型
	采购订单	前期下达未送货的采购订单
	期初库存	各种物料的期初库存情况
	物料清单BOM	产品结构
	车间产能报表	车间产能情况
仓储部经理	库存台账	各种物料的期初库存，账卡相符

注：仓储部工作交接内容中的期初库存、物料清单BOM、车间产能报表同营销部门工作交接的内容。

（二）存货种类

存货是指企业在日常活动中持有以备出售的产成品或商品、处在生产过程中的在产品、在生产过程或提供劳务过程中耗用的材料或物料等，在虚拟环境中，原材料、半成品、产成品的名称、规格、仓位等信息见表5-38至表5-40。

表5-38　**原材料基本信息**

存货编码	存货名称	仓位	存货占用存储单位	规格	来源
B0001	钢管	A01	2	Φ外16/Φ内11/L5 000（mm）	外购原材料
B0002	镀锌管	A02	2	Φ外16/Φ内11/L5 000（mm）	外购原材料
B0003	坐垫	A03	4	HJM500	外购原材料
B0004	记忆太空棉坐垫	A04	4	HJM600	外购原材料
B0005	车篷	A05	2	HJ72*32*40	外购原材料
B0006	车轮	A06	1	HJΦ外125/Φ内60 mm	外购原材料
B0008	数控芯片	A08	1	MCX3154A	外购原材料
B0007	经济型童车包装套件	A07	2	HJTB100	外购原材料
B0009	舒适型童车包装套件	A09	2	HJTB200	外购原材料
B0010	豪华型童车包装套件	A10	2	HJTB300	外购原材料

表5-39 **半成品基本信息**

存货编码	存货名称	仓位	存货占用存储单位	规格	来源
M0001	经济型童车车架	B01	10	无	机加车间生产
M0002	舒适型童车车架	B02	10	无	机加车间生产
M0003	豪华型童车车架	B03	10	无	机加车间生产

表5-40 **产成品基本信息**

存货编码	存货名称	仓位	存货占用存储单位	规格	来源
P0001	经济型童车	C01	10	无	组装车间生产
P0002	舒适型童车	C02	10	无	组装车间生产
P0003	豪华型童车	C03	10	无	组装车间生产

（三）采购订单

采购订单是企业根据产品的用料计划、实际生产能力以及相关因素所制定的切实可行的采购订单计划，并下达至供应商执行，在执行的过程中要注意对订单进行跟踪，以使企业能从采购环境中购买到企业所需的商品，为生产部门和需求部门输送合格的原材料和配件。

在虚拟商业环境中，工作交接阶段不存在前期下达未送货的采购订单。

（四）库存台账

库存台账是用来核算监督库存物料和成品的。在工作交接阶段，仓储部经理需将各种物品分别设账以便把该物品的进、销、存清楚地反映出来。

对于新上任的仓储部经理而言，如果涉及初次建账，应首先对所有物品的实物库存数量进行盘点，再分别建账，将盘点出来的实物库存数作为台账的期初库存，以后每次入库和出库的物品数量都及时准确地在台账上进行登记，算出结存数量。

仓储部经理需要根据期初库存数据填写库存台账，原材料、自制半成品、产成品都属于企业的资产，应根据存货的类型选择对应科目的台账。例如，钢管属于企业资产类下的原材料，点击左侧粉色加号，找到对应钢管的库存台账，如图5-7、图5-8所示。

图5-7　钢管库存台账

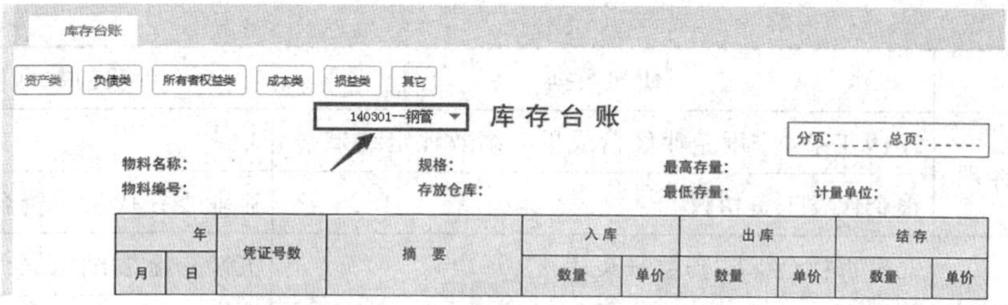

图5-8　钢管库存台账（续）

在工作交接阶段，所有的存货均为上月结存，库存台账仅填写结存列，具体数据根据右侧工作交接文档中的存货种类以及期初数据进行填写。以钢管为例，如图5-9所示。

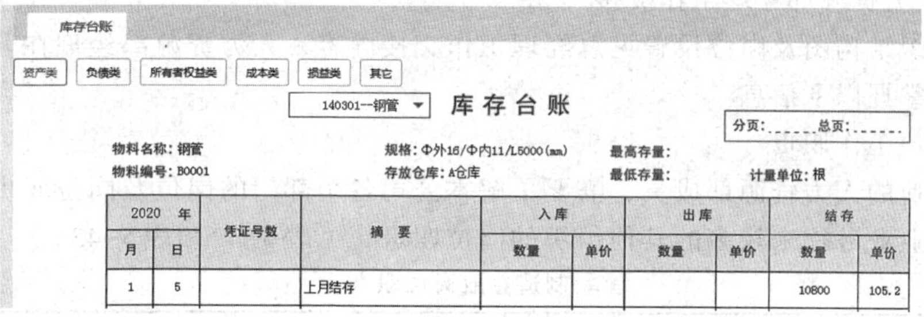

图5-9　钢管库存台账填写

五、人力资源部门工作交接

（一）岗位职责

人力资源是企业的重要业务部门，是企业发展的助推器，其核心职能是选、训、考、用、留这五个方面。

人力资源部经理/助理通过分析前任员工的交接文档，了解本企业的岗位职能、组织架构、员工构成、在职状况、员工薪酬和社保等信息，人力资源部门工作交接的线上任务具体内容见表5-41。

表5-41　　人力资源部工作交接任务

岗位	期初数据	期初数据说明
人力资源部经理	企业组织结构图	职位分析、招聘相关资料
	岗位设置	
	各岗位工作职责	
人力资源部助理	人事登记表	企业员工基础信息
	职工银行账号信息	
人力资源部经理 人力资源部助理	考勤统计表（2019.12）	薪资、季度奖金核算、五险一金核算依据
	职工薪酬统计表（2019.12）	
	企业代缴福利表（2019.12）	
	职工薪酬统计表-部门汇总表（2019.12）	
	职工薪酬发放表（2019.12）	
	五险一金核算表（2019.12）	

续表

岗位	期初数据	期初数据说明
人力资源部经理	2019年第4季度企业经营成果、绩效评定结果	
	银企代发工资协议	企业委托代发工资合同
人力资源部助理	北京市社会保险基数采集表	五险一金缴纳依据
	委托银行代收社会保险协议	社会保险委托扣款合同
	社会保险、住房公积金同城委托扣款	企业委托代发工资合同

（二）人力资源部经理工作交接

企业组织结构图及岗位设置见总经理工作交接内容，人力资源部经理在开展工作之前需要理解、掌握以下信息。

1. 各岗位工作职责

作为企业的人力资源部成员，需要了解本公司各个部门的岗位及岗位职责，同时也需要了解与企业业务往来较多的其他组织的岗位职责，见表5-42和表5-43。

表5-42 **制造企业岗位职责**

序号	部门	岗位	主要职责
1	企管部	总经理	协调、督查；行政事务管理；公文档案管理；对外公共关系管理；内务后勤管理
2		行政助理	
3	营销部	营销部经理	完成公司制定的营销指标；营销策略、计划的拟定和实施；营销经费的预算和控制；营销管理制度的拟定、实施和改善；部门员工管理
4		市场专员	
5		销售专员	
6	生产计划部	生产计划部经理	生产管理；物料控制；设备管理；日常工作管理；健全生产人才培养机制，积极组织培训学习，提高员工的工作技能、工作绩效及职业素养
7		生产计划员	
8		车间管理员	
9	仓储部	仓储部经理	验收入库管理；储存保管职能；出库配送管理；物料的盘点；库存控制
10		仓管员	
11	人力资源部	人力资源部经理	制定人力资源规划、人力资源管理制度等；人员招聘与录用等；薪酬管理；培训计划管理；绩效管理；劳动关系管理；资料管理
12		人力资源部助理	
13	财务部	财务经理	会计核算和报表职能；会计监督职能；参与管理职能
14		财务会计	
15		成本会计	
16		出纳	
17	采购部	采购部经理	采购计划管理；供应商管理；采购活动管理；采购合同管理；采购成本管理；采购监控与评价
18		采购员	

表5-43　外围组织岗位职责

序号	组织	岗位	主要职责
1	市场监管	市场监管专员	受理企业核名；工商注册登记；企业营业执照年检；市场监督管理；广告、合同和商标管理
2	税务局	税务专员	税务登记；税款征收；发票管理；纳税检查；税收统计、分析；税务违法处罚
3	人力资源和社会保障局	社保公积金专员	企业多险种社保基金征集；社会保险关系转移；社会保险费征收；档案管理；咨询服务
4	工商银行	柜员	银行开户；银行转账；银行票据；银行信贷；档案管理
5	会计师事务所	审计主管/项目经理/审计员	审计；验资；评估；造价；税务咨询；代理记账；财务顾问
6	服务公司	总经理/业务经理	人才推荐；人才培训；广告服务；市场开发；产品研发；办公用品零售业务的费用收取、发票开具；实训指导教师交办的其他任务
7	物流公司	总经理/业务经理	运输货物，收取费用，开具发票

2. 考勤统计表

考勤统计表记录员工当月的应出勤天数、实际出勤天数、迟到天数、早退天数、病假天数、事假天数、旷工天数等信息。人力资源部助理负责日常考勤管理工作并于每个考勤周期截止后统计当月考勤情况，计算考勤扣款，制作“考勤统计表”并交给人力资源部经理，人力资源部经理依照该表格核算岗位工资。

3. 职工薪酬统计表

人力资源部经理每月月底核算公司全员的当月工资，每季度结束后次月核算上季度绩效奖金。人力资源部经理需将核算完成的“职工薪酬统计表”交给财务部审核，经审核无误后交给总经理审批。

4. 企业代缴福利表

现行社会保险、住房公积金管理制度中规定企业有义务为在职员工缴纳“五险一金”，企业缴费基数依照上一年度员工月平均工资数额核定，并规定最低、最高缴费基数。

5. 职工薪酬统计表

在实际业务中，企业大多实行“秘薪制”，只有进行核算的员工或高层管理人员能够掌握全部职员的薪酬信息。人力资源部经理将“职工薪酬统计——部门汇总表”交由财务经理核算，由总经理审批后再将其交给财务会计、成本会计用于计提费用和成本，见表5-44。

表5-44　职工薪酬统计-部门汇总表　金额单位：元

部门名称	部门人数	实发工资	代缴个人所得税	个人自缴福利		企业代缴福利		合计
				社会保险	住房公积金	社会保险	住房公积金	
企业管理部	2	13 501.70	457.30	1 791.00	1 750.00	5 617.50	1 750.00	24 867.50
人力资源部	2	10 338.54	29.46	1 332.00	1 300.00	4 173.00	1 300.00	18 473.00
采购部	2	10 338.54	29.46	1 332.00	1 300.00	4 173.00	1 300.00	18 473.00
仓储部	2	10 338.54	29.46	1 332.00	1 300.00	4 173.00	1 300.00	18 473.00
财务部	4	19 110.54	29.46	2 460.00	2 400.00	7 704.00	2 400.00	34 104.00
市场营销部	3	13 128.54	29.46	1 692.00	1 650.00	5 296.50	1 650.00	23 446.50
生产计划部	3	14 724.54	29.46	1 896.00	1 850.00	5 938.50	1 850.00	26 288.50
机加车间	20	57 396.00	—	7 404.00	7 200.00	23 112.00	7 200.00	102 312.00
组装车间	20	62 184.00	—	8 016.00	7 800.00	25 038.00	7 800.00	110 838.00
总计	58	211 060.94	634.06	27 255.00	26 550.00	85 225.50	26 550.00	377 275.50

6. 银行代发工资协议、职工薪酬发放表

在实际业务中，大部分企业会与银行签订“代发协议”。职工工资经审核后，人力资源部经理依据已签字完成的“职工薪酬统计表”制作“薪酬发放表”。表格经过审核、盖章后送交银行，由银行发放工资。在实际业务中，企业向银行传递纸质表格作为发放工资的凭证，依据银行要求将职工工资信息录盘，并将信息传递给银行。

7. 企业经营成果、绩效评定结果

本例中制造企业2019年12月进行了第四季度绩效考核评价工作，形成“2019年第四季度绩效评定结果”。

（三）人力资源部助理工作交接

人力资源部助理在业务工作展开之前需要理解、掌握以下信息。

1. 人事登记表。人事登记表是用于记录员工基本信息及岗位、岗位调离、劳动合同等信息的表格。当员工发生入职、离职、岗位变动、续签合同等业务时，人力资源部工作人员需要及时更新人事登记表，保证数量的准确，因此人事登记表是一张动态表格。“人事登记表”包含在职人员、离职人员两部分信息。

2. 员工银行账号信息（用Excel表格制作）。

3. 社会保险基数采集表。

4. 委托银行代收社会保险协议，如图5-10所示。

北京市社会保险基金管理局
委托银行代收合同书

No：00001

甲方：（参保人）宝乐童车制造有限公司

乙方：北京市社会保险基金管理局

为便于甲、乙双方社会保险基金的收付结算，经双方认可，特签订如下合同：

一、甲、乙双方共同遵守中国人民银行北京市分行关于北京市特种委托收款结算办法以及社会保险的有关制度和规定，甲方同意每月由中国工商银行北京市昌平区支行通过电脑将应缴的保险费自动划入乙方账户。

二、甲方应提供在中国建设银行、中国农业银行、中国工商银行、中国银行四家银行中的任一家开立的缴交保险金专用存折账号。

三、乙方在每月月底划款，甲方每月 5 日前应在自己的账户上留有足够的资金，如甲方账户在乙方划款期间的资金不足以支付当月的保险费，乙方将在下月划款时一并划转，并自 15 日起每日按应付款项的 2‰ 加收滞纳金。如果连续三个月未能划款成功，乙方将停止甲方的所有保险业务，由此造成的损失由甲方负责。

四、甲方在开立账户后，不得随意更改为其他账号，如存折不慎遗失，应及时通知乙方和开户银行，更换新账号。由于甲方未通知或延迟通知乙方和开户银行，使乙方不能按时划款而造成的加收滞纳金和其他后果，均由甲方负责。

五、甲方如对划款有疑问，可向乙方查询，乙方应及时给予查对，由电脑错误等原因造成错收的，双方协定在下月划款时多退少补，当月一般不作更改。

六、每月由乙方提供划款收据，并定期邮寄到甲方所在通讯地址。

七、为保证甲、乙双方能够正常联系，甲方在更改通讯地址、联系电话等之后，应立即通知乙方。

八、本协议一式三份，甲、乙双方及甲方开户行各执一份。

甲方（参保人）填写	乙方（市、区社保局/公积金管理中心）
单位名称：宝乐童车制造有限公司	个人电脑号：123
通信地址：永定路 66 号	参保起始时间：2018.9
邮政编码：	联系电话：
联系电话：62431793	

甲方账号（银行填写）：0100229999000099001

开户银行：中国工商银行北京分行

签订时间：2020年1月5日

图5-10　委托银行代收社会保险协议

5.社会保险、住房公积金同城委托扣款。

依据《委托银行代扣社会保险协议》的有关规定，社保中心将企业应缴、代缴社会保险缴费金额及明细发给银行，银行直接从企业账户中扣除相应款项后通知企业社会保险扣款情况。

社会保险缴纳完成后，人力资源部助理应跟进相关扣款信息，告知出纳去银行领取社保、公积金扣款凭证。人力资源部留存社会保险、住房公积金同城委托扣款凭证的复印件，财务部留存原件。

六、采购部门工作交接

（一）岗位职责

采购部是企业的重要业务部门，主要负责外购原材料并支付货款的工作，承担公司原材料采购、供应商管理、收货验货、采购结算等职责。

采购部经理/采购员通过分析前任工作文档，了解本企业的供应商、供需关系、原材料采购信息，为本企业开展商业采购提供服务支持。采购部门工作交接任务具体内容见表5-45。

表5-45 **采购部门工作交接**

岗位	期初数据	说明
采购经理/采购员	采购订单	线下签订购销合同，线上录入
	采购入库单	前期入库单，留作未来付款备查用
	采购合同执行情况表	未完成的采购合同记录
	供应商信息汇总表	企业供应商信息汇总
	供应商考评记录表	供应商的详细资料
	物料清单	产品结构
	库存期初	各种物料的期初库存情况
	企业产能报表	车间产能情况

注：采购部门的物料清单、期初库存、企业产能报表见营销部门工作交接内容。

（二）采购订单

采购部根据生产部的物料需求计划，执行采购合同，下达采购订单。制造企业的采购部门与工贸企业签订购销合同，一式两份，甲、乙双方各执一份，加盖骑缝章；同时，采购部经理需要在VBSE系统中根据购销合同录入采购订单，购销合同如图5-11所示。

购销合同

合同编号：

购货单位（甲方）：

销货单位（乙方）：

为了保护买卖双方的合法权益，买卖双方根据《中华人民共和国民法典》的有关规定，经友好协商，一致同意签订本合同，共同遵守。

第一条 购销明细：双方就以下产品达成购销合同。

序号	产品名称	规格型号	含税单价	数量	金额（元）	交货日期	付款日期
1							
2							
3							
4							
5							
6							
7							
8							
9							
10							
11							
12							
13							
14							
15							
合计							

合同总金额大写人民币：____________________

第二条　交货时间与付款时间：____________________

第三条　交货地点：____________________

第四条　付款方式：____________________

第五条　开票要求：____________________

第六条　付款条件（客户）：____________________

第七条　发货条件（供应商）：____________________

第八条　运输方式与运输费用：____________________

____

第九条　甲方要求乙方通过以下资质认证（选择对应选项）。

□ 不作要求　　□ ISO9000　　□ ISO14000　　□ 3C

第十条　经济责任：

1.产品品种、质量不符合本合同规定时，甲方拒绝接受，乙方承担相应费用。

2.乙方未按本合同规定的产品数量交货时，发生延期交货的当期，扣除该张订单总额的10%作为违约罚款。对于未能按期交货的部分，可以在三个月之内补齐。如果在三个月之内未能全部交货，未能交货部分甲方不再收货。

第十一条　甲、乙任何一方如要求全部或部分注销合同，必须提出充分理由，经双方协商，提出注销合同的一方须向对方偿付注销合同部分总额10%的补偿金。

第十二条　本合同所订一切条款，甲、乙任何一方不得擅自变更或修改。如一方单独变更、修改本合同，对方有权拒绝生产或收货，并要求单独变更、修改合同的一方赔偿一切损失。

第十三条　甲、乙任何一方确因不可抗力的原因，不能履行本合同时，应及时向对方通知不能履行或需延期履行、部分履行合同的理由。在取得有关机构的证明后，本合同可以不履行或延期履行或部分履行，并全部或者部分免予承担违约责任。

第十四条　本合同在执行中如发生争议或纠纷，甲、乙双方应协商解决，解决不了时，双方可向仲裁机构申请仲裁或向人民法院提起诉讼（两者选一）。

第十五条　本合同自双方签章之日起生效，到乙方将全部订货送齐、经甲方验收无误，并按本合同规定将货款结算以后作废。

第十六条　本合同在执行期间，如有未尽事宜，由甲、乙双方协商，另订附则附于本合同之内，所有附则在法律上均与本合同有同等效力。

第十七条　本合同一式两份，由甲、乙双方各执正本一份。

甲方：	（盖章）	乙方：	（盖章）
法定代表人：	（盖章）	法定代表人：	（盖章）
委托代理人：	（盖章）	委托代理人：	（盖章）
地址：		地址：	
电话：		电话：	
签订日期：		签订日期：	

图5-11　购销合同

（三）采购入库单

仓储部根据采购部采购订单验货入库，填制“采购入库单”，将第二联交给采购部，如图5-12所示。采购部根据“采购入库单”填写“采购合同执行情况表”和“供应商考核记录表”。

采购入库单

制单日期：　　　　仓　　库：

供应商名称：　　　类　　别：

单据编号：　　　　采购订单号：

序号	品名	规格型号	单位	入库时间	数量	备注

第二联：采购部

仓储部经理：　　　　仓管员：

图5-12　采购入库单

（四）采购合同执行情况表

采购员下达采购订单后及时填写“采购合同执行情况表”，并根据采购物料的入库情况、货款支付情况等及时完善，样表如图5-13所示。

采购合同执行情况表

制表部门： 编制日期： 年 月 日

合同编号	合同总数	订单编号	供应商名称	物料名称	计量单位	订货日期	订货数量	单价	总金额	计划交期	计划付款	已到数量	入库数量	不合格数量	到货日期	应付金额	已付金额	实际付款	开票情况	开票时间	备注

采购部门经理： 采购员：

图5-13 采购合同执行情况表

（五）供应商信息汇总表

供应商是指直接向零售商提供商品及相应服务的企业及其分支机构、个体工商户，包括制造商、商贸企业和其他中介商。在实训中，供应商是指向下游企业提供所需物料或产品的公司，制造企业供应商的基本信息见表5-46。

表5-46 **供应商基本信息表**

序号	企业法定中文名称	简称	办公电话	邮政编码	注册资金（元）	企业注册登记日期	企业法定代表人	企业注册地址	企业法人营业执照注册号	开户银行	银行账号
1	恒通工贸有限公司	恒通	010-51062888	100076	4 500 000	2015/1/4	张艳	小红门路45号	110000001012587	中国工商银行	0100229999000099015
2	邦尼工贸有限公司	邦尼	021-60423018	100070	4 500 000	2015/1/4	张伟	曙光西街722号	110106311235740	中国工商银行	0100229999000099016
3	思远工贸有限公司	思远	020-51012837	100076	4 500 000	2015/1/4	何聪	顾家庄中路147号	110020001012524	中国工商银行	0100229999000099017
4	新耀工贸有限公司	新耀	028-62500499	101300	4 500 000	2015/1/4	王敏	静远东街151号	110113050173019	中国工商银行	0100229999000099018

（六）供应商考核记录表

采购员可以根据采购物料入库情况及时填写“供应商考核记录表”，每季度对供应商按照考评指标进行正确评价，考评指标可包含价格水平、质量合格率、准时交货率、合作态度、供应柔性等，并设置不同的权重。

以邦尼工贸有限公司为例，供应商基本信息见表5-46，第四季度供应商考核记录见表5-47。

表5-47　　　　**第四季度供应商考核记录表**

考评指标与权重 / 供应商名称	价格水平	质量合格率	准时交货率	合作态度	供应柔性	评价结果
	与行业平均价格相比	合格数量/抽检数量	按照晚交货的天数予以扣分	送货前是否主动沟通	紧急采购时能否按时交货	
	30%	30%	20%	10%	10%	
邦尼工贸有限公司	第1次					
	第2次					
	第3次					
	平均值					

七、财务部门工作交接

（一）财务部门岗位职责

财务部门是企业的重要管理部门，主要负责核算和监控企业经营情况、进行税务管理、筹措和运用资金、向利益关系人编送财务报告和经营管理报告等。财务部门的工作交接除了要清楚财务部门的情况、岗位职责、财务规则等信息外，更重要的是了解人、财、物的具体价值。

财务部门工作交接的线上单据填写运用到的数据主要是科目余额表中的数据，包含了科目编码、科目名称、借贷方余额，以及总账、明细账适用的账簿及其对应的岗位，具体见表5-48。

表5-48　　　　**科目余额表**　　　　**金额单位：元**

科目编码	科目名称	期初余额		总账使用账簿	岗位	明细账使用账簿	岗位
		借方	贷方				
1001	库存现金	20 000.00		三栏式总分类账（总账）	财务经理	日记账	出纳
1002	银行存款	10 000 000.00		三栏式总分类账（总账）	财务经理		
100201	工行存款	10 000 000.00				日记账	出纳
1403	原材料	3 415 824.00		三栏式总分类账（总账）	财务经理		
140301	钢管	1 136 160.00				数量金额明细账	成本会计
140302	坐垫	432 972.00				数量金额明细账	成本会计
140303	车轮	580 824.00				数量金额明细账	成本会计
140304	车篷	779 004.00				数量金额明细账	成本会计
140305	经济型童车包装套件	486 864.00				数量金额明细账	成本会计

续表

科目编码	科目名称	期初余额		总账使用账簿	岗位	明细账使用账簿	岗位
		借方	贷方				
1405	库存商品	4 086 828.00		三栏式总分类账（总账）	财务经理		
140501	经济型童车	4 086 828.00				数量金额明细账	成本会计
1409	自制半成品	1 869 696.00		三栏式总分类账（总账）	财务经理		
140901	经济型童车车架	1 869 696.00				数量金额明细账	成本会计
1601	固定资产	27 328 800.00		三栏式总分类账（总账）	财务经理	三栏式总分类账（明细账）	财务会计
1602	累计折旧		1 824 000.00	三栏式总分类账（总账）	财务经理		
2211	应付职工薪酬		377 275.50	三栏式总分类账（总账）	财务经理		
221101	工资		265 500.00			三栏式总分类账（明细账）	财务会计
221102	社会保险费		85 225.50			三栏式总分类账（明细账）	财务会计
221103	住房公积金		26 550.00			三栏式总分类账（明细账）	财务会计
2221	应交税费		170 495.58	三栏式总分类账（总账）	财务经理		
222101	应交增值税	0				多栏式明细账	财务会计
22210101	进项税额	321 318.58					
22210102	销项税额		491 814.16				
22210103	转出未交税金	170 495.58					
222104	未交增值税		170 495.58			三栏式总分类账（明细账）	财务会计
4001	实收资本		35 000 000.00	三栏式总分类账（总账）	财务经理		
4101	盈余公积		396 687.31	三栏式总分类账（总账）	财务经理		
4104	利润分配		8 952 689.61	三栏式总分类账（总账）	财务经理		
410401	未分配利润		8 952 689.61			三栏式总分类账（明细账）	财务会计
合计		44 897 148.00	44 897 148.00				

（二）财务经理工作交接

1.财务部经理通过与前任员工交接工作，了解本企业的现金、银行存款、资金往来情况，为本企业开展商业活动等各项业务提供财务帮助与支持。

2.依次查看流程图、教学资源、单据填写和业务操作。系统中流程图的橙色框代表当前岗位任务，如果下面有“单据填写”小图标，则代表要在系统中填写线上单据；如果橙色框中有“业务操作”小图标则代表要在系统中交互操作业务或流程。

【温馨提示】

教学资源中的PPT仅为示例，不是需要填写的数据。需要填写的数据在Word文档或Excel文档中，如图5-14所示。

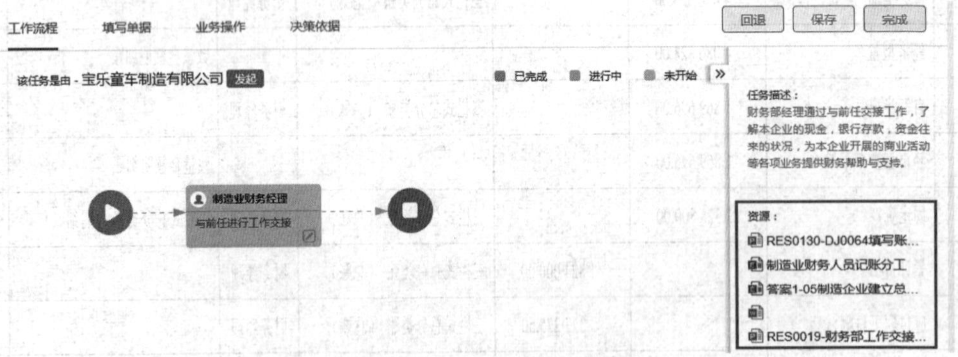

图5-14 “教学资源”中的Excel或Word文档是需要用到的数据

3.执行“单据填写”。工作交接中有很多期初建账的操作，以某公司财务经理所填写的总账为例：先选择账簿类型，接下来选择会计要素（科目分类），再选择具体的某一个科目，如图5-15所示。对于明细账，需要点开科目前面的“+”，为该科目下的二级明细科目建账。

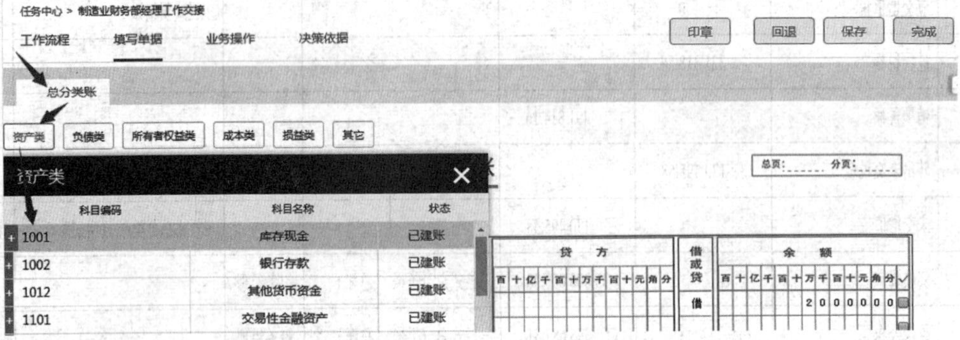

图5-15 选择需要录入期初余额的科目和账页

工作交接录入的是期初余额，依次在打开的账页中录入时间、摘要（期初余额或上年结转）、余额的方向和余额，如图5-16所示。

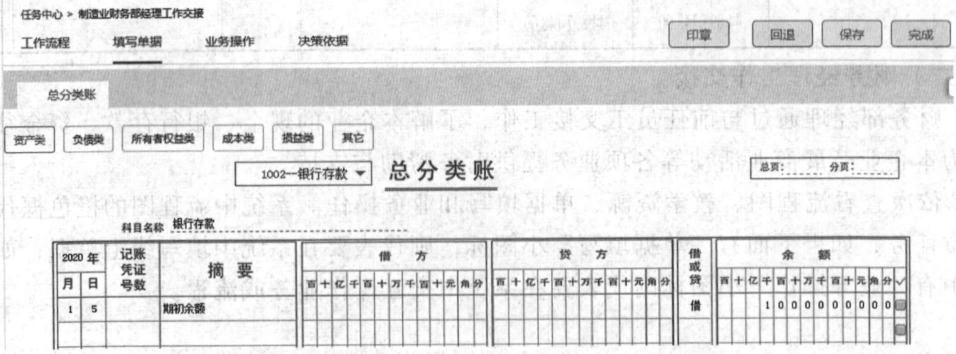

图5-16 录入“银行存款”总账期初余额

该科目期初余额录入完毕后，需要选择另一个科目新开账页，重新录入期初余额。每个科目和账页填写完毕后，注意点击右上方的“保存”按钮，财务经理对应的所有科目录入完毕后，点击“完成”按钮。

（三）财务会计工作交接

根据科目余额表可以发现，财务会计主要负责登记三栏式总分类账（明细账）和多栏式明细账，具体单据填写流程如下：

1.执行系统推送的任务“工作交接”，进入执行任务界面。

2.依次查看流程图、教学资源、单据填写和业务操作。流程图（如图5-17所示）中的橙色框代表当前岗位任务，下面的“单据填写”小图标则代表要在系统中填写线上单据。

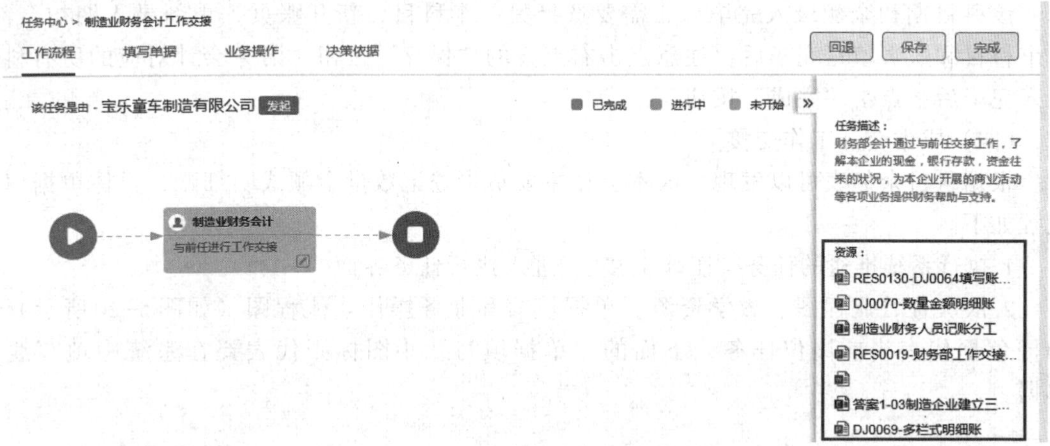

图5-17　财务会计工作交接流程图

3.执行“单据填写”。以“应付职工薪酬——工资”为例，先选择账簿类型，接下来选择会计要素（科目分类），再选择具体的某一个科目，如图5-18所示。对于明细账，需要点开科目前面的“+”，为该科目下的二级明细科目建账。

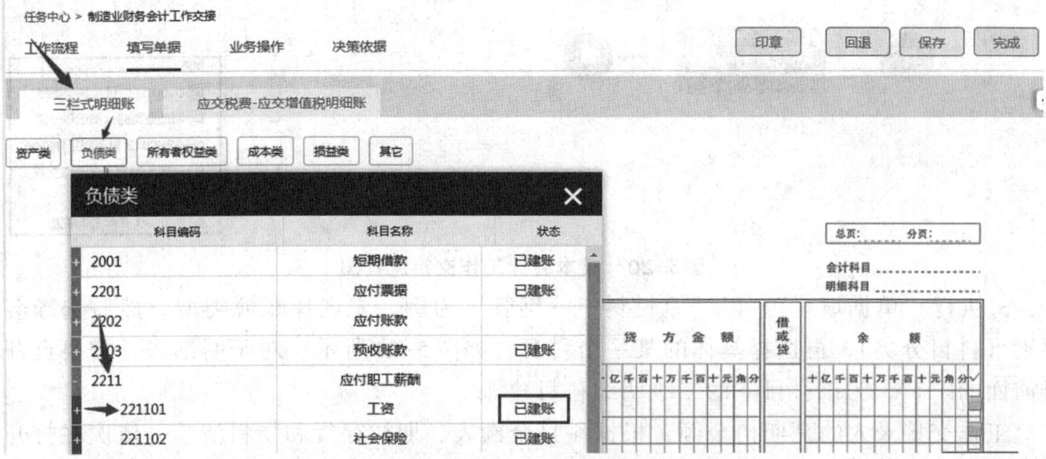

图5-18　选择需要录入期初余额的科目和账页

工作交接录入的是期初余额，依次在打开的账页中录入时间、摘要（期初余额或上年结转）、余额的方向和余额，如图5-19所示。

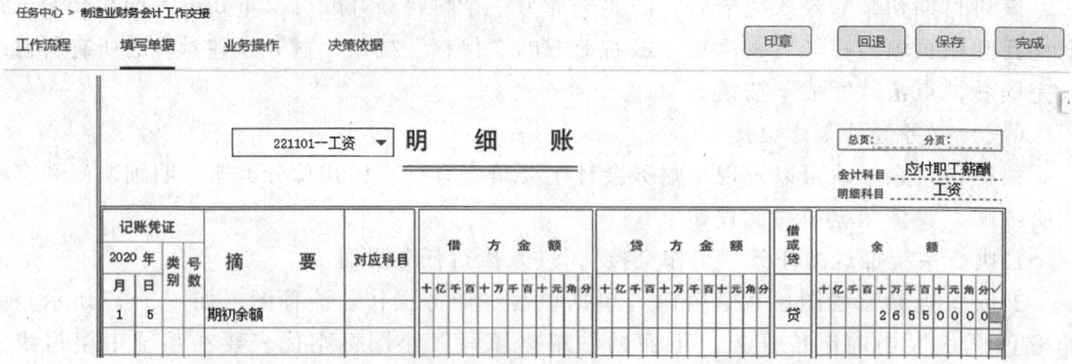

图5-19　录入“应付职工薪酬——工资”明细账期初余额

该科目期初余额录入完毕后，需要选择另一个科目，新开账页，重新录入期初余额。每个科目和账页填写完毕后，注意点击右上方的“保存”按钮，财务会计对应的所有科目录入完毕后，点击“完成”按钮。

（四）成本会计工作交接

根据科目余额表可以发现，成本会计主要负责登记数量金额式明细账，具体单据填写流程如下。

1.执行系统推送的任务“工作交接”，进入执行任务界面。

2.依次查看流程图、教学资源、单据填写和业务操作。流程图（如图5-20所示）中的橙色框代表当前岗位任务，下面的“单据填写”小图标则代表要在系统中填写线上单据。

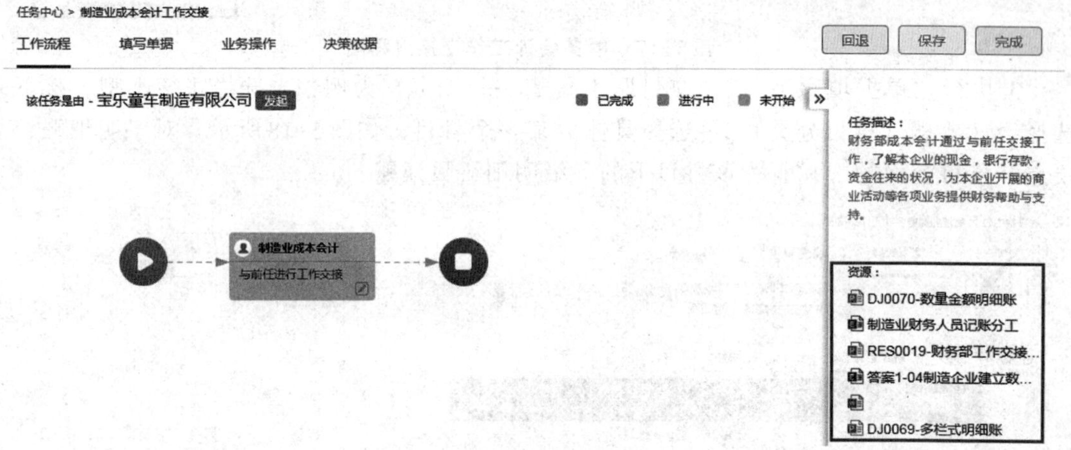

图5-20　成本会计工作交接流程图

3.执行“单据填写”。以“原材料——钢管”为例，先选择账簿类型，然后选择会计要素（科目分类），再选择具体的某一个科目，如图5-21所示。对于明细账，需要点开科目前面的“+”，为该科目下的二级明细科目建账。

工作交接录入的是期初余额，根据科目余额表、期初存货和物料清单，依次在打开的账页中录入编号名称、存放地点、规格等基础信息，以及时间、摘要（期初余额或上年结转）、余额的方向和余额，如图5-22所示。

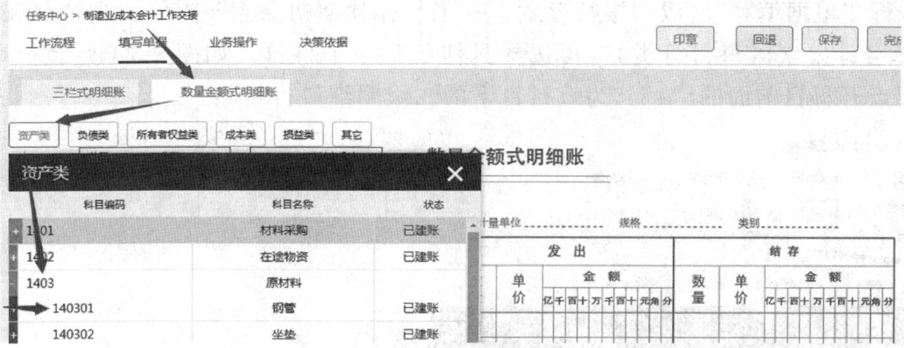

图5-21　选择需要录入期初余额的科目和账页

注：工贸企业财务经理录入时需注意，钢管、坐垫等属于工贸企业的库存商品，应选择库存商品科目下的“钢管”。

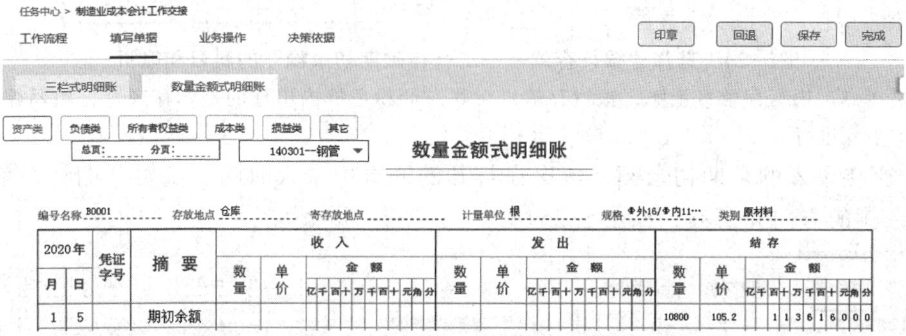

图5-22　录入“原材料——钢管”明细账期初余额

该科目期初余额录入完毕后，需要选择另一个科目，新开账页，重新录入期初余额。每个科目和账页填写完毕后，注意点击右上方的“保存”按钮，成本会计对应的所有科目录入完毕后，点击“完成”按钮。

（五）出纳工作交接

根据科目余额表可以发现，出纳只负责银行存款日记账和库存现金日记账的填写，具体单据填写流程如下：

1.执行系统推送的任务“工作交接”，进入执行任务界面。

2.依次查看流程图、教学资源、单据填写和业务操作。流程图（如图5-23所示）中的橙色框代表当前岗位任务，下面的“单据填写”小图标则代表要在系统中填写线上单据。

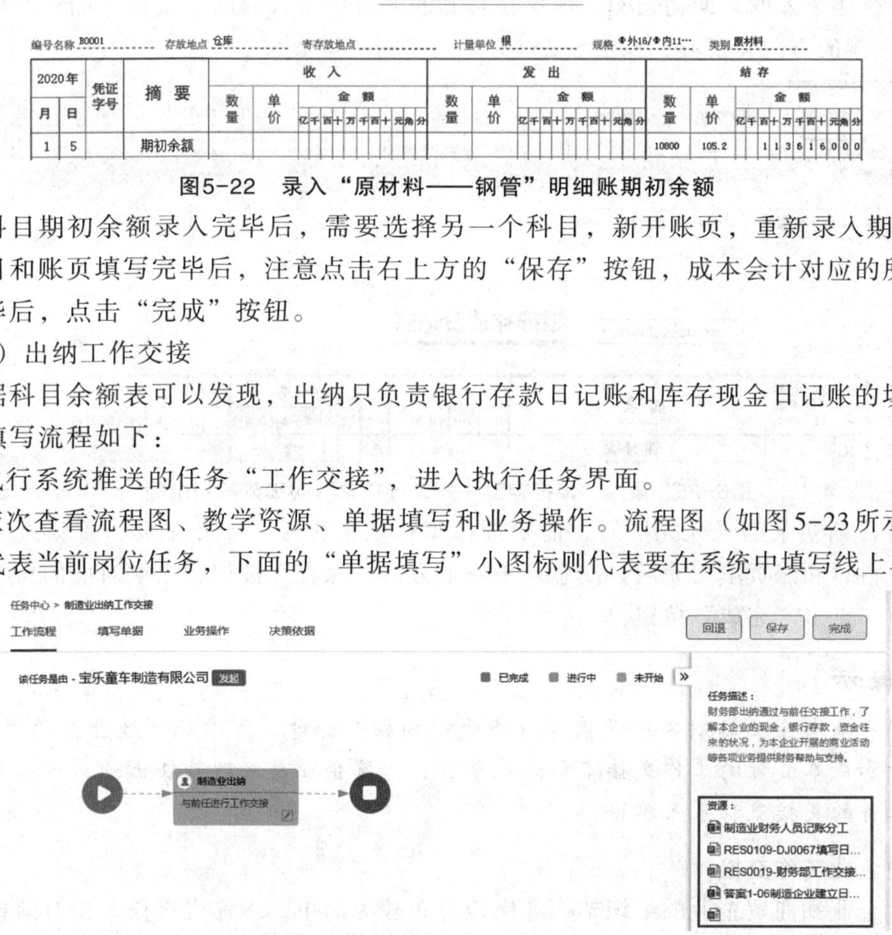

图5-23　出纳工作交接流程图

3.执行“单据填写”。以“银行存款——工行存款期初余额”为例，先选择账簿类型，然后选择会计要素（科目分类），再选择具体的某一个科目，如图5-24所示。对于明细账，需要点开科目前面的“+”，为该科目下的二级明细科目建账。

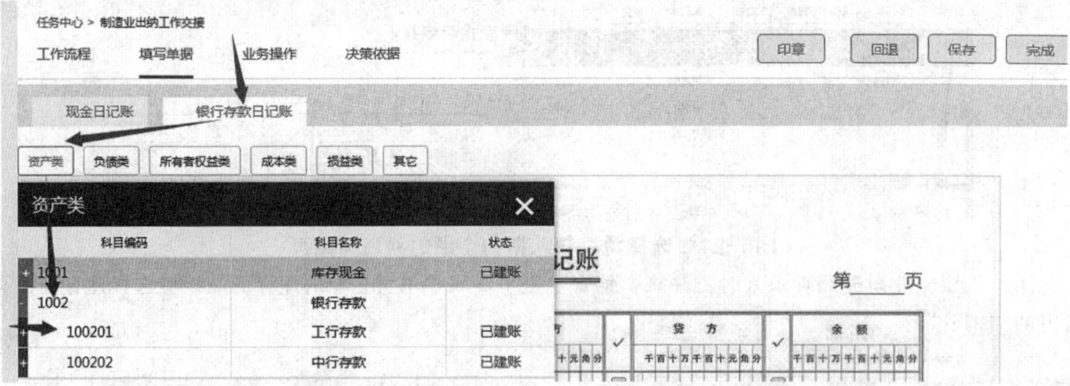

图5-24　选择“银行存款——工行存款期初余额”的科目和账页

注：直接点击银行存款日记账，银行存款日记账左侧粉色框内出现的是库存现金，填写账页时需按照箭头所示步骤进行。

工作交接录入的是期初余额，依次在打开的账页中录入时间、摘要（期初余额或上年结转）、余额的方向和余额，如图5-25所示。

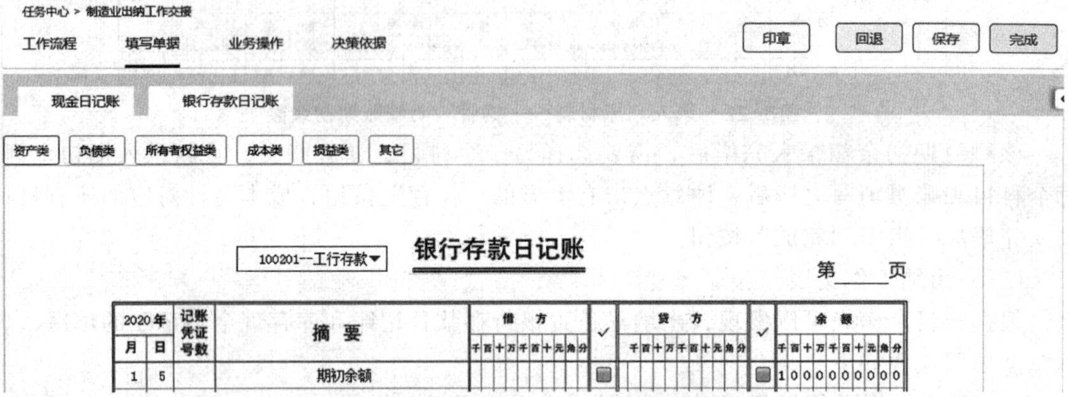

图5-25　录入“银行存款——工行存款”明细账期初余额

该科目期初余额录入完毕后，需要选择库存现金科目，新开账页，重新录入期初余额。每个科目和账页填写完后，注意点击右上方的“保存”按钮，出纳对应的所有科目录入完毕后，点击“完成”按钮。

【温馨提示】

工贸、商贸企业的财务经理兼任财务会计和成本会计，可参照制造企业的财务经理、财务会计和成本会计的工作交接流程录入单据；工贸企业总经理兼任出纳，可参照制造企业出纳工作的交接流程录入单据。

八、其他企业工作交接

工贸企业和商贸企业的组织架构和岗位分布较为简单，工作交接任务相对简单。工贸企业和商贸企业各岗位的工作交接任务可参照制造企业的对应部门和岗位进行。

物流公司的工作交接任务可参照物流公司运营规则。

其他外围组织的工作交接任务主要是梳理清楚办公用品及文件资料。

第四节　新公司注册流程

一、名称预先核准登记（办理机构：市场监督管理局）

企业名称确定后，就到核名的阶段了。核名一般需要3个工作日左右，公司注册申请成立时最好准备5~8个公司名称，避免因重名而浪费审核时间。

（一）办理企业名称核准

1. 名称预查咨询后领取并填写《名称（变更）预先核准申请书》《投资人授权委托意见》，同时准备相关材料，股东、法人提供身份证明；

2. 名称审核须递交《名称（变更）预先核准申请书》、投资人身份证、备用名称若干及相关材料，等待名称核准结果，区市场监督管理局预查通过后，报市市场监督管理局审核，一般需要5个工作日左右；

3. 市市场监督管理局名称审核通过后，由区市场监督管理局打印《企业名称预先核准通知书》，企业凭受理通知书领取。《企业名称预先核准通知书》有效期为半年，若半年内还未办理注册登记，可以延期。

（二）注册公司核名所需材料

1. 全体股东的身份证原件、复印件；

2. 各股东的出资金额及比例；

3. 拟申请公司名称1~10个；

4. 公司主要经营范围。

二、办理工商注册登记（办理机构：市场监督管理局）

办理营业执照一般需要三步：第一步，提交网审材料；第二步，网审通过后打印纸质材料，提交到市场监督管理局；第三步，市场监督管理局受理后审核通过，通知企业领取营业执照。提交公司注册纸质申请材料后，市场监督管理局一般会在7~10个工作日内受理完成。

在申请营业执照时，企业需要提交的材料包括：

1. 公司法定代表人签署的《公司设立登记申请书》；

2. 董事会签署的《指定代表或者共同委托代理人的证明》；

3. 由发起人签署或由会议主持人和出席会议的董事签字的股东大会或者创立大会会议记录（募集设立的提交），相当于股东会决议（设立）；

4. 全体发起人签署或者全体董事签字的公司章程；

5. 自然人股东的身份证件复印件；

6. 董事、监事和经理的任职文件及身份证件复印件；

7. 法定代表人任职文件及身份证件复印件；

8. 住所使用证明；

9. 《企业名称预先核准通知书》。

三、篆刻公司印章（办理机构：公安局）

2017年后，在北京注册公司实行五证合一，五证即营业执照、税务登记证、组织机构代码证、社会保险登记证和统计证。在申请营业执照时，无须在五个窗口办理，一个窗口即可完成，五张证号统一到一张营业执照上。因此，公司注册申请人在拿到营业执照的当天即可篆刻印章，当天出章，十分方便。

（一）篆刻公司印章需要准备的材料

1. 营业执照副本原件及复印件；

2. 法定代表人身份证原件及复印件；

3. 委托人身份证原件及复印件。

（二）注册公司需要篆刻的印章

1. 企业公章；

2. 企业财务章；

3. 企业法定代表人个人印鉴；

4. 企业合同章；

5. 企业发票专用章。

四、银行开户（办理机构：银行）

注册公司流程完成后，需要到银行开户。银行开户对小企业来说是最费时的步骤，一般会经过以下流程：受理开户材料→报送该银行所属分行→分行报送人民银行账户管理部→人民银行账户管理部对报送材料进行审核→审核通过后分行派人领取开户许可证→开户银行派人到分行领取开户许可证→通知客户领取开户许可证。

五、税务报到（办理机构：税务局）

1.到开户行（带上相关文件）签订扣税协议。

2.到税务局报到，填写公司基本信息。

3.报到后，拿着扣税协议找税务专管员办理网上扣税，办理后核定缴纳税种（一般是税金及附加），税务专管员会给公司一个用户名、密码，和税务局签订（绑定）网上扣税。

4.填写《财务制度及软件备案报告》：

（1）报表种类：资产负债表，利润表。

（2）折旧方法：直线折旧法。

（3）摊销方法：五五摊销法。

5.买发票。

附录：公司注册费用

1. 核名：免费。

2. 营业执照：免费。

3. 刻章：600~900元。

4. 开基本户：800~1 500元。

5. 注册地址（虚拟地址）：不等（每个地区收费不一样）。

课程思政元素

工作交接环节需要组织成员积极协作，熟悉供应链上下游企业的一些情况，通过团队合作，认识自身与其他组织成员的统一性和不可或缺性，自觉以组织利益和目标为重，并不断完善和发展自我，使奉献精神和协作精神得到有机的统一，加强学生的团队意识、合作能力，提高其综合素质。

第六章

经营准备

项目综述

经营准备是VBSE跨专业综合实训中各个企业在企业运营前需要进行的准备工作，主要包括办理银行卡、部门借款、发放薪酬、申报个人所得税、申报企业增值税等业务。在本章中，主要从五大方面对其进行介绍：经营准备通用业务、制造企业经营准备业务、工贸企业经营准备业务、商贸企业经营准备业务以及其他经营准备业务。

在VBSE系统虚拟的商业社会环境中，制造企业、工贸企业、商贸企业以及外围企业的经营准备阶段的部分业务有相似之处，如申报个人所得税、申报企业增值税等，工贸企业、商贸企业以及外围企业可以参考制造企业对这些通用业务的操作。

学习目标

1.熟悉本企业经营准备阶段的主要业务；

2.熟悉个人所得税、企业所得税、ISO9000认证等业务的相关知识；

3.顺利完成本岗位的经营准备业务；

4.理解经营准备业务操作的内涵和原理。

重点难点

发放薪酬、申报个人所得税、申报企业增值税、下达采购订单。

第一节　经营准备通用业务

在VBSE跨专业综合实训中的经营准备阶段，某些业务是制造企业、工贸企业或商贸企业所独有的，但也有很多业务是这些不同行业的企业都会涉及的通用业务。本节主要介绍经营准备通用业务。

一、批量办理银行卡

公司新成立或有员工新入职，都需要到银行为员工办理银行卡。在VBSE实训课程中，实训学员接手的是一家运营了一年零三个月的企业，所有的管理人员全部更换，所以个人银行卡开卡成为每一个虚拟组织都要完成的任务。

在实务中对于银行卡的办理，每家银行的要求不尽相同。以某地中国建设银行为例，第一次办理银行卡集体开卡时，需要提供企业营业执照和开户许可证，要与银行签署批量开户协议，填写集体开卡申请书，提交办卡人身份证复印件。如果企业以前办理过批量发卡，再次办理则不用再次提交企业营业执照。

人力资源部助理携人力资源部经理签字后的“借记卡集体申领登记表”到银行为每个新入的职员工办理银行卡，并做好登记表归档工作。

在VBSE实训中，制造企业、工贸企业和商贸企业都有银行卡开卡业务，具体业务步骤请扫码阅读。

批量办理银行卡业务步骤

二、部门借款

（一）业务介绍

部门借款是企业的常规业务之一，需要一定的审批流程。财务支出款项后，需要编制记账凭证，登记账簿。

为加强资金管理，提高资金利用率，企业一般会给每个部门一定金额的备用金作为部门的零星开支。每家企业的备用金管理制度各不相同。例如，某企业规定备用金年初申领，年末交回，备用金总金额为2 000元，部门业务人员使用备用金后，要及时向财务部门报销，报销后的现金补充到部门备用金中。

在VBSE实训的经营准备阶段，各部门都需要借一定金额（500元）的备用金，借款时员工需要填写借款单，经部门主管、财务经理审批后，到出纳处领取现金，财务编制记账凭证，进行账务处理，借记“其他应收款”，贷记“库存现金”。

（二）业务步骤

此业务以人力资源部借款为例进行讲解。人力资源部助理为开展业务，前去财务部借备用金500元，并依据公司流程办理相关手续，具体业务步骤请扫码阅读。

部门借款业务步骤

三、发放薪酬

薪酬发放是每家企业每月必做的业务，一般是由人力资源部门和财务部门协同完成。会计核算时，按照权责发生制的原则，工资费用当月分配、下月发放。

（一）业务介绍

在VBSE实训中，发放的薪酬是上月工资，出纳持人力资源部制作好的工资发放表，到银行办理转账，将工资款项从单位基本账户转至单位工资账户，再划拨到员工个人账户。

2020年1月5日，制造企业、工贸企业、商贸企业要为接手本企业前的全体员工发放上月薪酬。制造企业职工薪酬的相关数据包括人员概况、工资规则、社保及住房公积金缴纳比例、个人缴纳社保及住房公积金数据、企业缴纳社保及住房公积金数据、个人所得税及实发工资数据、职工薪资计算表、部门薪资汇总表，见表6-1至表6-8。

表6-1 **制造企业人员概况**

部门	岗位名称	岗位级别	在编人数	直接上级
企业管理部	总经理（兼企管部经理）	总经理	1	董事会（指导老师）
	行政助理	职能管理人员	1	企管部经理（总经理）
营销部	营销经理	部门经理	1	总经理
	市场专员	职能管理人员	1	营销经理
	销售专员	职能管理人员	1	营销经理
生产计划部	生产计划经理	部门经理	1	总经理
	车间管理员	职能管理人员	1	生产计划经理
	生产计划员	职能管理人员	1	生产计划经理
	初级生产工人	工人	25	车间管理员
	中级生产工人	工人	15	车间管理员
仓储部	仓储经理	部门经理	1	总经理
	仓管员	职能管理人员	1	仓储经理
采购部	采购经理	部门经理	1	总经理
	采购员	职能管理人员	1	采购经理
人力资源部	人力资源经理	部门经理	1	总经理
	人力资源助理	职能管理人员	1	人力资源经理
财务部	财务经理	部门经理	1	总经理
	出纳	职能管理人员	1	财务经理
	财务会计	职能管理人员	1	财务经理
	成本会计	职能管理人员	1	财务经理

表6-2 **制造企业工资规则**

人员类别	月基本工资
总经理	12 000元/月
部门经理	7 500元/月
职能管理人员	5 500元/月
营销部员工	4 500元/月
初级/中级/高级生产工人	3 600元/月、4 000元/月、4 600元/月

表6-3　制造企业社保及住房公积金缴纳比例（2019年）

分类	养老保险	失业保险	工伤保险	生育保险	医疗保险		住房公积金
					基本医疗	大额互助	
单位	20%	1.0%	0.3%	0.8%	9%	1%	10%
个人	8%	0.2%	0	0	2%	3元	10%

表6-4　制造企业个人缴纳社保及住房公积金计算（2019年12月）　金额单位：元

工号	姓名	部门	岗位	基本工资	个人缴纳五险一金							
					养老保险 8%	医疗保险 2%+3	失业保险 0.2%	工伤保险	生育保险	五险小计	住房公积金 10%	五险一金小计
1001	梁天	企业管理部	总经理	12 000.00	960.00	243.00	24.00	—	—	1 227.00	1 200.00	2 427.00
1002	张万军	人力资源部	经理	7 500.00	600.00	153.00	15.00	—	—	768.00	750.00	1 518.00
1003	李斌	采购部	经理	7 500.00	600.00	153.00	15.00	—	—	768.00	750.00	1 518.00
1004	何明海	仓储部	经理	7 500.00	600.00	153.00	15.00	—	—	768.00	750.00	1 518.00
1005	钱坤	财务部	经理	7 500.00	600.00	153.00	15.00	—	—	768.00	750.00	1 518.00
1006	叶润中	生产计划部	经理	7 500.00	600.00	153.00	15.00	—	—	768.00	750.00	1 518.00
1007	杨笑笑	市场营销部	经理	7 500.00	600.00	153.00	15.00	—	—	768.00	750.00	1 518.00
1008	叶瑛	企业管理部	助理	5 500.00	440.00	113.00	11.00	—	—	564.00	550.00	1 114.00
1009	肖红	人力资源部	助理	5 500.00	440.00	113.00	11.00	—	—	564.00	550.00	1 114.00
1010	付海生	采购部	采购员	5 500.00	440.00	113.00	11.00	—	—	564.00	550.00	1 114.00
1011	王宝珠	仓储部	仓储员	5 500.00	440.00	113.00	11.00	—	—	564.00	550.00	1 114.00
1012	刘自强	财务部	成本会计	5 500.00	440.00	113.00	11.00	—	—	564.00	550.00	1 114.00
1013	朱中华	财务部	财务会计	5 500.00	440.00	113.00	11.00	—	—	564.00	550.00	1 114.00
1014	赵丹	财务部	出纳	5 500.00	440.00	113.00	11.00	—	—	564.00	550.00	1 114.00
1015	周群	生产计划部	生产计划员	5 500.00	440.00	113.00	11.00	—	—	564.00	550.00	1 114.00
1016	孙盛国	生产计划部	车间管理员	5 500.00	440.00	113.00	11.00	—	—	564.00	550.00	1 114.00
1017	马博	市场营销部	市场专员	4 500.00	360.00	93.00	9.00	—	—	462.00	450.00	912.00
1018	刘思羽	市场营销部	销售专员	4 500.00	360.00	93.00	9.00	—	—	462.00	450.00	912.00
1019	李良钊	机加车间	初级工人	3 600.00	288.00	75.00	7.20	—	—	370.20	360.00	730.20
1044	田勤	组装车间	中级工人	4 000.00	320.00	83.00	8.00	—	—	411.00	400.00	811.00

表6-5　　制造企业缴纳社保及住房公积金计算（2019年12月）　　金额单位：元

工号	姓名	部门	岗位	基本工资	企业缴纳五险一金							
					养老保险 20%	医疗保险 10%	失业保险 1.0%	工伤保险 0.3%	生育保险 0.8%	五险 小计	住房公积金 10%	五险一金 小计
1001	梁天	企业管理部	总经理	12 000.00	2 400.00	1 200.00	120.00	36.00	96.00	3 852.00	1 200.00	5 052.00
1002	张万军	人力资源部	经理	7 500.00	1 500.00	750.00	75.00	22.50	60.00	2 407.50	750.00	3 157.50
1003	李斌	采购部	经理	7 500.00	1 500.00	750.00	75.00	22.50	60.00	2 407.50	750.00	3 157.50
1004	何明海	仓储部	经理	7 500.00	1 500.00	750.00	75.00	22.50	60.00	2 407.50	750.00	3 157.50
1005	钱坤	财务部	经理	7 500.00	1 500.00	750.00	75.00	22.50	60.00	2 407.50	750.00	3 157.50
1006	叶润中	生产计划部	经理	7 500.00	1 500.00	750.00	75.00	22.50	60.00	2 407.50	750.00	3 157.50
1007	杨笑笑	市场营销部	经理	7 500.00	1 500.00	750.00	75.00	22.50	60.00	2 407.50	750.00	3 157.50
1008	叶瑛	企业管理部	助理	5 500.00	1 100.00	550.00	55.00	16.50	44.00	1 765.50	550.00	2 315.50
1009	肖红	人力资源部	助理	5 500.00	1 100.00	550.00	55.00	16.50	44.00	1 765.50	550.00	2 315.50
1010	付海生	采购部	采购员	5 500.00	1 100.00	550.00	55.00	16.50	44.00	1 765.50	550.00	2 315.50
1011	王宝珠	仓储部	仓储员	5 500.00	1 100.00	550.00	55.00	16.50	44.00	1 765.50	550.00	2 315.50
1012	刘自强	财务部	成本会计	5 500.00	1 100.00	550.00	55.00	16.50	44.00	1 765.50	550.00	2 315.50
1013	朱中华	财务部	财务会计	5 500.00	1 100.00	550.00	55.00	16.50	44.00	1 765.50	550.00	2 315.50
1014	赵丹	财务部	出纳	5 500.00	1 100.00	550.00	55.00	16.50	44.00	1 765.50	550.00	2 315.50
1015	周群	生产计划部	生产计划员	5 500.00	1 100.00	550.00	55.00	16.50	44.00	1 765.50	550.00	2 315.50
1016	孙盛国	生产计划部	车间管理员	5 500.00	1 100.00	550.00	55.00	16.50	44.00	1 765.50	550.00	2 315.50
1017	马博	市场营销部	市场专员	4 500.00	900.00	450.00	45.00	13.50	36.00	1 444.50	450.00	1 894.50
1018	刘思羽	市场营销部	销售专员	4 500.00	900.00	450.00	45.00	13.50	36.00	1 444.50	450.00	1 894.50
1019	李良钊	机加车间	初级工人	3 600.00	720.00	360.00	36.00	10.80	28.80	1 155.60	360.00	1 515.60
1044	田勤	组装车间	中级工人	4 000.00	800.00	400.00	40.00	12.00	32.00	1 284.00	400.00	1 684.00

表6-6 **制造企业个人所得税及实发工资计算（2019年12月）** 金额单位：元

工号	姓名	部门	岗位	基本工资	代扣款项	应税工资	应扣个人所得税	实发工资
					五险一金小计			
1001	梁天	企业管理部	总经理	12 000.00	2 427.00	9 573.00	457.3	9 115.70
1002	张万军	人力资源部	经理	7 500.00	1 518.00	5 982.00	29.46	5 952.54
1003	李斌	采购部	经理	7 500.00	1 518.00	5 982.00	29.46	5 952.54
1004	何明海	仓储部	经理	7 500.00	1 518.00	5 982.00	29.46	5 952.54
1005	钱坤	财务部	经理	7 500.00	1 518.00	5 982.00	29.46	5 952.54
1006	叶润中	生产计划部	经理	7 500.00	1 518.00	5 982.00	29.46	5 952.54
1007	杨笑笑	市场营销部	经理	7 500.00	1 518.00	5 982.00	29.46	5 952.54
1008	叶瑛	企业管理部	助理	5 500.00	1 114.00	4 386.00	0.00	4 386.00
1009	肖红	人力资源部	助理	5 500.00	1 114.00	4 386.00	0.00	4 386.00
1010	付海生	采购部	采购员	5 500.00	1 114.00	4 386.00	0.00	4 386.00
1011	王宝珠	仓储部	仓储员	5 500.00	1 114.00	4 386.00	0.00	4 386.00
1012	刘自强	财务部	成本会计	5 500.00	1 114.00	4 386.00	0.00	4 386.00
1013	朱中华	财务部	财务会计	5 500.00	1 114.00	4 386.00	0.00	4 386.00
1014	赵丹	财务部	出纳	5 500.00	1 114.00	4 386.00	0.00	4 386.00
1015	周群	生产计划部	生产计划员	5 500.00	1 114.00	4 386.00	0.00	4 386.00
1016	孙盛国	生产计划部	车间管理员	5 500.00	1 114.00	4 386.00	0.00	4 386.00
1017	马博	市场营销部	市场专员	4 500.00	912.00	3 588.00	0.00	3 588.00
1018	刘思羽	市场营销部	销售专员	4 500.00	912.00	3 588.00	0.00	3 588.00
1019	李良钊	机加车间	初级工人	3 600.00	730.20	2 869.80	0.00	2 869.80
1044	田勤	组装车间	中级工人	4 000.00	811.00	3 189.00	0.00	3 189.00

表6-7　　制造企业职工薪资计算表（2019年12月）　　金额单位：元

工号	姓名	部门	岗位	基本工资	代扣款项目								应税工资	应扣个人所得税	实发金额
					养老保险 8%	医疗保险 2%+3	失业保险 0.2%	工伤保险	生育保险	五险小计	住房公积金 10%	五险一金小计			
1001	梁天	企业管理部	总经理	12 000.00	960.00	243.00	24.00	—	—	1 227.00	1 200.00	2 427.00	9 573.00	457.30	9 115.70
1002	张万军	人力资源部	经理	7 500.00	600.00	153.00	15.00	—	—	768.00	750.00	1 518.00	5 982.00	29.46	5 952.54
1003	李斌	采购部	经理	7 500.00	600.00	153.00	15.00	—	—	768.00	750.00	1 518.00	5 982.00	29.46	5 952.54
1004	何明海	仓储部	经理	7 500.00	600.00	153.00	15.00	—	—	768.00	750.00	1 518.00	5 982.00	29.46	5 952.54
1005	钱坤	财务部	经理	7 500.00	600.00	153.00	15.00	—	—	768.00	750.00	1 518.00	5 982.00	29.46	5 952.54
1006	叶润中	生产计划部	经理	7 500.00	600.00	153.00	15.00	—	—	768.00	750.00	1 518.00	5 982.00	29.46	5 952.54
1007	杨笑笑	市场营销部	经理	7 500.00	600.00	153.00	15.00	—	—	768.00	750.00	1 518.00	5 982.00	29.46	5 952.54
1008	叶瑛	企业管理部	助理	5 500.00	440.00	113.00	11.00	—	—	564.00	550.00	1 114.00	4 386.00	—	4 386.00
1009	肖红	人力资源部	助理	5 500.00	440.00	113.00	11.00	—	—	564.00	550.00	1 114.00	4 386.00	—	4 386.00
1010	付海生	采购部	采购员	5 500.00	440.00	113.00	11.00	—	—	564.00	550.00	1 114.00	4 386.00	—	4 386.00
1011	王宝珠	仓储部	仓储员	5 500.00	440.00	113.00	11.00	—	—	564.00	550.00	1 114.00	4 386.00	—	4 386.00
1012	刘自强	财务部	成本会计	5 500.00	440.00	113.00	11.00	—	—	564.00	550.00	1 114.00	4 386.00	—	4 386.00
1013	朱中华	财务部	财务会计	5 500.00	440.00	113.00	11.00	—	—	564.00	550.00	1 114.00	4 386.00	—	4 386.00
1014	赵丹	财务部	出纳	5 500.00	440.00	113.00	11.00	—	—	564.00	550.00	1 114.00	4 386.00	—	4 386.00
1015	周群	生产计划部	生产计划员	5 500.00	440.00	113.00	11.00	—	—	564.00	550.00	1 114.00	4 386.00	—	4 386.00
1016	孙盛国	生产计划部	车间管理员	5 500.00	440.00	113.00	11.00	—	—	564.00	550.00	1 114.00	4 386.00	—	4 386.00
1017	马博	市场营销部	市场专员	4 500.00	360.00	93.00	9.00	—	—	462.00	450.00	912.00	3 588.00	—	3 588.00
1018	刘思羽	市场营销部	销售专员	4 500.00	360.00	93.00	9.00	—	—	462.00	450.00	912.00	3 588.00	—	3 588.00
1019	李良钊	机加车间	初级工人	3 600.00	288.00	75.00	7.20	—	—	370.20	360.00	730.20	2 869.80	—	2 869.80

续表

工号	姓名	部门	岗位	基本工资	代扣款项目								应税工资	应扣个人所得税	实发金额
					养老保险 8%	医疗保险 2%+3	失业保险 0.2%	工伤保险	生育保险	五险小计	住房公积金 10%	五险一金小计			
1020	付玉芳	机加车间	初级工人	3 600.00	288.00	75.00	7.20	—	—	370.20	360.00	730.20	2 869.80	—	2 869.80
1021	张接义	机加车间	初级工人	3 600.00	288.00	75.00	7.20	—	—	370.20	360.00	730.20	2 869.80	—	2 869.80
1022	毕红	机加车间	初级工人	3 600.00	288.00	75.00	7.20	—	—	370.20	360.00	730.20	2 869.80	—	2 869.80
1023	吴淑敏	机加车间	初级工人	3 600.00	288.00	75.00	7.20	—	—	370.20	360.00	730.20	2 869.80	—	2 869.80
1024	毛龙生	机加车间	初级工人	3 600.00	288.00	75.00	7.20	—	—	370.20	360.00	730.20	2 869.80	—	2 869.80
1025	扈志明	机加车间	初级工人	3 600.00	288.00	75.00	7.20	—	—	370.20	360.00	730.20	2 869.80	—	2 869.80
1026	李龙吉	机加车间	初级工人	3 600.00	288.00	75.00	7.20	—	—	370.20	360.00	730.20	2 869.80	—	2 869.80
1027	吴官胜	机加车间	初级工人	3 600.00	288.00	75.00	7.20	—	—	370.20	360.00	730.20	2 869.80	—	2 869.80
1028	雷丹	机加车间	初级工人	3 600.00	288.00	75.00	7.20	—	—	370.20	360.00	730.20	2 869.80	—	2 869.80
1029	刘良生	机加车间	初级工人	3 600.00	288.00	75.00	7.20	—	—	370.20	360.00	730.20	2 869.80	—	2 869.80
1030	余俊美	机加车间	初级工人	3 600.00	288.00	75.00	7.20	—	—	370.20	360.00	730.20	2 869.80	—	2 869.80
1031	徐积福	机加车间	初级工人	3 600.00	288.00	75.00	7.20	—	—	370.20	360.00	730.20	2 869.80	—	2 869.80
1032	潘俊辉	机加车间	初级工人	3 600.00	288.00	75.00	7.20	—	—	370.20	360.00	730.20	2 869.80	—	2 869.80
1033	朱祥松	机加车间	初级工人	3 600.00	288.00	75.00	7.20	—	—	370.20	360.00	730.20	2 869.80	—	2 869.80
1034	刘文钦	机加车间	初级工人	3 600.00	288.00	75.00	7.20	—	—	370.20	360.00	730.20	2 869.80	—	2 869.80
1035	龚文辉	机加车间	初级工人	3 600.00	288.00	75.00	7.20	—	—	370.20	360.00	730.20	2 869.80	—	2 869.80
1036	王小强	机加车间	初级工人	3 600.00	288.00	75.00	7.20	—	—	370.20	360.00	730.20	2 869.80	—	2 869.80
1037	刘胜	机加车间	初级工人	3 600.00	288.00	75.00	7.20	—	—	370.20	360.00	730.20	2 869.80	—	2 869.80
1038	刘贞	机加车间	初级工人	3 600.00	288.00	75.00	7.20	—	—	370.20	360.00	730.20	2 869.80	—	2 869.80

续表

工号	姓名	部门	岗位	基本工资	代扣款项目								应税工资	应扣个人所得税	实发金额
					养老保险 8%	医疗保险 2%+3	失业保险 0.2%	工伤保险	生育保险	五险小计	住房公积金 10%	五险一金小计			
1039	余永俊	组装车间	初级工人	3 600.00	288.00	75.00	7.20	—	—	370.20	360.00	730.20	2 869.80	—	2 869.80
1040	万能	组装车间	初级工人	3 600.00	288.00	75.00	7.20	—	—	370.20	360.00	730.20	2 869.80	—	2 869.80
1041	万俊俊	组装车间	初级工人	3 600.00	288.00	75.00	7.20	—	—	370.20	360.00	730.20	2 869.80	—	2 869.80
1042	张逸君	组装车间	初级工人	3 600.00	288.00	75.00	7.20	—	—	370.20	360.00	730.20	2 869.80	—	2 869.80
1043	言海根	组装车间	初级工人	3 600.00	288.00	75.00	7.20	—	—	370.20	360.00	730.20	2 869.80	—	2 869.80
1044	田勤	组装车间	中级工人	4 000.00	320.00	83.00	8.00	—	—	411.00	400.00	811.00	3 189.00	—	3 189.00
1045	肖鹏	组装车间	中级工人	4 000.00	320.00	83.00	8.00	—	—	411.00	400.00	811.00	3 189.00	—	3 189.00
1046	徐宏	组装车间	中级工人	4 000.00	320.00	83.00	8.00	—	—	411.00	400.00	811.00	3 189.00	—	3 189.00
1047	田军	组装车间	中级工人	4 000.00	320.00	83.00	8.00	—	—	411.00	400.00	811.00	3 189.00	—	3 189.00
1048	郑华珺	组装车间	中级工人	4 000.00	320.00	83.00	8.00	—	—	411.00	400.00	811.00	3 189.00	—	3 189.00
1049	洪梁	组装车间	中级工人	4 000.00	320.00	83.00	8.00	—	—	411.00	400.00	811.00	3 189.00	—	3 189.00
1050	冯奇	组装车间	中级工人	4 000.00	320.00	83.00	8.00	—	—	411.00	400.00	811.00	3 189.00	—	3 189.00
1051	黄聪	组装车间	中级工人	4 000.00	320.00	83.00	8.00	—	—	411.00	400.00	811.00	3 189.00	—	3 189.00
1052	薛萍	组装车间	中级工人	4 000.00	320.00	83.00	8.00	—	—	411.00	400.00	811.00	3 189.00	—	3 189.00
1053	张世平	组装车间	中级工人	4 000.00	320.00	83.00	8.00	—	—	411.00	400.00	811.00	3 189.00	—	3 189.00
1054	李小春	组装车间	中级工人	4 000.00	320.00	83.00	8.00	—	—	411.00	400.00	811.00	3 189.00	—	3 189.00
1055	蔡丽娟	组装车间	中级工人	4 000.00	320.00	83.00	8.00	—	—	411.00	400.00	811.00	3 189.00	—	3 189.00
1056	吴新祥	组装车间	中级工人	4 000.00	320.00	83.00	8.00	—	—	411.00	400.00	811.00	3 189.00	—	3 189.00
1057	胡首科	组装车间	中级工人	4 000.00	320.00	83.00	8.00	—	—	411.00	400.00	811.00	3 189.00	—	3 189.00
1058	邹建榕	组装车间	中级工人	4 000.00	320.00	83.00	8.00	—	—	411.00	400.00	811.00	3 189.00	—	3 189.00

表6-8　　**制造企业部门薪资汇总表（2019年12月）**　　金额单位：元

部门名称	部门人数	实发工资	代缴个人所得税	个人自缴福利		企业代缴福利		合计
				社会保险	住房公积金	社会保险	住房公积金	
企业管理部	2	13 501.70	457.30	1 791.00	1 750.00	5 617.50	1 750.00	24 867.50
人力资源部	2	10 338.54	29.46	1 332.00	1 300.00	4 173.00	1 300.00	18 473.00
采购部	2	10 338.54	29.46	1 332.00	1 300.00	4 173.00	1 300.00	18 473.00
仓储部	2	10 338.54	29.46	1 332.00	1 300.00	4 173.00	1 300.00	18 473.00
财务部	4	19 110.54	29.46	2 460.00	2 400.00	7 704.00	2 400.00	34 104.00
市场营销部	3	13 128.54	29.46	1 692.00	1 650.00	5 296.50	1 650.00	23 446.50
生产计划部	3	14 724.54	29.46	1 896.00	1 850.00	5 938.50	1 850.00	26 288.50
机加车间	20	57 396.00	—	7 404.00	7 200.00	23 112.00	7 200.00	102 312.00
组装车间	20	62 184.00	—	8 016.00	7 800.00	25 038.00	7 800.00	110 838.00
总计	58	211 060.94	634.06	27 255.00	26 550.00	85 225.50	26 550.00	377 275.50

企业人力资源经理需要依据线上操作流程中子任务的顺序，与任务相关人员一起完成单据的填制和信息的传递。人力资源部经理需要制作“职工薪酬发放表”交给出纳，出纳签发转账支票，并带齐薪资发放资料去银行办理工资发放。工资发放完毕后，人力资源部制作工资条发放给员工核对。人力资源部经理依据本企业的员工在职状况，核算本企业的员工薪酬，并按月制作薪酬发放表，由财务部依据此表发放员工薪酬。

（二）业务步骤

在VBSE实训中，制造企业薪酬由人力资源部经理核算并发放，工贸企业和商贸企业的薪酬发放业务由行政助理操作。制造企业薪酬发放的业务步骤请扫码阅读。

薪酬发放业务步骤

四、申报个人所得税

（一）业务介绍

个人所得税是国家对本国公民、居住在本国境内的个人的所得和境外个人来源于本国的所得征收的一种所得税，企业有代扣代缴个人所得税的义务。

个人所得税的相关业务包括申报和缴纳两个方面。申报个人所得税先由人力资源部助理整理员工基本信息和工资表，然后交财务部门审核，财务会计将员工缴税信息提交至税务局进行审核并进行网上个人所得税申报。企业出纳查询网银扣款情况并向银行索要缴税凭证，然后企业财务部门进行账务处理。

（二）业务步骤

在系统中，缴纳个人所得税需要完成两项任务：一是个人所得税的申报；二是个人所得税的缴纳。个人所得税的申报流程为：财务会计依据人力资源部提交的个人所得税申报表做相关的财务账务处理，办理完相关流程后再提交网上进行申报。申报过程较为复杂，请扫码阅读，并严格按照提示步骤进行。

申报个人所得税业务步骤

五、申报企业增值税

增值税是以商品（含应税劳务）在流转过程中产生的增值额作为计税依据而征收的一种流转税，是我国的主要税种之一。企业根据主管税务机关核定的纳税期限，自纳税期限满之日起15日内，向机构所在地税务机关申报纳税。在VBSE实训中，关于增值税的业务主要有申报企业增值税和缴纳企业增值税。在经营准备阶段，企业只需要申报企业增值税。

（一）业务介绍

在计算增值税应纳税额时，企业财务会计需要根据上月资产负债表、利润表及科目余额表填写增值税纳税申报表，并提交公司审核。近几年，我国增值税的改革力度较大，因VBSE实训案例虚拟日期为2020年1月，所以增值税的计算和缴纳使用当时的税率。2020年1月5日，制造企业、工贸企业、商贸企业财务部，根据企业2019年12月的"科目余额表""利润表""资产负债表"等财务报表进行增值税计算并缴纳，具体数据请查阅系统期初数据。在此次实训中，采取网上增值税申报的纳税申报方式。网上申报应先抄税，再申报，填报申报表的顺序为：先填附表，再填主表，填完附表后主表会在网上自动生成。

（二）业务步骤

增值税的申报和缴纳在网上进行，申报企业有关增值税的具体操作流程可扫码阅读。在操作过程中，有三个注意事项：

（1）遵循正确的填表顺序；

（2）税务专员需要在自己的业务系统中审核数据；

（3）所有的数据一经提交无法更改。

因此，在操作过程中，应严格按照提示的步骤执行。具体业务步骤请扫码阅读。

申报企业增值税业务步骤

六、签订代发工资协议

（一）业务介绍

签订代发工资协议是经营准备阶段的一项业务，全部流程都在线下操作。公司的人力资源部在经营准备阶段要与银行签订工资代发协议，由银行按照双方约定的时间统一给本企业的每个员工发放工资。

（二）业务步骤

在VBSE实训中，制造企业、工贸企业和商贸企业都需要与银行签订代发工资协议，其详细操作步骤如下。

1. 制造企业人力资源部助理签订银企代发工资协议

这项业务需要进行线下单据填写。制造企业人力资源部助理整理好资料，携营业执照、法人身份证公章、预留印鉴等，去银行签订银企代发工资合作协议。银企代发工资协议须加盖单位公章，一式两份。

银企代发工资协议的填写要求如图6-1所示：甲方、乙方填写签约双方基本信息，甲方为企业，乙方为银行；代发工资往来账户为企业代发工资的银行账户；实训中的协议期限为1年，协议起止时间按照签订协议时的虚拟日期填写；最后，协议双方签字、盖章，确认信息。

银企代发工资合作协议

（协议双方基本信息，其中，甲方为企业，乙方为银行）

甲方：
乙方：

甲乙双方本着相互支持，共同发展的原则，经过友好协商，就“代发工资”合作事宜达成如下协议：

第一条：乙方接受甲方委托代理甲方按月以转账方式向甲方职工发放工资（以下简称工资代发）。

第二条：甲方在委托乙方工资代发的基础上与乙方开展全面业务合作，包括结算业务、公司业务、信用卡等业务。

第三条：甲方在乙方开立结算账户，作为工资款项划转账户，账户利率为国家规定的一般企业活期存款利率。甲方的职工在乙方分别开立人民币个人结算账户，作为工资划入账户。甲方向乙方提交相应的证明文件，并承诺所提供的开户资料真实、有效，如有伪造、欺诈，承担法律责任。

第四条：甲方负责告知职工开立的工商银行个人结算账户，对账户的开立、使用和撤销须遵守《人民币银行结算账户管理办法》及相关法律、法规的规定。乙方负责提供银行个人结算账户的代发（代扣）等服务。该账户一经开立不得擅自销户和改变，如果职工存折遗失可由职工本人办理挂失换折；如果职工更换了代发工资账户，需由甲方相应修改职工代发工资账户，否则引起的一切后果由甲方承担。

第五条：甲方严格执行央行《人民币银行结算账户管理办法》第四十条规定，并向其开户银行提供相应的付款依据；同时保证结算账户有充足的资金支付工资代发的转账要求，并授权乙方根据委托代发工资金额自动扣划结算账户。往来账户为：________。甲方结算账户不足以支付工资金额的转账要求时，乙方不垫资转账，由此产生的经济纠纷由甲方负责处理。

（代发工资往来账户为企业代发工资的银行账户）

第六条：手续费支付方式。每月____日（节假日顺延），甲方根据工资代发的笔数，按照__元/笔向乙方支付手续费，付款方式为甲方主动转账到乙方指定账户（511040科目，具体账户请与会计部门落实），如甲方未能按时支付乙方手续费，按照每日（3‰）向乙方支付滞纳金。

第七条：工资代发程序。乙方向甲方提供对数据文件进行加密的“企业模块程序，甲方根据双方明确定义的数据格式生成加密数据磁盘，于每月____日，将本月代发工资加密磁盘、票据、明细交接清单一式两联交给乙方，乙方负责审核磁盘文件的有效性，核对磁盘代理分户金额的合计数、笔数与票据金额或明细交接清单合计金额、笔数是否相符。甲、乙双方在明细交接清单上签字、盖章，并各自留存一份。乙方以此作为转账的依据。

第八条：为保证甲方代理款项的数据安全，乙方不得修改甲方数据。甲方负责对磁盘数据的真实性、有效性负责，如因甲方提供的账户信息不准确或甲方的其他原因而产生差错，由甲方承担责任。

第九条：乙方根据甲方的申请进行款项转账。如因乙方原因不能及时处理账务信息，乙方对由此产生的后果负责。

第十条：代理业务账务处理的次日，乙方将不成功的明细流水传递给甲方，助甲方查询不成功原因。

第十一条：本协议期限为一年，自____年__月__日到____年__月__日止。如一方出现违约，另一方有权随时终止本协议，由此造成的损失由违约方承担。甲、乙双方在协议执行过程中如有异议，需提前15天提出修改意见，经双方协商后生效。

（协议起止时间，实训中协议期限为1年，按照签订时的虚拟日期填写）

第十二条：本协议一式二份，甲乙双方各执一份。经甲、乙双方签字盖章后生效。

（协议双方签字、盖章，确认信息）

甲方（公章）	乙方（公章）
法定代表人（签字）	法定代表人（签字）
（或授权代理人）	（或授权代理人）
年　月　日	年　月　日

图6-1　银企代发工资合作协议填写示例

2. 银行柜员签订银企代发工资协议

银行柜员与各个公司分别签订银企代发工资协议。银行柜员的主要工作内容为：首先，核对各个公司签订的协议的内容是否完整、规范；其次，在每份银企代发工资协议上签字、盖章；最后，将银企代发工资协议交给客户一份，自己保存一份。

3. 制造企业人力资源经理归档

制造企业人力资源经理收到银行签字、盖章的银企代发工资协议并归档，登记合同管理表，填写协议书。合同管理表的填写注意事项如图6-2所示：合同需分类管理，合同类别处填写合同的细分类，如广告合同、购销合同、采购合同、设备出售合同、人才服务协议；在收到需要归档的合同时，给合同做编码，编码规则可以按照系统规则要求自行拟定；合同的签约方、签约时间、签约事项、主要内容、份数、金额等信息都要简要填写。

合同信息摘要包括合同的签约方、签约时间、签约事项、主要内容、份数、金额

合同需分类管理，此处填写合同的细分类，如广告合同、购销合同、采购合同、设备出售合同、人才服务协议

合同管理表

合同类别：销售合同

合同/协议编号	合作单位	签约日期	截止日期	合同/协议主要内容	金额（元）	份数/联次
XS-0001	旭日贸易	2020.01.05	2020.02.05	经济型童车销售合同	1 212 384.00	
XS-0002	华晨商贸	2020.01.05	2020.02.05	经济型童车销售合同	1 212 384.00	

在收到需要归档的合同时，给合同做编码，编码规则可以自行拟定

图6-2　合同管理表填写示例

七、签订社保公积金同城委托收款协议

各个公司在发放工资前，都应与银行签订社保公积金同城委托收款协议。公司的财务经理在经营准备阶段要与银行、人力资源和社会保障局签订社保公积金同城委托收款协议，由银行按照双方约定的时间代收社保公积金。

八、签订税务同城委托收款协议

签订税务合同在系统中属于线下操作业务，各个公司都要与银行签订税务同城委托收

款协议。公司的财务经理在经营准备阶段要与银行、税务局签订税务同城委托收款协议，由银行按照双方约定的时间代收代扣税款。

九、签订物流运输合同

物流运输针对的是工贸企业与制造企业、制造企业与商贸企业之间的购销业务，其他类型的物流运输不涉及物流公司。物流费用由购货方支付，物流运输合同由购货方企业与物流公司签订。

购货方公司的仓储部为规范商业活动、保护公司利益，在经营准备阶段要与物流公司签订物流运输合同，如图6-3所示。

货物运输合同

甲方（托运人）：好佳童车制造有限公司

乙方（承运人）：隆飞物有限公司

甲、乙双方经过协商，根据民法典有关规定，订立货物运输合同，条款如下：

一、货物运输期限从 2020 年 1 月 1 日起到 2020 年 12 月 31 日止。

二、货物运输期限内，甲方委托乙方运输货物，运输方式为 公路 运输，货物收货人等具体事项由甲、乙双方另签运单确定，所签运单作为本协议的附件与本协议具有同等的法律效力。

三、甲方须按照货物买卖合同约定的标准对货物进行包装。

四、乙方须按照运单的要求，在约定的期限内，将货物运到甲方指定的地点，交给甲方指定的收货人。

五、甲方支付给乙方的运输费用由 运单 确定，乙方将货物交给甲方指定的收货人及开具全额运输费用之日起 5 日内甲方支付全部运输费用。

六、乙方在将货物交给收货人时，同时应协助收货人亲笔签收货物以作为完成运输义务的证明。如乙方联系不上收货人，应及时通知甲方，甲方有责任协助乙方及时通知收货人提货。

七、甲方交付乙方承运的货物，乙方应予以高度重视，避免其被暴晒、雨淋，确保包装及内容物均完好按期运达指定地。运输过程中如发生货物灭失、短少、损坏、变质、污染等问题，乙方应确认数量并按照甲方购进或卖出时的价格全额赔偿。

八、因发生自然灾害等不可抗力造成货物无法按期运达目的地时，乙方应将情况及时通知甲方并取得相关证明，以便甲方与客户协调；非因自然灾害等不可抗力造成货物无法按时到达，乙方须在最短时间内将货物运至甲方指定的收货地点并交给收货人，且赔偿逾期承运给甲方造成的全部经济损失。

九、本协议未尽事宜由双方协商解决，协商不成时可向甲方住所地法院提起诉讼。

十、本协议一式两份，双方各持一份，双方签字盖章后生效。

托运人签字盖章：	承运人签字盖章：
托运人：好佳童车制造有限公司	承运人：隆飞物流有限公司
法定代表人：梁天	法定代表人：李靖
地址：北京市海淀区北清路 6 号	地址：北京市卓尔大街 38 号
传真：010-62437783	传真：010-64667658
开户行：中国工商银行	开户行：中国工商银行
账户：0100229999333823	账户：0100229999000099019

图6-3　货物运输合同样例

十、签订购销合同

（一）签订购销合同业务介绍

在经营准备阶段，制造企业与工贸企业、商贸企业与制造企业分别签订购销合同。

制造企业和商贸企业的采购部、商贸企业的业务部为规范商业经营活动、保证公司利益，与自己合作的企业签订购销合同，并依据公司流程审批。购销合同如图6-4所示。

新道 seentao 教学专用

购销合同

合同编号：SX0003

购货单位（甲方）：华晨商贸城

销货单位（乙方）：好佳童车制造有限公司

为了保护买卖双方的合法权益，买卖双方根据《中华人民共和国民法典》的有关规定，经友好协商，一致同意签订本合同并共同遵守。

第一条　购销明细：双方就以下产品达成购销合同。

序号	产品名称	规格型号	含税单价（元）	数量	金额（元）	交货日期	付款日期
1	经济型童车		1 010.32	1 200	1 212 384.00	2020.01.05	2020.01.25
2							
3							
4							
5							
6							
7							
8							
9							
10							
11							
12							
13							
14							
15							
合计					1 212 384.00		

合同总金额大写人民币：壹佰贰拾壹万贰仟叁佰捌拾肆元整

第二条　交货时间与付款时间：见第一条

第三条　交货地点：好佳童车制造有限公司

第四条　付款方式：转账

第五条　开票要求：验收后即可

第六条　付款条件（客户）：收到发票即可付款

第七条　发货条件（供应商）：按时交货

第八条　运输方式与运输费用：甲方委托物流公司运输，运费由甲方承担

第九条　甲方要求乙方通过以下资质认证（选择对应选项）。

☐ 不作要求　☑ ISO9000　☐ ISO14000　☑3C

第十条　经济责任：

1. 产品品种、质量不符合本合同规定时，甲方拒绝接受，乙方承担相应费用。

2. 乙方未按本合同规定的产品数量交货时，发生延期交货的当期，扣除该张订单总额的10% 作为违约罚款。对于未能按期交货的部分，可以在三个月之内补齐。如果在三个月之内未能全部交货，未能交货部分甲方不再收货。

第十一条　甲、乙任何一方如要求全部或部分注销合同，必须提出充分的理由。经双方协商，提出注销合同的一方须向对方偿付注销合同部分总额 10% 的补偿金。

第十二条　本合同所订一切条款，甲、乙任何一方不得擅自变更或修改。如一方单独变更、修改本合同，对方有权拒绝生产或收货，并要求单独变更、修改合同一方赔偿一切损失。

第十三条　任何一方如确因不可抗力的原因不能履行本合同，应及时通知对方不能履行或须延期履行、部分履行合同的理由。在取得有关机构的证明后，本合同可以不履行或延期履行或部分履行，并全部或者部分免予承担违约责任。

第十四条　本合同在执行中如发生争议或纠纷，甲、乙双方应协商解决，解决不了时，双方可向仲裁机构申请仲裁或向人民法院提起诉讼（两者选一）。

第十五条　本合同自双方签章之日起生效，到乙方将全部订货送齐，经甲方验收无误，并按本合同规定将货款结算以后作废。

第十六条　本合同在执行期间，如有未尽事宜，由甲乙双方协商，另订附则附于本合同之内，所有附则在法律上均与本合同有同等效力。

第十七条　本合同一式两份，由甲、乙双方各执正本一份。

甲方：华晨商贸城	（盖章）	承运人：好佳童车制造有限公司	（盖章）
法定代表人：赵宇	（盖章）	法定代表人：梁天	（盖章）
委托代理人：	（盖章）	委托代理人：	（盖章）
地址：北京市海淀区顺昌路 8 号		地址：北京市海淀区北清路 6 号	
电话：010-65626688		电话：010-62437783	
签订日期：2020.01.05		签订日期：2020.01.05	

图6-4　购销合同样例

【温馨提示】

在签订合同时，需要注意：

（1）盖章后的两份合同送给客户，请对方审核、签字盖章；

（2）确定对方盖公司合同专用章、法人章和骑缝章；

（3）销售合同一式两份，一份客户留存，另一份带回企业，登记完销售订单明细后送行政助理处归档。

签订购销合同业务步骤

（二）业务步骤

此项业务对于制造企业相当于采购业务，对于工贸企业相当于销售业务。在系统中签订合同的业务均由采购方发起。

签订购销合同业务步骤请扫码阅读。

十一、商标制作及注册

（一）业务介绍

在经营准备阶段，每个公司都要进行商标制作及注册。本项业务要制作本企业的商标标识，制作完成后提交市场监督管理局审核公示并备案。

（二）商标制作及注册业务步骤

在VBSE实训中，每个公司都要制作自己的商标并提交市场监督管理局审核。以制造企业为例，其商标制作及注册业务步骤如下。

1. 制造企业行政助理制作本企业商标标识并提交市场监督管理局审核

制造企业行政助理组织公司所有员工制作商标，包括图片、商标说明（除商标标识的说明内容外还要有商标标识适用的产品或服务类别）、商标含义、企业营业执照复印件、联系人、联系地址、联系电话、邮编等。制造企业行政助理将制作好的商标标识的图片、说明文档拷贝到U盘中，送至市场监督管理局。

【温馨提示】

商标制作要求：

（1）易认、易读、易懂、易记、易写；

（2）把握特征，突出重点；

（3）名实一体，避免自相矛盾；

（4）要考虑消费对象的心理；

（5）形态要有美感，有寓意。

2. 市场监管专员审核企业提交的商标标识，通过后公示并备案

市场监管专员接收企业提交的商标标识申请资料，对提交的资料进行审核，审核通过后进行公示（与主讲老师确认张贴公示地点），公示无异议后备案存档。

第二节　制造企业经营准备业务

本节主要介绍制造企业经营准备阶段的独有任务，主要包括：与工贸企业签订购销合同并下达采购订单、确认商贸企业的采购订单、申请和办理ISO 9000认证。

一、与工贸企业签订购销合同并下达采购订单

（一）业务介绍

制造企业采购部为规范商业经营活动、保证公司利益，在经营准备阶段与合作的企业签订采购合同，并依据公司流程审批。在双方意见达成一致、签订购销合同后，采购部在系统里录入与工贸企业的采购订单。

（二）与工贸企业签订购销合同业务步骤

在VBSE实训中，制造企业与工贸企业签订购销合同的详细操作步骤与本章第一节介绍的通用业务相似。

进入当前任务，查看教学资源可知，这笔购销合同是采购原材料的合同，每一家制造企业需求的物资的总体数量见表6-9。本次实训以开设4家制造企业、2家工贸企业、2家商贸企业为例，制造企业与每家工贸企业签订合同的材料数量见表6-10，制造企业向每家工贸企业采购原材料的信息见表6-11。

表6-9　**制造企业总需求物资数量**

商品名称	采购数量
钢管	9 600
坐垫	4 800
车篷	4 800
车轮	19 200
经济型童车包装套件	4 800

表6-10　**制造企业与每家工贸企业签订合同的材料数量**

商品名称	采购数量
钢管	4 800
坐垫	2 400
车篷	2 400
车轮	9 600
经济型童车包装套件	2 400

表6-11　**制造企业向每家工贸企业采购原材料的信息**　金额单位：元

品名	到货时间	付款时间	数量	单价（含税）	金额（含税）小计
钢管	2020.1.25	2020.1.25	4 800	121.80	584 640.00
坐垫	2020.1.25	2020.1.25	2 400	92.80	222 720.00
车篷	2020.1.25	2020.1.25	2 400	164.72	395 328.00
车轮	2020.1.25	2020.1.25	9 600	31.32	300 672.00
经济型童车包装套件	2020.1.25	2020.1.25	2 400	103.24	247 776.00

（三）下达采购订单业务步骤

在签订纸质合同后，由制造企业的采购员在系统中录入采购订单，具体业务步骤请扫码阅读。

下达采购订单业务步骤

二、确认商贸企业的采购订单

（一）业务介绍

制造企业营销部为规范地开展商业活动、保证企业经营利益、便于跟踪了解市场信息，需要确认商贸企业录入的采购订单。本次实训开设4家制造企业、2家工贸企业、2家商贸企业，制造企业销售专员需要在系统中确认每家商贸企业的采购订单。

（二）业务步骤

在VBSE实训中，确认商贸企业的采购订单是在系统内进行的，详细操作步骤如图6-5所示。

图6-5　确认商贸企业的采购订单业务步骤

制造企业销售专员根据制造企业与商贸企业签订的销售合同，在系统中确认商贸企业的采购订单，并根据系统的采购订单信息填写销售订单。这项任务需要在系统中进行操作，具体操作如图6-6所示。订单确认后，不可以再修改。

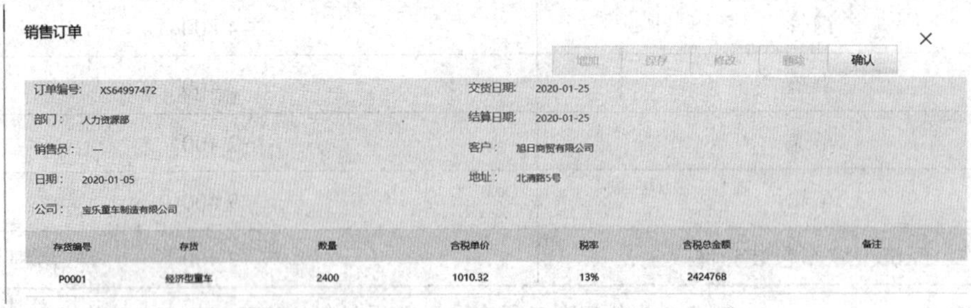

图6-6　制造企业销售专员填写销售订单

三、申请和办理ISO 9000认证

（一）业务介绍

ISO 9000认证标准是国际标准化组织（ISO）在1987年提出的概念，ISO 9000不是一个标准，而是一组标准的统称。公司通过取得ISO 9000认证可以强化品质管理、提高企业效益，在产品品质竞争中获得优势地位；有利于企业进行内部管理，稳定运营操作，提升企业形象。本次实训中的制造企业为生产童车的企业，在开工生产之前，其必须先办理ISO 9000认证，具体包括申请和办理ISO 9000认证、收到ISO 9000认证发票和支付ISO 9000认证费三项业务。

（二）业务流程

首先，生产计划部经理需要填写ISO 9000认证申请单并交总经理审核，经确认后，生产计划部经理到服务公司办理认证业务，服务公司业务员进行现场处理。制造企业收到服务公司的ISO 9000认证发票后进行付款审核并进行相关账务处理。

关于办理ISO 9000认证业务的流程如图6-7所示。

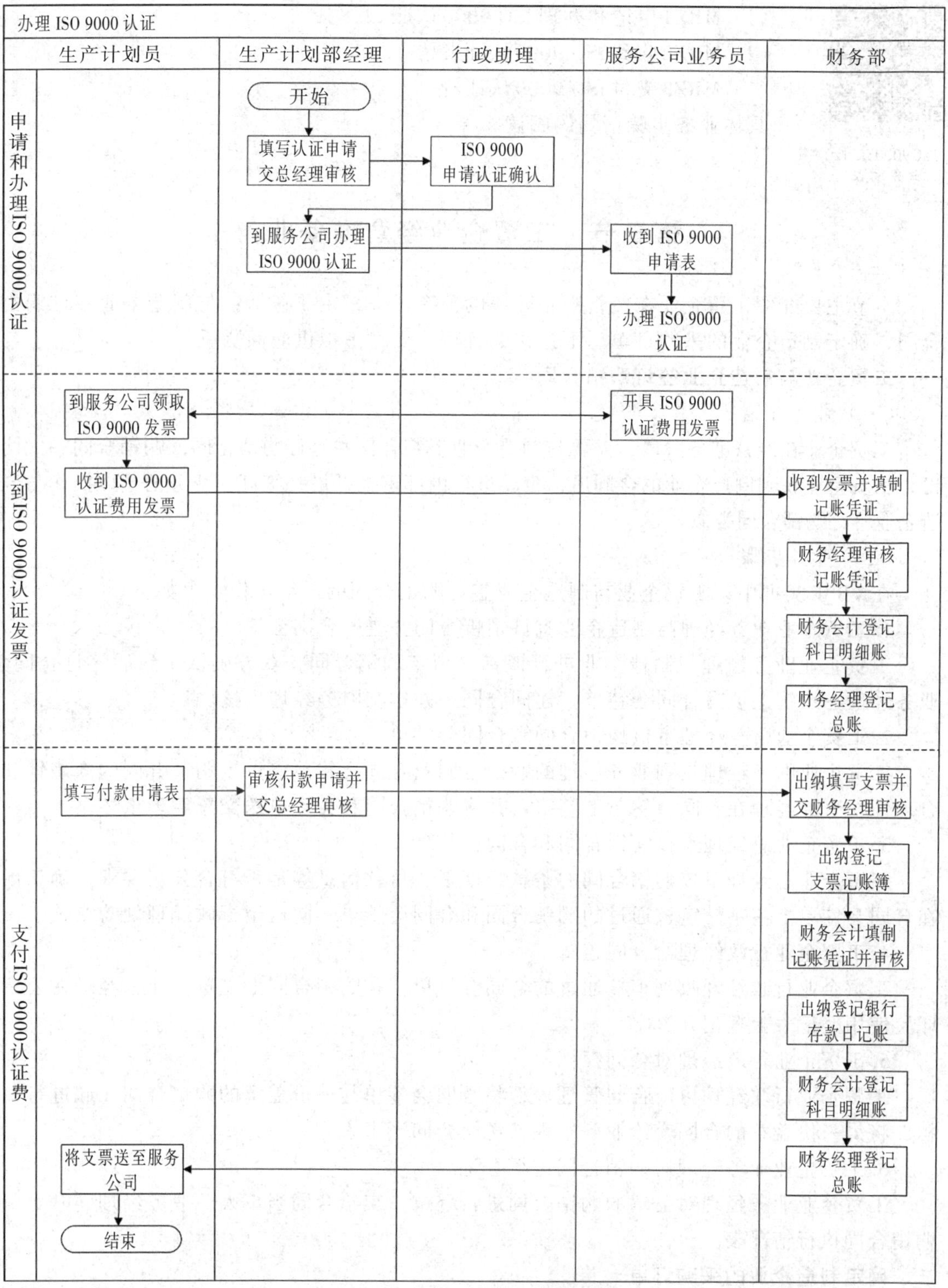

图6-7　ISO 9000认证业务流程

（三）业务步骤

企业申请和办理ISO 9000认证，在系统中分成三项任务，按如下顺序完成：

（1）MRZ1申请和办理ISO 9000认证。

（2）MRZ2收到ISO 9000认证发票。

（3）MRZ3支付ISO 9000认证费。

具体业务步骤请扫码阅读。

申请和办理ISO9000认证业务步骤

第三节　工贸企业经营准备业务

本节主要介绍工贸企业在经营准备阶段的独有任务，主要包括：与制造企业签订购销合同、确定制造企业的采购订单、下达采购订单、支付虚拟供应商货款。

一、工贸企业与制造企业签订购销合同

（一）业务介绍

工贸企业在经营准备阶段，需要与制造企业谈判合作并签订购销合同。购销合同一式两份，工贸企业收到制造企业的合同后，也要进行内部审批，最终签订。业务的具体操作与制造企业签订购销合同类似。

（二）业务步骤

在VBSE实训中，工贸企业与制造企业签订购销合同的详细操作步骤如下。

1. 工贸企业业务经理与制造企业签订销售合同并进行合同会签

工贸企业业务经理与制造企业进行谈判，拟定购销合同，双方确认一致后签订合同。业务经理在系统上填写合同会签单，连同合同一并送交财务经理审核。

2. 工贸企业财务经理审核购销合同和合同会签单

工贸企业财务经理收到业务经理的购销合同及合同会签单，审核购销合同的准确性和合理性，财务经理在合同会签单上签字，并将购销合同和会签单送交总经理审核。

3. 工贸企业总经理审核购销合同和合同会签单

工贸企业总经理审核购销合同的条款、期限、付款信息等是否符合公司要求，确认后在合同会签单上签字。审核通过的购销合同和合同会签单一同送至行政经理处盖章。

4. 工贸企业行政经理给合同盖章

工贸企业行政经理收到审核通过的合同会签单，在购销合同上盖章。业务经理在公章印鉴使用登记表上登记并签字。

5. 工贸企业行政经理对合同存档

工贸企业行政经理更新合同管理表，将合同会签单与一份盖章的购销合同一起进行归档，将另一份盖章的合同交给业务经理，送交合同当事人。

6. 工贸企业业务经理对购销合同进行登记

工贸企业业务经理对盖章的购销合同进行登记，交给合同当事人。业务经理同时更新购销合同执行情况表。

二、确定制造企业的采购订单

在合作的制造企业录入采购订单后，工贸企业的业务经理需要在系统中确认采购订单。

工贸企业的业务经理要根据销售订单核对系统内制造企业录入的采购订单的数量、金

额，并在系统内点击“确定”，如图6-8所示。

销售订单

增加　保存　修改　删除　确认

订单编号：XS39217054　　交货日期：2020-01-25
部门：业务部　　结算日期：2020-01-25
销售员：九　　客户：宝乐童车制造有限公司
日期：2020-01-05　　地址：永定路66号
公司：恒通工贸有限公司

存货编号	存货	数量	含税单价	税率	含税总金额	备注
B0001	钢管	4800	121.8	13%	584640	
B0006	车轮	9600	31.32	13%	300672	
B0003	坐垫	2400	92.8	13%	222720	
B0007	经济型童车包装套件	2400	103.24	13%	247776	
B0005	车篷	2400	164.72	13%	395328	

图6-8　工贸企业业务经理核对制造企业录入的采购订单

三、工贸企业下达采购订单

工贸企业业务经理向虚拟供应商下达采购订单，其业务经理要在系统中依照企业需求录入采购订单，具体步骤为：工贸企业业务经理提前算好企业需要采购多少货物，在系统中选择要采购的货物，填写正确的采购数量，选择完成后，确认采购。

在固定数据阶段，本次实训开设4家制造企业、2家工贸企业、2家商贸企业，工贸企业采购经理向虚拟供应商采购材料的具体数量、金额见表6-12。

表6-12　**工贸企业向虚拟供应商采购原材料的数量**　金额单位：元

存货名称	采购数量	单位	单价	税率	单价（含税）
钢管	19 200	根	85.00	0.13	96.05
坐垫	9 600	个	65.00	0.13	73.45
车篷	9 600	个	116.00	0.13	131.08
车轮	38 400	个	22.00	0.13	24.86
经济型童车包装套件	9 600	个	73.00	0.13	82.49

在系统中下达采购订单，如图6-9所示。

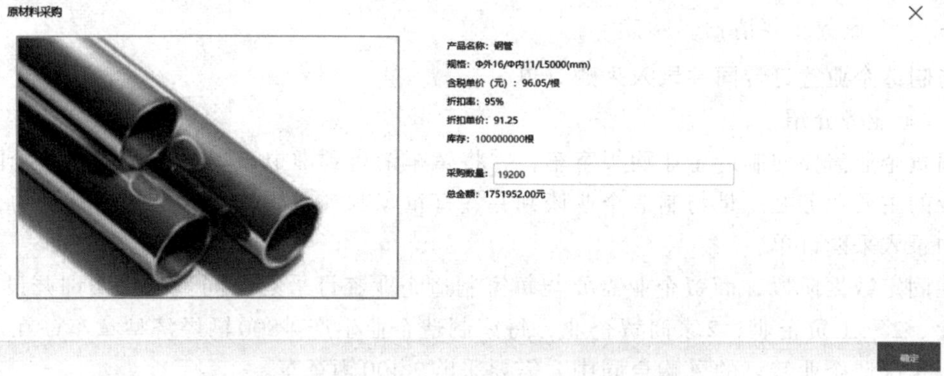

图6-9　工贸企业在系统中下达采购订单

四、支付虚拟供应商货款

工贸企业销售的货物需要从虚拟供应商处购买，在下达采购订单后，工贸企业支付相应货款后才能收到货物。支付虚拟货款涉及工贸企业的全员操作，既有付款业务，也有记账业务，是一项综合的业务流程操作。

支付虚拟供应商货款业务步骤

在VBSE实训中，支付虚拟供应商货款既涉及线上操作，又涉及线下操作，具体业务步骤请扫码阅读。

第四节　商贸企业经营准备业务

本节主要介绍商贸企业在经营准备阶段的独有任务，主要包括：进行市场开拓和广告投放、与制造企业签订合同、录入采购订单。

一、商贸企业进行市场开拓

商贸企业将童车卖到虚拟市场中，虚拟市场分为：东部市场、南部市场、西部市场、北部市场、中部市场。其中，东部、南部、西部、北部市场由商贸企业经营，中部市场只能由制造企业经营。商贸企业需要先联系服务公司开拓市场，再投广告费。在固定数据阶段，市场开拓费用为：北部市场339 000元、东部市场361 600元、南部市场339 000元、西部市场333 350元。市场开拓一次一年有效。

商贸企业进行市场开拓业务步骤

市场开拓是每个商贸企业在经营准备阶段都要进行的业务，只有开拓了这个区域的市场，才能在这个区域投放后续广告，销售产品。具体操作过程扫码阅读。

二、商贸企业进行广告投放

商贸企业在销售前必须进行广告投放。在固定数据阶段，广告费按照系统给定的数据投放；在自主经营阶段，广告费的起投金额是10万元，以万元为单位递增。不同商贸企业的广告投放费金额不同，这样服务公司才能根据广告投放金额派发订单，广告投放金额高的企业拥有选择虚拟订单的优先权（一个区域内的虚拟订单派发依据是已投放金额占本区域总投放金额的比例，由高至低依次进行选单，每次选择一笔虚拟订单，直至虚拟订单选完）。广告投放一次有效期限为一个虚拟日，到下一个虚拟日期需要重新投放广告费。

商贸企业进行广告投放业务步骤

在经营准备阶段，学生的操作按照固定数据阶段的相关要求进行，具体业务步骤请扫码阅读。

三、与制造企业签订合同并录入采购订单

（一）业务介绍

商贸企业需要向制造企业购买童车，并将童车销售到虚拟市场。在经营准备阶段，商贸企业的主要业务之一是与制造企业谈判并签订童车购买合同，然后依照已签订的合同在系统中录入采购订单。

在固定数据阶段，商贸企业需要与每家制造企业签订采购合同。本次实训开设4家制造企业、2家工贸企业、2家商贸企业，每家制造企业生产4 800辆经济型童车，在商贸企业与每家制造企业签订的采购合同中，需要采购2 400辆童车。

（二）与制造企业签订合同业务步骤

商贸企业采购经理向制造企业询价并谈判，根据谈判约定拟定购销合同，双方确认一致后签订一式两份的合同。双方根据合同内容进行合同会签，填写合同会签单，连同合同一并送交财务经理审核。在固定数据阶段，每辆经济型童车的价格是固定的。每家商贸企业与每家制造企业签订采购合同的详细数据见表6-13。

表6-13　每家商贸企业与每家制造企业签订的采购合同数据

存货名称	数量	单位	含税单价（元）	金额（元）	到货日期	付款日期
经济型童车	2 400	辆	1 010.32	2 424 768.00	1月25日	1月25日

具体操作可查看本章第一节通用业务中的签订购销合同的内容。

（三）录入采购订单业务步骤

商贸企业的采购经理需要依据已批准的采购合同在VBSE系统中录入采购订单，如图6-10所示，并通知供货方及时确认订单。

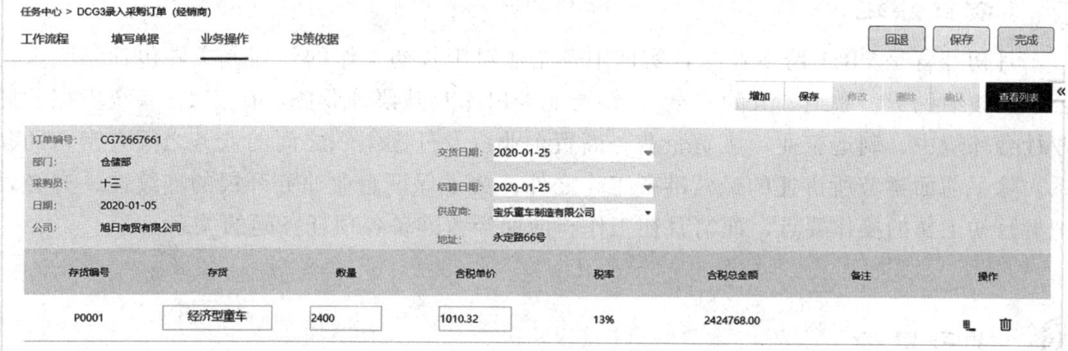

图6-10　商贸企业录入采购订单业务操作

第五节　其他经营准备业务

在经营准备阶段，外围组织配合工贸企业、制造企业、商贸业及时完成部分业务。同时，外围组织也有自己的独立业务，主要有市场监督管理局的市场监督管理检查、人力资源和社会保障局的就业指导-职业规划、税务局的税务检查和奖惩。

本节主要介绍了市场监督局的管理检查、人力资源和社会保障局的就业指导规划、税务局的税务稽查三个外围组织的任务。具体业务步骤请扫码阅读。

外围组织经营准备业务步骤

课程思政元素

通过企业基本经营业务的模拟实训，增强学生依法设立公司、依法经营、依法纳税的法律意识；使学生深切认识到锐意进取、诚实守信、合法经营、积极创业在现代经济生活中的价值。

第七章

月初经营

项目综述

月初经营是VBSE跨专业综合实训中各企业对于月初工作的处理，主要包括年度报告公示、缴纳税费、缴纳“五险一金”、销售业务出库及开票等业务。在VBSE系统虚拟的商业社会环境中，制造企业、工贸企业、商贸企业以及外围组织之间的业务之间有密切的联系。除了前面章节所讲述的经营准备工作之外，为了保证企业业务开展的连续性，有必要把握月初工作的操作要点，厘清月初工作与前期经营准备各项任务间的关系。

学习目标

1.掌握月初采购、生产、销售等相关业务；

2.熟悉企业年度报告公示、缴纳税费等内部管理的业务流程；

3.掌握月初工作的账务处理；

4.理解业务流程管理和控制。

重点难点

派工领料、办理出库及开具发票、到货并办理入库。

第一节　月初经营通用业务

一、企业年度报告公示

（一）业务介绍

新出台的《注册资本登记制度改革方案》提出，企业年检制度改为企业年度报告公示制度。企业应当按年度在规定的期限内，通过市场主体信用信息公示系统向市场监督管理机关报送年度报告，并向社会公示，任何单位和个人均可查询。因此，在月初经营阶段，制造企业、工贸企业、商贸企业、物流公司、服务公司都需要进行年度报告公示。

（二）业务步骤

企业“年报”的主要内容包括公司股东（发起人）缴纳出资情况、资产状况等，企业对年度报告的真实性、合法性负责，市场监督管理机关可以对企业年度报告的公示内容进行抽查。经检查发现企业年度报告隐瞒真实情况、弄虚作假的，市场监督管理机关依法予以处罚，并将企业法定代表人、负责人等信息通报公安、财政、海关、税务等有关部门，形成“一处违法，处处受限”。

对未按规定期限公示年度报告的企业，市场监管机关将其载入经营异常名录。企业在3年内履行年度报告公示义务的，可以申请恢复正常记载状态；超过3年未履行的，市场监督管理机关将其永久列入严重违法企业“黑名单”。业务步骤分为两步，请扫码阅读。

企业年度报告公示业务步骤

二、扣缴五险一金

五险一金是指用人单位给予劳动者的几种保障性待遇的合称，包括养老保险、医疗保险、失业保险、工伤保险、生育保险及住房公积金，由企业和个人共同缴纳。签订三方协议后，五险一金由银行自动扣款完成。具体业务步骤请扫码阅读。

企业扣缴五险一金业务步骤

三、缴纳个人所得税

缴纳个人所得税是经营准备阶段“申报个人所得税”业务的后续业务。个人所得税法是调整征税机关与自然人（居民、非居民人）之间在个人所得税的征纳与管理过程中所发生的社会关系的法律规范的总称。在我国，个人所得税的纳税义务人是在中国境内居住的有所得的个人，以及不在中国境内居住而从中国境内取得所得的个人，包括中国国内公民、在华取得所得的外籍人员和港澳台同胞。具体业务步骤请扫码阅读。

缴纳个人所得税业务步骤

四、缴纳企业增值税

缴纳企业增值税是经营准备阶段申报企业增值税的后续业务，出纳收到增值税扣款通知后，取回税收缴款书交给公司财务，完成相应的账务处理。本业务一共有9步，具体业务步骤请扫码阅读。

缴纳企业增值税业务步骤

第二节 制造企业月初经营业务

办理出库及开具发票业务步骤

一、给商贸企业办理出库及开具发票

给商贸企业办理出库及开具发票属于制造企业的销售业务，制造企业在系统内填写销售出库单，登记库存台账，申请并开具增值税专用发票，根据出库单和发票进行账务处理。具体业务步骤请扫码阅读。

二、派工领料——车架

（一）业务介绍

生产派工领料是生产的第一个环节，车间根据生产作业计划及实际产能分派具体生产任务，领取生产用材料，开工生产。

制造企业共有2个生产车间：1个机加车间，负责生产车架；1个组装车间，负责组装童车。因此，要分别对机加车间的车架和组装车间的童车进行派工，该业务为机加车间派工领料。

（二）业务步骤

机加车间在固定数据阶段生产的车架为经济型童车车架，开工数量为4 800个，因此领用的钢管和坐垫要符合生产4 800辆童车的比例：钢管9 600根，坐垫4 800个。派工结束后，可以通过“查看派工记录”检查派工的数量是否正确。

三、派工领料——童车

此项业务为组装车间的派工领料，即生产4 800辆经济型通童车。

组装车间的派工领料流程与机加车间的派工领料流程相似，不再赘述，需要注意的是组装车间的材料配比：1辆经济型童车需要1个经济型童车车架、1个车篷、4个车轮和1套经济型童车包装套件。

注意，在VBSE系统中不能正常派工的原因有：

（1）材料领用数量不足，依照BOM核查所需材料是否已全部领用且数量足够本次派工；

（2）车间所需工人是否已按照要求招聘到位，包括人员数量和工人级别（如初级工、中级工、高级工）；

（3）派工时生产设备是否拥有足够的剩余产能；

（4）新增设备是否已过安装提前期。

具体业务步骤请扫码阅读。

车架和童车派工领料业务步骤

第三节 工贸企业月初经营业务

工贸企业在月初的主要业务有两项，均为经营准备阶段的后续任务。第一项任务为到货办理入库，是在经营准备阶段工贸企业向虚拟供应商下达采购订单的后续任务。第二项任务为给制造企业办理出库及开具发票，是在经营准备阶段工贸企业与制造企业签订购销合同（制造企业采购业务）的后续任务。

一、到货并办理入库

工贸企业处于供应链的上游，是制造企业的原材料供应商，而其本身的原材料也需要向虚拟供应商采购，因此月初经营有一笔很重要的业务是从虚拟供应商处采购的原材料到货并办理入库。

具体业务步骤请扫码阅读。

到货并办理入库业务步骤

二、给制造企业办理出库及开具发票

工贸企业在系统中填写销售出库单，登记库存台账，申请并开具增值税专用发票，根据出库单和发票进行账务处理。

具体业务步骤请扫码阅读。

给制造企业办理出库及开具发票业务步骤

第四节　商贸企业月初经营业务

一、查看虚拟销售订单及竞单结果

查看虚拟销售订单及竞单结果比较简单，只有一个操作步骤，即在系统中进行“业务操作”，查看虚拟市场的销售订单，如图7-1所示。

北部地区

序号	所属地区	订单编号	虚拟客户	存货	数量	单价	金额	交货日期	结算日期
1	北部	XNXS68895145	北京爱喜商贸有限公司（北部）	经济型童车	4800	1202.37	5771376.00	2020-01-05	2020-01-25

图7-1　虚拟销售订单查看界面

二、给虚拟经销商办理出库并开发票

商贸企业给虚拟经销商办理出库并开具发票需要在系统中进行出库操作，开具纸质销售发票，进行账务处理。

具体业务步骤请扫码阅读。

给虚拟经销商办理出库及开具发票业务步骤

第五节　其他月初经营业务

一、市场监督管理局——市场监督管理检查

市场监督管理局根据《市场监督管理执法监督暂行规定》，到企业进行现场检查，检查其营业执照和印章是否齐全。根据检查结果对问题企业下达行政处罚决定书，并定期检查企业整改情况。按期整改的，缴纳罚款，恢复信用评级；未按期整改的，不予恢复信用评级，并给予警告或暂停其营业、生产。

二、税务局——税务稽查

税务局根据工作交接阶段企业的个人所得税和增值税缴纳情况进行稽查并公示稽查结果，通知存在问题的企业限期补缴：对到期补缴的企业，确认后不作处罚；对到期未补缴的企业开具税务行政处罚决定书，进行行政处罚。

三、人力资源和社会保障局——社保稽查

人力资源和社会保障局首先要根据社会保障制度对企业进行例行检查，检查内容包括企业的参保人员情况、财务部是否按时缴纳社保费等情况。人力资源和社会保障局根据检查结果对没有问题的企业出具社保稽核报告，对于有问题的企业提出稽查整改意见书，并根据整改意见书检查企业整改情况：对到期整改的企业，确认后不作处罚；对到期未整改的企业进行行政处罚。

四、物流公司——受理运输订单、装车发运

在月初经营阶段，物流公司业务员要做好供应链的物流工作，包括受理制造企业的运输订单并将货物装车发运给制造企业，受理商贸企业的运输订单并将货物装车发运给商贸企业。注意，工贸企业向虚拟供应商采购原材料、商贸企业投放商品到虚拟市场是不需要物流公司进行运输的。

具体的物流运输系统操作流程为：点击“业务操作”按钮，进入对应操作界面，如图7-2所示；点击图7-2方框内的图标后出现动画界面，点击右下角的货车图像，将其拉动到左上角的物流车内，随后在弹出的界面点击右下角“运输”即可，如图7-3所示；办理运输后，库存状态自动更改为“已运输”。

物流运输列表

运输订单编号	销售订单编号	托运人	产品名称	数量	单据日期	交货日期	状态	操作
YS17832758	XS17832758	宝乐童车制造有限公司	坐垫...			2020-01-05	未运输	
YS33439129	XS33439129	旭日商贸有限公司	经济型童车	1200		2020-01-05	未运输	

图7-2　VBSE系统物流运输查看界面

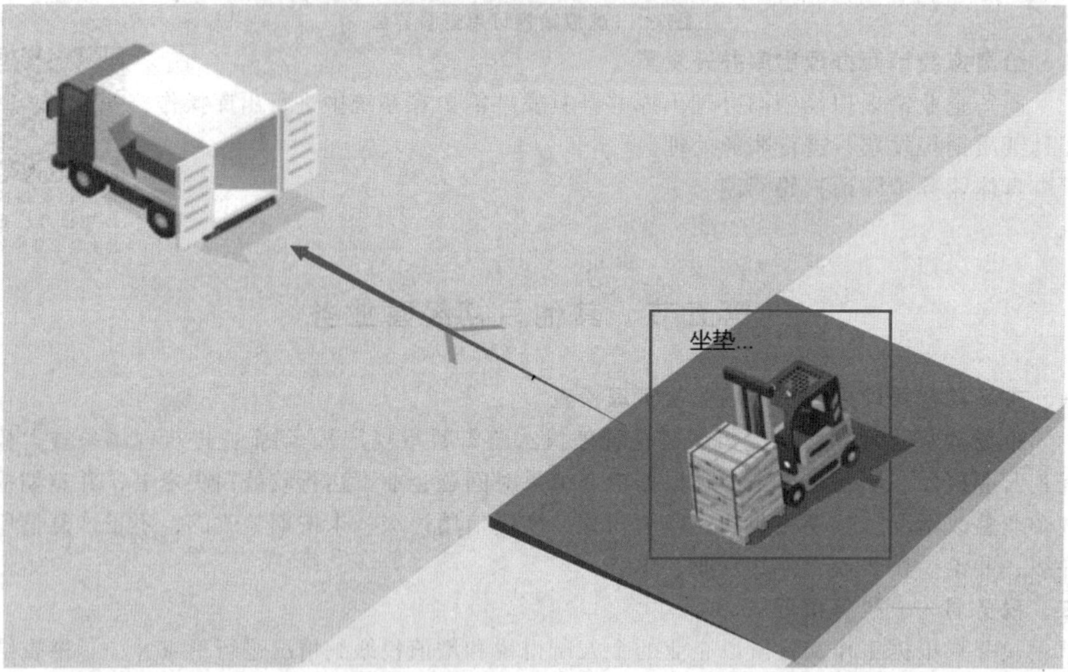

图7-3　VBSE系统物流运输操作界面

五、服务公司——组织商贸企业竞单

（一）业务介绍

组织商贸企业竞单属于服务公司月初经营阶段的核心业务。在经营准备的过程中，服务公司业务员已经给商贸企业办理了市场开拓和广告投放两项业务，到了月初经营阶段，服务公司总经理需要组织商贸企业竞单。

（二）业务步骤

1. 服务公司总经理通知商贸企业竞单

此业务是线下业务，由服务公司业务员通知已经投放广告的企业到服务公司进行竞单。

2. 服务公司总经理为商贸企业办理选单

点击“业务操作”按钮，进入操作界面后，选择一个区域，按该区域中各公司投放广告金额的大小顺序依次选单。选择对应的企业，再选择对应的订单，进行确认即可。服务公司竞单完成之后，商贸企业的业务经理就可以在自己的操作界面查看到这笔订单了。

课程思政元素

本章是企业正式经营的第一个虚拟日，可以外围组织为核心，使学生参与到课堂思政中。

1. 市场监督管理局

在公示经营过程中，市场监督管理局发挥着不可替代的作用。首先，市场秩序需要市场规则来维护，企业要遵循法律法规、行业规范、道德规范，逐步形成以道德为支撑、法律为保障的社会信用制度。国家要加强宏观调控与社会信用建设，健全社会信用体系，建立信用监督和失信惩戒制度，运用经济、法律、行政手段加强市场监管。企业及个人要学法、懂法、守法、用法，并运用法律维权，形成诚信为本、操守为重的良好风气。

2. 税务局

税务稽查是一项非常重要的工作，它不仅能够维护税收秩序，还能够促进经济发展。税务稽查人员需要具备良好的道德素质和职业操守以及强烈的责任感和使命感，要始终坚持公正、客观、公开、透明的原则，不偏不倚地执行税收法律法规，维护税收秩序，保障国家财政收入。同时，纳税也是企业应尽的社会责任，是企业履行法律义务、规范经营的体现之一。在全球化趋势下，合法缴纳税款也是企业获得营业执照和开拓国际市场的必要条件。因此，企业需要依法并按时缴纳税款，这既符合国家利益，也有助于企业获得正当地位和良好的信誉评价，推进企业可持续发展。

3. 人力资源和社会保障局

社会保障是指国家为保障公民的基本生活和社会福利而采取的一系列措施。社会保障是现代社会的重要组成部分，是国家治理的重要内容。社会保障的实施，不仅能够保障公民的基本生活，还能够促进社会和谐稳定，提高国家的整体竞争力。学生应树立正确的社会保障观念，增强社会责任感和使命感，为建设和谐社会和实现中华民族伟大复兴作出贡献。

第八章

月末经营

项目综述

月末经营是VBSE跨专业综合实训中各企业对于月末工作的处理，主要包括核算薪酬、计提折旧、完工入库、到货入库、销售回款、支付运费等业务。在VBSE系统虚拟的商业社会环境中，制造企业、工贸企业、商贸企业以及外围组织之间的业务发生着密切的联系。除了前面章节所讲授的月初工作之外，为了保证企业业务开展的连续性，有必要把握月末工作的操作要点，厘清月末工作与月初各项任务间的关系。

学习目标

1.掌握主生产计划和物料需求计划的编制；

2.熟悉企业核算薪酬、计提折旧等内部管理业务流程；

3.掌握月末工作的账务处理；

4.理解业务流程管理和控制。

重点难点

核算薪酬、编制主生产计划、支付货款。

第一节　月末经营通用业务

一、认证增值税抵扣联

（一）业务介绍

认证是鉴别专用发票真伪的程序，同时也是认定企业可以抵扣进项税金额的必要过程。增值税一般纳税人申请抵扣的增值税专用发票，必须自该专用发票开具之日起90日内到税务机关认证，在认证通过的当月按照增值税有关规定核算当期进项税额并申报抵扣，否则不予抵扣进项税额。增值税抵扣联的认证方式可分为上门认证和远程认证，本次实训采用上门认证的方式，纳税人携带专用发票抵扣联等资料，到税务机关申报征收窗口进行认证。

（二）业务流程

制造企业的财务会计、工贸企业和商贸企业的财务经理携带公司的增值税抵扣联，到税务部门认证，获得盖章认证的结果通知书后，与抵扣联一并装订。认证增值税抵扣联的业务流程如图8-1所示。

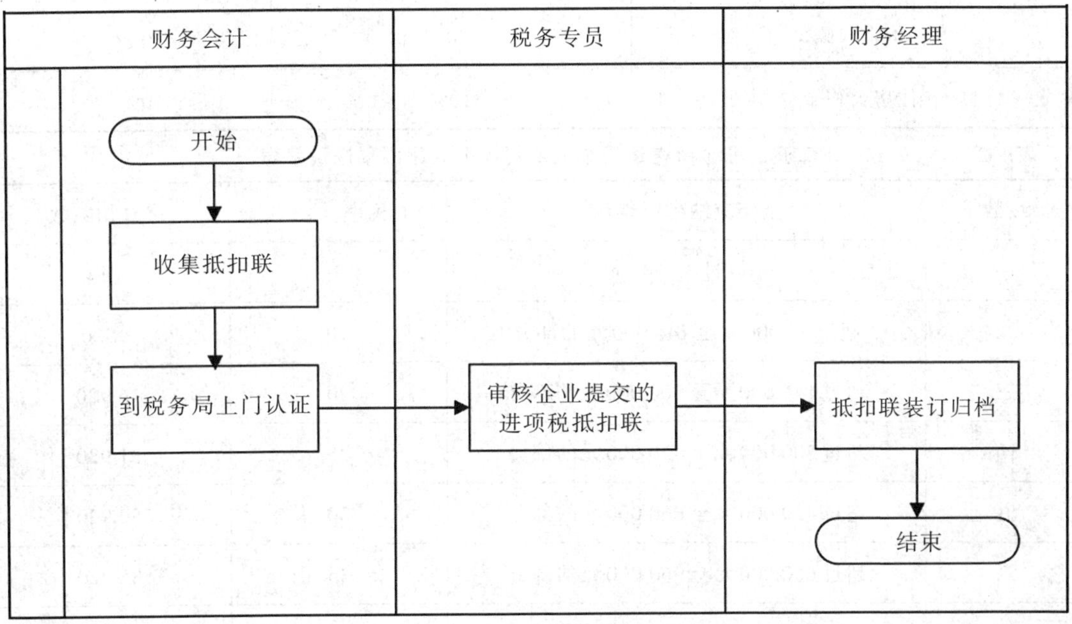

图8-1　认证增值税抵扣联业务流程

业务步骤请扫码阅读。

认证增值税抵扣联业务步骤

二、企业薪酬核算

薪酬是指员工向其所在单位提供所需要的劳动而获得的各种形式的补偿，包括经济性薪酬和非经济性薪酬两大类。薪酬核算主要是对员工货币性薪酬的计算。每个月末，会计人员都要进行员工薪酬的核算，将企业应付的工资以及应缴纳的五险一金计入相应的费用和成本。

（一）业务介绍

核算薪酬时，人力资源部助理要确认员工的基本工资、代扣项目、应税工资、实发工资；依据国家相关规则计算代扣项目的扣款；依据增减员表，检查缴纳五险一金的增加、减少人员，明晰统计是否正确；依据银行五险一金扣款通知书，核对五险一金的计算是否正确；工资计算完成后，进行相应的分配，将其计入期间费用或生产成本。

（二）业务流程

在VBSE实训中，五险一金的企业和个人的缴纳比例、个人所得税适用税率见表8-1和表8-2。

表8-1 五险一金缴纳比例

缴纳比例 险种	个人缴费	单位缴费
养老保险	8%	20%
医疗保险	2%+3元	10%
失业保险	0.2%	1%
工伤保险	0	0.3%
生育保险	0	0.8%
住房公积金	10%	10%

表8-2 工资、薪金所得适用个人所得税七级超额累进税率表

级数	全年应纳税所得额	税率（%）	速算扣除数
一	不超过36 000元	3	0
二	超过36 000元至144 000元的部分	10	2 520
三	超过144 000元至300 000元的部分	20	16 920
四	超过300 000元至420 000元的部分	25	31 920
五	超过420 000元至660 000元的部分	30	52 920
六	超过660 000元至960 000元的部分	35	85 920
七	超过960 000元的部分	45	181 920

【温馨提示】

单位缴纳的养老保险费费率为2%，其中，17%划入统筹基金，3%划入个人账户。本次实训以员工转正后的基本工资额为社会保险和住房公积金的缴费基数。2019年，我国进行个人所得税改革，将工资、薪金所得按年合并计算，VBSE实训系统时间为2020年，采用最新的个税计算方法。工资、薪金所得适用个人所得税税率表，全年应纳税所得额是指居民个人以每一纳税年度收入额减除6万元以及专项扣除、专项附加扣除和依法确定的其他扣除后的余额。

人力资源部助理依据本月员工在职情况，做好工资、考勤、奖惩、五险一金缴费依据等资料的整理工作，并制作工资表交人力资源部经理和总经理审核。财务部门做好相关科目的记账工作。薪酬核算业务流程如图8-2所示。

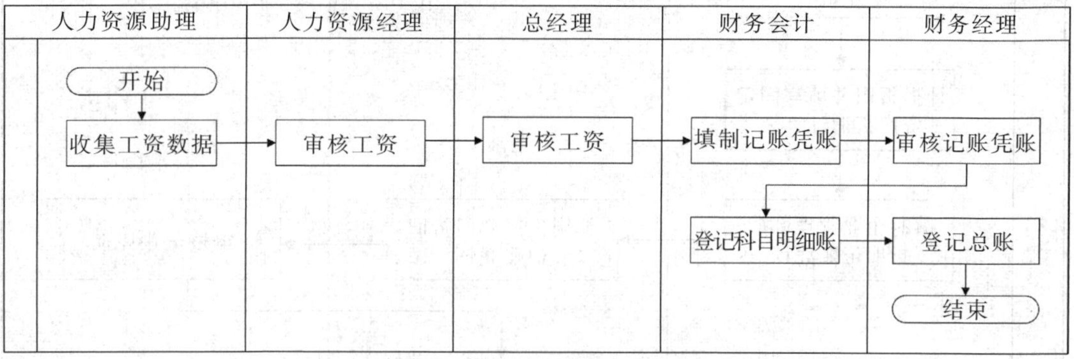

图8-2　企业薪酬核算业务流程

（三）业务步骤

要进行薪酬核算，人力资源部助理收集工资数据的工作包括：

（1）依据期初数据查找当月入职人员、离职人员记录，收集整理人员的新增和减少数据；

（2）查找当月员工晋升、调动及工资调整记录，收集整理变更数据；

（3）查找当月考勤信息，整理汇总当月考勤数据；

（4）查找当期绩效考核评分资料，整理汇总绩效考核结果；

（5）查找当月奖励、处罚记录，并作汇总整理；

（6）查找当月五险一金增减、缴费数据，计算应缴纳的五险一金数额。

收集以上资料后，人力资源部助理根据收集到的数据制作工资表。

企业薪酬核算业务步骤

业务步骤请扫码阅读。

三、计提折旧

固定资产在使用过程中逐渐损耗而转移到商品或费用中的那部分价值，称为固定资产折旧，即企业在生产经营过程中由于使用固定资产而在其使用年限内分摊的固定资产耗费。每个会计期末，企业都要对固定资产计提折旧，将其计入相应的成本或费用。

（一）业务介绍

财务会计和成本会计在月末按照会计制度中确定的固定资产折旧方法计算生产部门和企业管理部门的折旧，并登记科目明细账。在VBSE实训中，固定资产按照直线法计提折旧，生产计划部门的固定资产折旧计入生产成本，其他部门的固定资产折旧计入期间费用。固定资产购买当月不计提折旧，从次月开始计提折旧，处置期照提折旧。

（二）业务流程

财务会计根据实训中固定资产的折旧规则及期初数据计算折旧，并填写固定资产折旧计算表，交财务会计和成本会计编制记账凭证，完成账务处理，计提折旧的业务流程如图8-3所示。

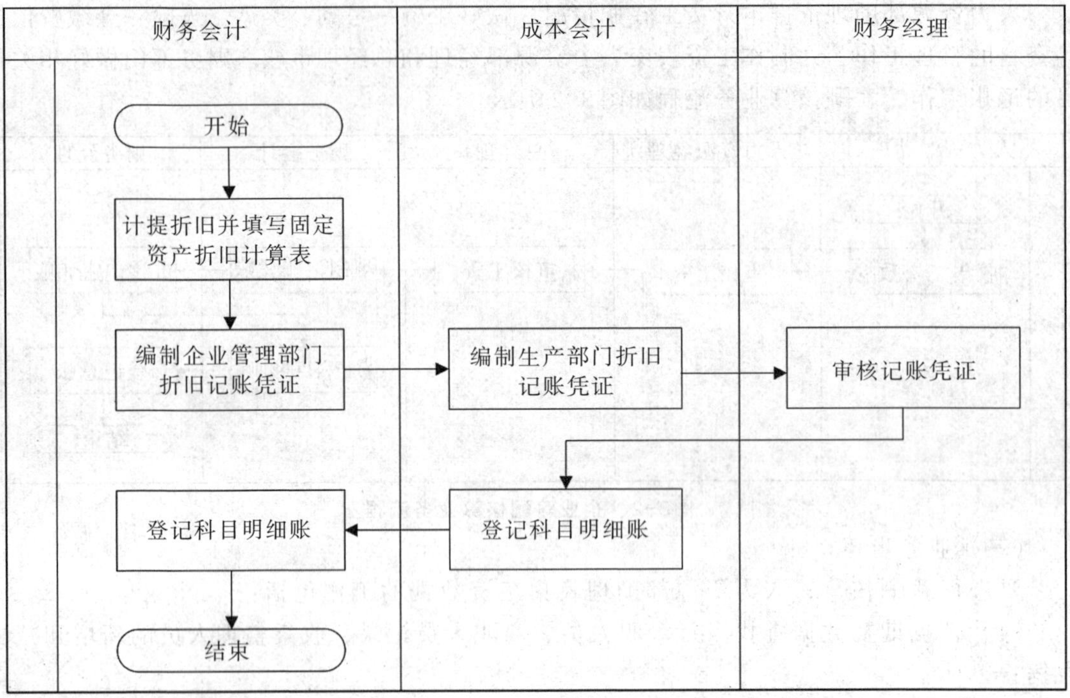

图8-3 计提折旧业务流程图

（三）业务步骤

1. 计算折旧

财务会计根据实训中规定的固定资产折旧规则及固定资产期初数据计提折旧，填写企业管理部门固定资产折旧计算表、生产部门固定资产折旧计算表。折旧的计算可在Excel中批量完成，详见第九章“固定数据阶段的账务处理”。

2. 财务会计编制企业管理部门折旧记账凭证

财务会计根据企业管理部门固定资产折旧计算表填写管理部门折旧记账凭证，交财务部经理审核，将生产部门固定资产折旧计算表交成本会计填制折旧记账凭证。财务会计编制的固定资产折旧记账凭证如下：

借：管理费用——折旧　　70 700.00

　　销售费用——折旧　　325.00

　贷：累计折旧　　71 025.00

3. 成本会计编制生产部门折旧记账凭证

成本会计接收财务会计提供的生产部门固定资产折旧计算表，并据以填写生产部门折旧记账凭证：

借：制造费用——折旧　　50 575.00

　贷：累计折旧　　50 575.00

4. 财务部经理审核记账凭证

财务部经理审核财务会计、成本会计提交的记账凭证，审核无误后在记账凭证上签字并登记总分类账，将记账凭证分别返还财务会计和成本会计登记科目明细账。

5. 成本会计登记科目明细账

成本会计接收财务部经理已审核的记账凭证后签字或盖章，登记制造费用明细账，登记完明细账后，将记账凭证交财务会计登记累计折旧明细账。

6. 财务会计登记科目明细账

财务会计接收财务部经理已审核的记账凭证，登记管理费用明细账，根据管理部门折旧记账凭证和生产部门折旧记账凭证登记累计折旧明细账，登记完明细账后，与其他记账凭证放在一起。

第二节　制造企业月末经营业务

一、整理销售需求

在VBSE实训中，整理销售需求、编制主生产计划、编制物料需求计划、派工领料和完工入库等环节，共同构成一个完整的生产链条。生产，从整理销售需求开始。

（一）业务介绍

销售需求是制造企业开工生产的依据，销售部门在销售过程中只有明晰客户对产品的特性要求及数量要求，才能及时准确地生产所需产品，避免生产过程中的浪费或产品生产的过剩。制造企业的销售部门要对已有的产品订单和市场需求曲线进行分析，确定企业合理的开工数量。

（二）业务流程

制造企业在进行生产前，需要销售专员提供销售订单汇总表，编制依据为已有的销售订单和市场销售预测。销售订单汇总表经营销经理审核后可交至生产部。整理销售需求的业务流程如图8-4所示。

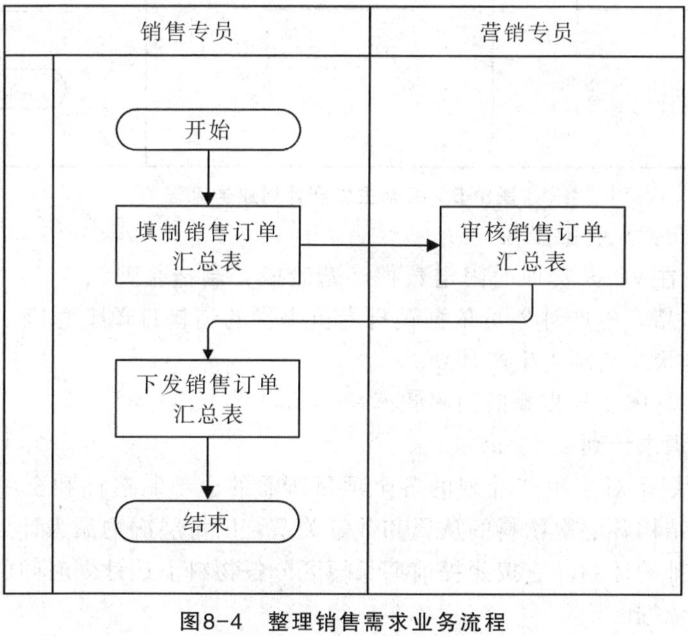

图8-4　整理销售需求业务流程

整理销售需求业务步骤

（三）业务步骤

制造企业的营销部将与商贸企业签订的销售订单汇总表，下发给生产计划部和采购部，作为制订生产计划的依据。具体业务步骤请扫码阅读。

二、编制主生产计划

主生产计划是将企业战略、企业生产计划等宏观计划转化为生产作业和采购作业等微观作业计划的工具，是企业物料需求计划的直接来源，主生产计划为车间生产制定合适的计划进度，保证企业资源的合理配置，避免产品积压或物资浪费。

（一）业务介绍

主生产计划的实质是保证销售计划和生产计划对规定的需求与所使用的资源取得一致。制造企业根据整理的销售需求，确定产成品在具体时间内的生产数量，开始派工生产。因此，主生产计划是派工生产的依据。主生产计划表的编制步骤包括：填写销售预测、填写客户订单、计算预生产量、填写可用库存量、平衡可用能力、计算主生产计划量和填写主生产计划表。

（二）业务流程

在VBSE实训课程中，主生产计划表由生产计划员依据车间产能和库存状况编制，经车间管理员和生产计划部经理审核确认。编制主生产计划的业务流程如图8-5所示。

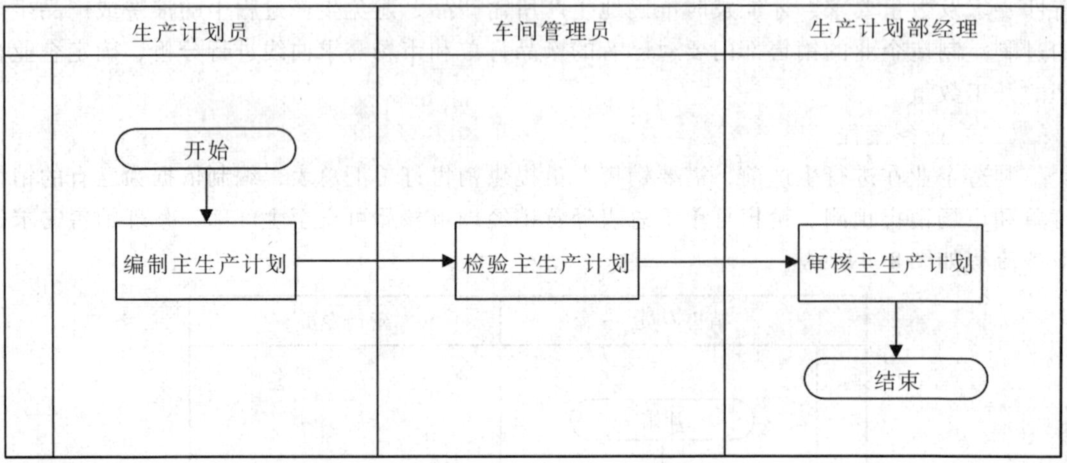

图8-5　编制主生产计划业务流程

编制主生产计划业务步骤

（三）业务步骤

在VBSE实训的固定数据经营阶段，制造企业只生产“经济型童车”一种产品。生产计划员依据销售专员提供的销售订单汇总表，结合当前库存和产能状况编制主生产计划。

具体业务步骤请扫码阅读。

三、编制物料净需求计划

物料需求计划是对主生产计划的各个项目所需的全部制造件和全部采购件的需求计划，是依据产品结构各层次物料的从属和数量关系，以每层次物品为计划对象，以完工日期为时间基准倒排的计划。它按照提前期长短区分各物料下达计划时间的先后顺序，是采购和排产业务的依据。

（一）业务介绍

制造企业生产计划员编制物料需求计划时以主生产计划为依据，结合物料清单和物料库存状态确定提前期，计算物料的需求量和需求时间，向采购部下达物料采购时间和数量，通知生产部门开工日期与开工数量。物流需求计划的编制逻辑如图8-6所示。

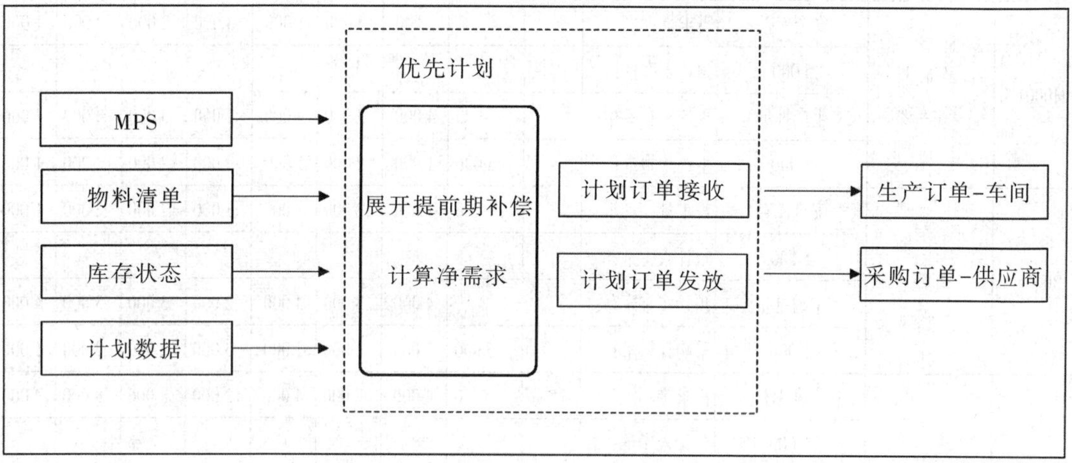

图8-6　物料需求计划编制逻辑

（二）业务流程

生产计划员依据主生产计划进行物料需求计划的编制与计算，经生产计划部经理审核后，交采购部与仓储部进行物料准备。编制物料需求计划的业务流程如图8-7所示。

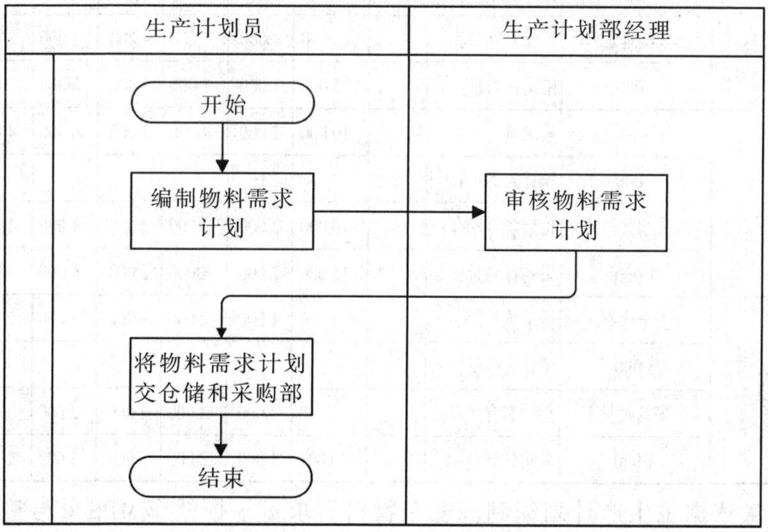

图8-7　编制物料需求计划业务流程

（三）业务步骤

生产计划员依据市场订单需求、库存、物料清单编制物料需求计划。这些业务虽是线下操作，但也要了解其数据逻辑。

1. 编制物料净需求计划

生产计划员依据主生产计划、物料库存、物料清单，通过填制物料需求计算表计算物料需求。物料需求计划（MRP）在Excel表中计算，需从教师处拷贝。以经济型童车的物料需求为例，物料需求计划的编制方法见表8-3。

表8-3　　物料需求计划的编制方法

物料编号	物料名称	要素		期初	1	2	3	4	5	6	7	8
M0001	经济型童车车架	安全库存	需求量：		0	1 000	2 000	1 000	3 000	2 000	2 000	1 000
		5 000	预计入库量：									
		生产批量	预计实有库存：		0	4 000	3 000	4 000	2 000	3 000	3 000	4 000
		1 000	生产计划量：		5 000	1 000	2 000	1 000	3 000	2 000	2 000	1 000
B0005	车篷	安全库存	需求量：		0	1 000	2 000	1 000	3 000	2 000	2 000	1 000
		5 000	预计入库量：									
		采购批量	预计实有库存：		0	4 000	3 000	4 000	2 000	3 000	3 000	4 000
		1 000	采购计划量：		5 000	1 000	2 000	1 000	3 000	2 000	2 000	1 000
B0006	车轮	安全库存	需求量：		0	4 000	8 000	4 000	12 000	8 000	8 000	4 000
		5 000	预计入库量：									
		采购批量	预计实有库存：		0	1 000	-3 000	1 000	-7 000	-3 000	-3 000	1 000
		1 000	采购计划量：		5 000	4 000	8 000	4 000	12 000	8 000	8 000	4 000
B0007	经济型童车包装套件	安全库存	需求量：		0	1 000	2 000	1 000	3 000	2 000	2 000	1 000
		5 000	预计入库量：									
		采购批量	预计实有库存：		0	4 000	3 000	4 000	2 000	3 000	3 000	4 000
		1 000	采购计划量：		5 000	1 000	2 000	1 000	3 000	2 000	2 000	1 000
B0001	钢管	安全库存	需求量：		10 000	2 000	4 000	2 000	6 000	4 000	4 000	2 000
		5 000	预计入库量：									
		采购批量	预计实有库存：		-10 000	3 000	1 000	3 000	-1 000	1 000	1 000	3 000
		1 000	采购计划量：		15 000	2 000	4 000	2 000	6 000	4 000	4 000	2 000
B0003	坐垫	安全库存	需求量：		0	1 000	2 000	1 000	3 000	2 000	2 000	1 000
		5 000	预计入库量：									
		采购批量	预计实有库存：		0	4 000	3 000	4 000	2 000	3 000	3 000	4 000
		1 000	采购计划量：		10 000	1 000	2 000	1 000	3 000	2 000	2 000	1 000

（1）需求量依据主生产计划编制。整车物料需求量根据整车MPS量与整车BOM计算。比如，车架各期的需求量数据来自整理销售需求任务的第一步“销售专员编制销售订单汇总表”中的MPS量。

（2）预计入库量由本期采购在途数量决定，此例中无在途物资。

（3）本期预计实有库存=上期生产计划量或上期采购计划量+上期预计实有库存-本期需求量+本期预计入库量

例如：第2期车架本期期初数量=5 000+0-1 000+0=4 000

（4）本期生产计划量或采购计划量的运算逻辑如下：

①如果本期预计实有库存大于或等于安全库存，则本期生产计划量或采购计划量为零。

②如果本期预计实有库存小于安全库存，则：

本期生产计划量或采购计划量=生产（或采购）批量×n

n=（安全库存-本期预计实有库存）÷生产批量或采购批量

注：n若不是整数，则取大于该数的最小整数。

例如：第2期车架本期生产计划量=5 000-4 000=1 000

其他物料的需求量计算方法与之相同。

（5）整理表8-3，得出本期物料需求计划表，见表8-4。

表8-4　**童车生产物料需求计划表**

物料编号	物料名称	1	2	3	4	5	6	7	8
M0001	经济型童车车架	5 000	1 000	2 000	1 000	3 000	2 000	2 000	1 000
B0005	车篷	5 000	1 000	2 000	1 000	3 000	2 000	2 000	1 000
B0006	车轮	5 000	4 000	8 000	4 000	12 000	8 000	8 000	4 000
B0007	经济型童车包装套件	5 000	1 000	2 000	1 000	3 000	2 000	2 000	1 000
B0001	钢管	15 000	2 000	4 000	2 000	6 000	4 000	4 000	2 000
B0003	坐垫	10 000	1 000	2 000	1 000	3 000	2 000	2 000	1 000

【温馨提示】

在以上例子中，钢管和坐垫的第1期需求是由车架需求量5 000个决定的。因为1个车架需要2根钢管，所以需要10 000根钢管，加上安全库存5 000根，钢管的需求量为15 000根。坐垫需求量由车架的需求量（5 000）与安全库存（5 000）相加得来。钢管和坐垫的采购应提前于车篷、车轮和包装套件（车架完工后作为原材料被组装车间领用，与车篷、车轮和包装套件组装成童车），但实训为减轻计算工作量，取消了两个车间的生产时间差，在材料的采购需求上采用同一时间。系统中2020年的生产计划为4 800辆经济型童车，物料需求计划可按产品BOM结构需求编制。

2. 审核物料需求计划

生产计划部经理收到物料需求计划，核对其计算是否正确，审核物料需求计划中物料需求时间与数量是否同主生产计划一致，确认后交还给生产计划员。

3. 将物料需求计划送交相关部门

生产计划员将物料需求计划的第一联留下用来安排生产，将第二联交给采购部经理以便安排物料采购。

四、车架完工入库

车架完工，从生产线下线，经过质量检验后办理入库，在VBSE系统中进行相关操作，并登记库存台账。

（一）业务介绍

在VBSE系统中，经过一个虚拟日，产品可以加工完成，然后由车间管理员填写完工单，及时验收入库。接下来在系统中进行“业务操作”，办理入库，并更新库存台账。

（二）业务流程

车架完工入库由车间管理员发起，其业务流程如图8-8所示。

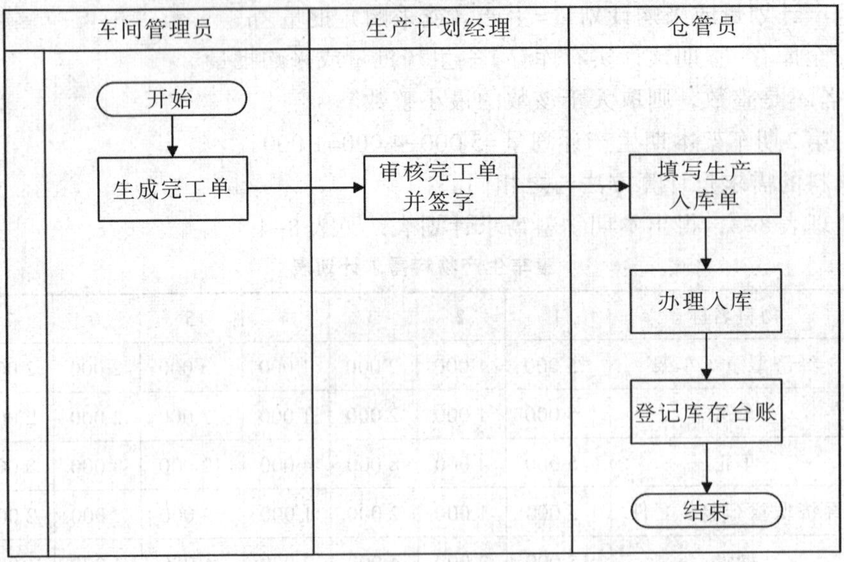

图8-8　车架完工入库业务流程

车架、整车完工入库业务步骤

（三）业务步骤

2020年1月25日，制造企业生产计划部机加车间1月5日领料生产的4 800个经济型童车车架经过1个虚拟工作日的生产已完工，生产计划部经理审核完工单后，仓管员对经济型童车车架办理入库，收货并登记库存台账。具体业务步骤请扫码阅读。

五、整车完工入库

整车完工入库是指车间管理员对上月开始组装的产品进行完工处理，填写产成品完工单。在入库之前，童车需要经过质检，合格后方可放入仓库。整车完工入库与车架完工入库操作类似。

六、报送和支付车间电费

报送和支付车间电费是企业的日常业务之一，除了要注意电费缴纳的流程，还要注意电费的账务处理，其中，生产车间的耗费计入成本，管理部门的耗费计入期间损益。

（一）业务介绍

制造企业依据电费收费标准以及企业本月所耗费的用电数量，计算应该缴纳的电费总金额，开具相应的转账支票，向服务公司进行付款。在VBSE实训中，电费收费标准为1.5元/度，普通机床耗电1 478.4度/月，组装流水线耗电4 329.6度/月，数控机床耗电2 640度/月。照明用电数量较少，忽略不计。

（二）业务流程

车间管理员首先统计机加车间与组装车间的电费，然后到服务公司进行电费报送，服务公司开具电费发票，车间管理员收到发票并支付电费，最后由财务部门的成本会计进行账务处理。报送和支付电费的业务流程如图8-9所示。

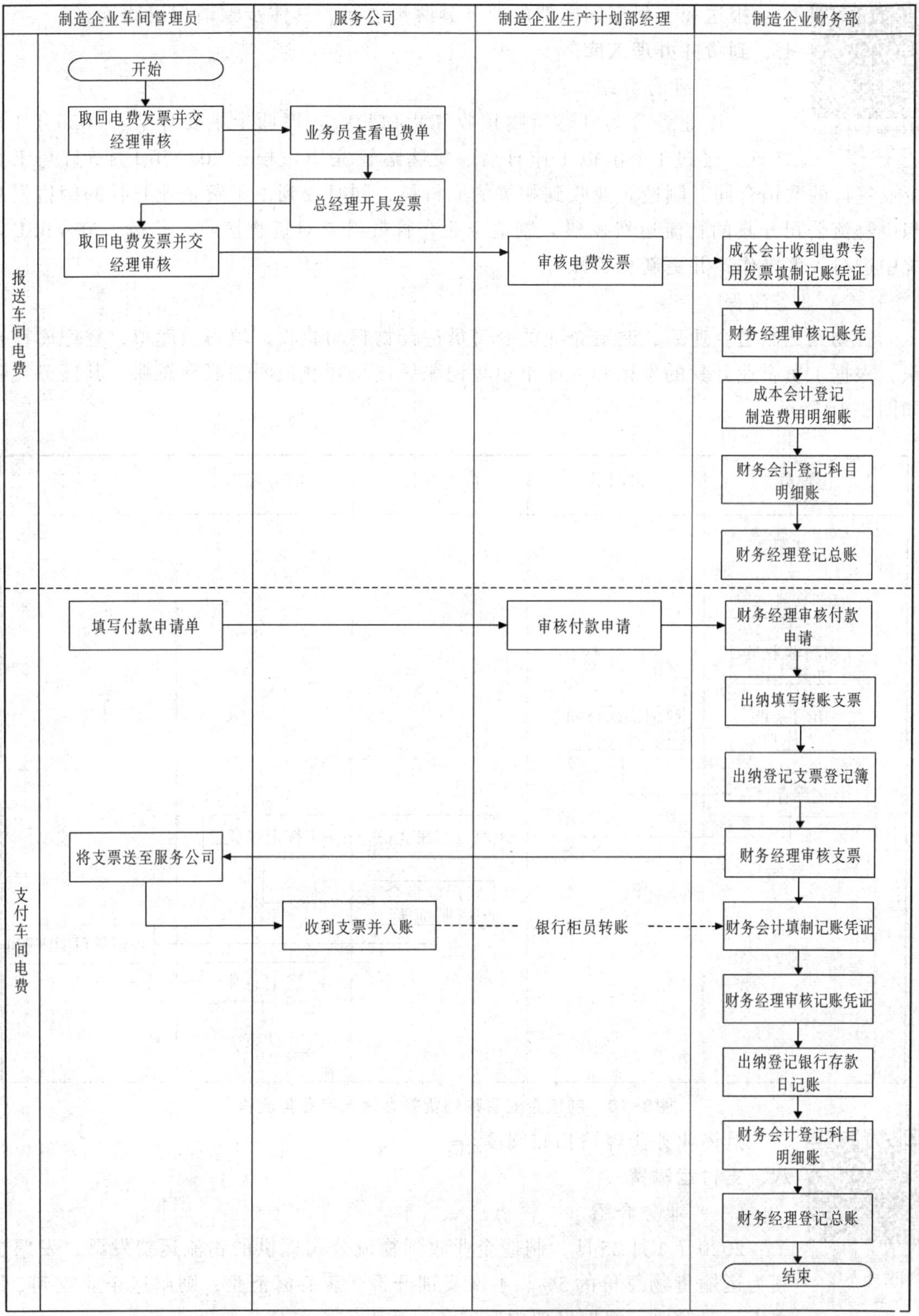

图8-9　报送和支付车间电费业务流程

报送和支付车间电费的业务分两步进行，具体步骤请扫码阅读。

报送和支付车间电费业务步骤

七、到货并办理入库

（一）业务介绍

入库业务分为到达货物接收和货物验收入库两个主要环节。2020年1月25日，经过1个虚拟工作日后，货物运输完毕。根据2020年1月5日与工贸企业签订的购销合同，制造企业收到相关的原材料，同时收到由工贸企业开具的销售发票和由物流公司开具的物流运费发票。制造企业仓管员需要对货物接收、检验，在VBSE系统中进行入库操作，并更新相关账务。

（二）业务流程

货物到达制造企业后，制造企业的仓管员进行物料的验收，填写入库单，登记库存台账，根据工贸企业开具的发票和入库单填写记账凭证，并登记明细账和总账。其任务流程如图8-10所示。

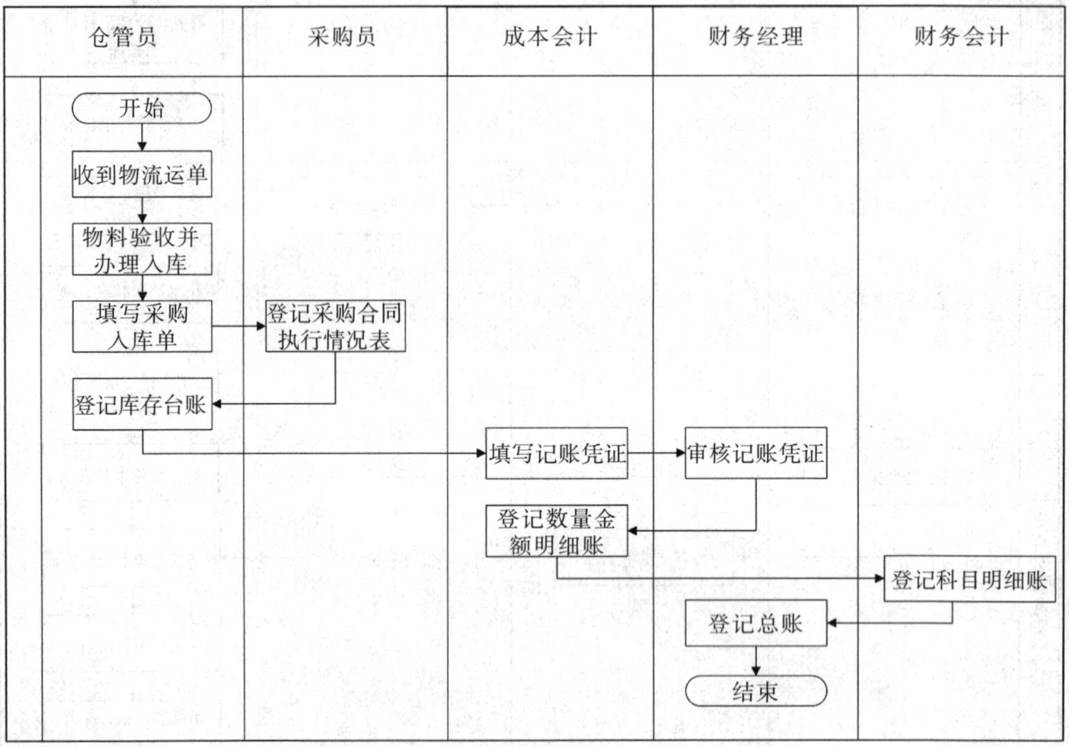

图8-10　制造企业彩购到货并办理入库业务流程

具体业务步骤请扫码阅读。

制造企业采购到货并办理入库业务步骤

八、支付运输费

（一）业务介绍

2020年1月25日，制造企业收到物流公司提供的物流运费发票，发票金额为运输货物总价的5%。本次实训开设2家工贸企业，则制造企业收到2张物流运费发票，根据发票内容准备付款事宜。

（二）业务流程

仓管员根据运输费发票填写付款申请单，然后交仓储部经理审批，审批后交财务部办理付款手续。支付运输费的业务流程如图 8-11 所示。

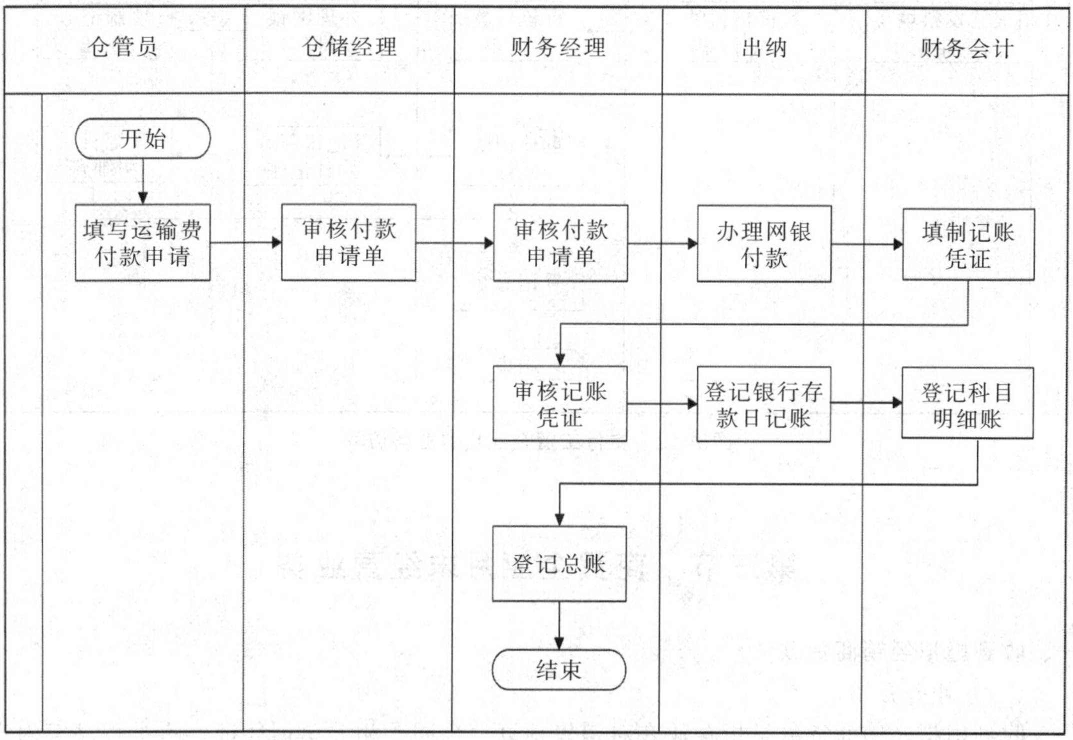

图8-11　支付运输费业务流程

具体业务步骤请扫码阅读。

制造企业支付物流运费业务步骤

九、支付工贸企业货款

（一）业务介绍

采购付款业务是企业的常规业务之一，是企业经营管理活动的首要环节，直接影响企业的最终利润。付款是指企业在对采购预算、合同、相关单据凭证、审批程序等内容审核无误后，按照采购合同规定及时向供应商办理支付款项的过程。采购付款流程运行得成功与否，直接影响到企业的生产、产品的定价和整个供应链的最终获利情况。

（二）业务流程

制造企业采购员根据工贸企业发票填写付款申请单，然后交采购部经理审批，审批后交财务部办理付款手续。制造企业采购付款业务除了有工贸企业和物流公司的参与外，还需要银行协助，以完成企业之间的转账。支付工贸企业货款的业务流程如图 8-12 所示。

具体业务步骤请扫码阅读。

制造企业支付工贸企业货款业务步骤

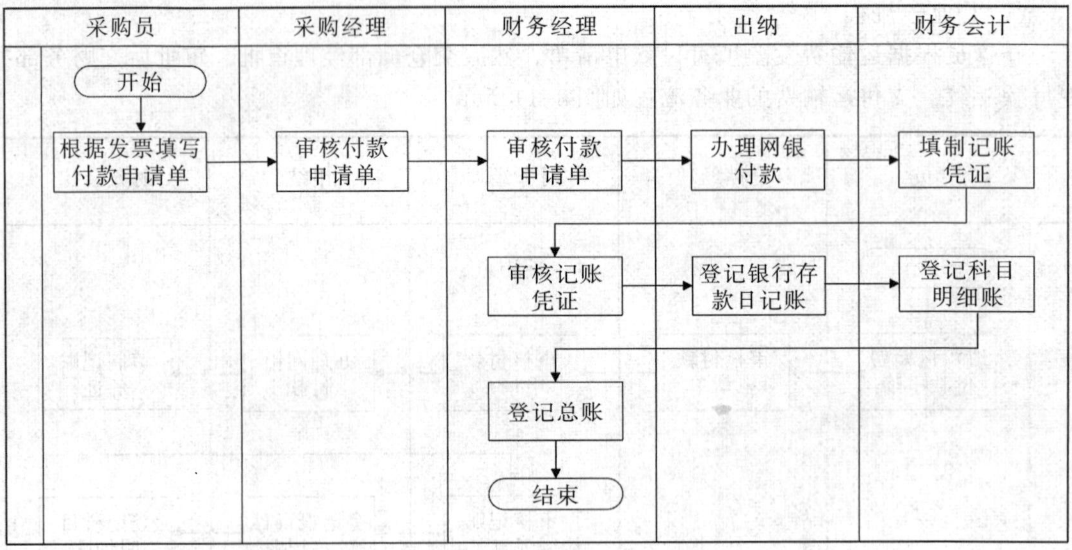

图8-12　支付工贸企业货款业务流程

第三节　商贸企业月末经营业务

一、收到虚拟经销商货款

（一）业务介绍

收到虚拟经销商货款是指企业在对销售预算、合同、相关单据凭证、审批程序等内容审核无误后，按照销售合同规定及时向供应商办理收款的过程。如果收款审核不严格、收款方式不恰当，可能导致企业资金损失；如果收款不及时会影响企业的现金流，增加发生坏账的可能性；如果收款过于紧急，会影响企业与客户的合作关系。所以，如何设置收款期，也是销售企业在综合考虑收账成本后所作出的决策。

在VBSE实训中，商贸企业没有生产环节，以销售产成品为主。商贸企业从制造企业采购童车后，销售给虚拟客户，因此商贸企业的销售收款业务与制造企业的销售业务有相似之处；不同的是，商贸企业需要提前开拓市场。商贸企业与虚拟客户的关系如图8-13所示。

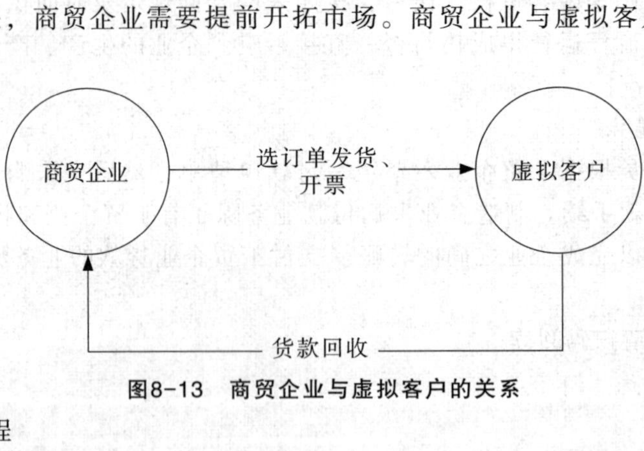

图8-13　商贸企业与虚拟客户的关系

（二）业务流程

商贸企业收到虚拟经销商货款是1月25日的业务，商贸企业营销经理在系统中完成收款操作，出纳取回银行电汇转账的证明后，填制记账凭证，登记明细账和日记账。收到虚拟经销商货款的业务流程如图 8-14 所示。

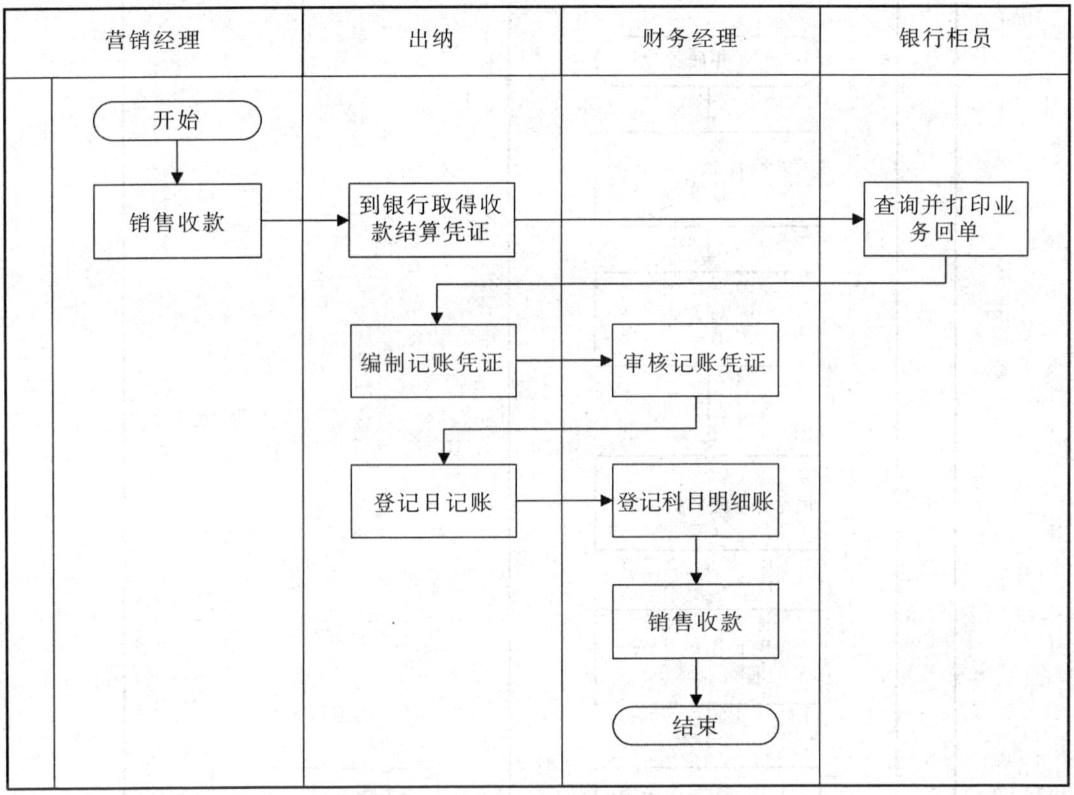

图8-14　收到虚拟经销商货款业务流程

具体业务步骤请扫码阅读。

商贸企业收到虚拟经销商货款业务步骤

二、到货并办理入库

（一）业务介绍

1 月 5 日，商贸企业从制造企业购买的童车经过 1 个虚拟日的运输已到货，需要商贸企业办理入库相关事宜。在实际中，到货后还要进行验收工作，以确保其符合合同规定或产品质量要求。对于销售方来说，提供不合格的产品会造成信誉损失，进而减少客户，造成销售渠道不畅，影响企业生存。

（二）业务流程

货物到达商贸企业后，商贸企业仓储经理核对物流公司的运单，进行物料的验收，填写入库单，登记库存台账，更新采购入库信息。到货并办理入库业务流程如图 8-15 所示。

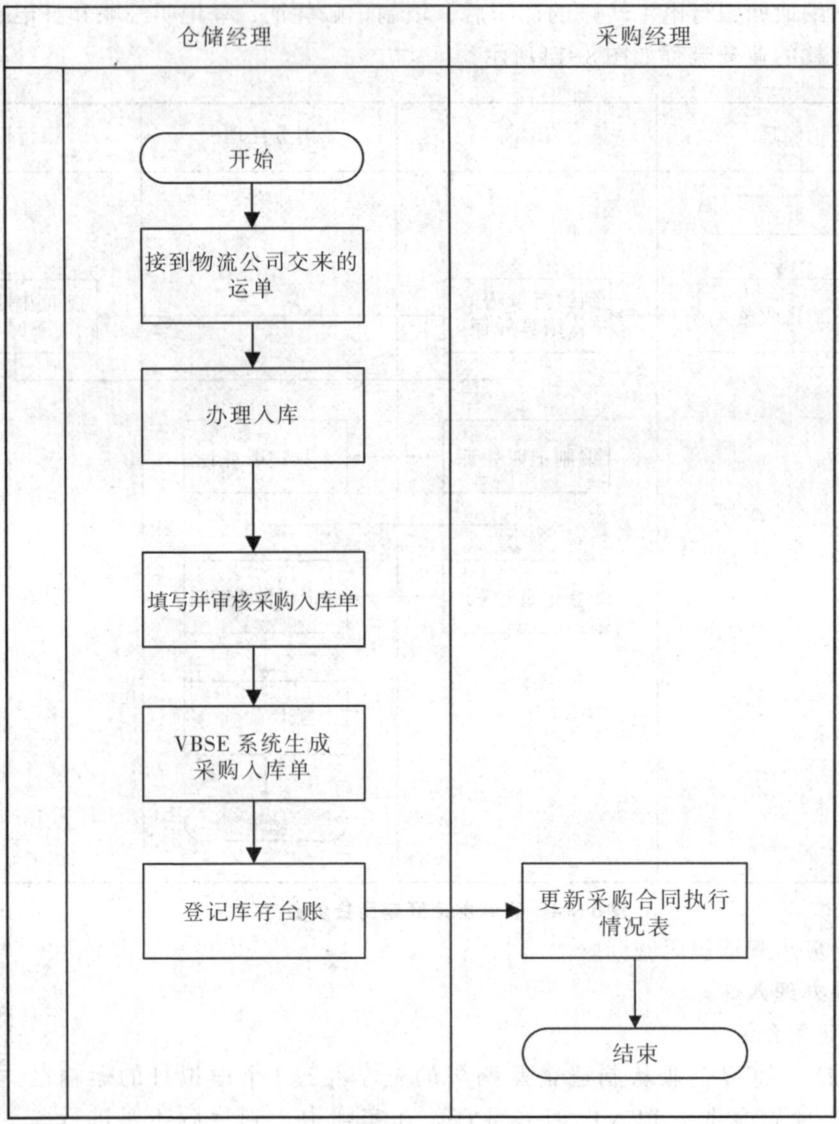

图8-15 商贸企业采购到货并办理入库业务流程

商贸企业采购到货并办理入库业务步骤

具体业务步骤请扫码阅读。

三、收到运输费发票并支付运输费

（一）业务介绍

1月25日，商贸企业向制造企业购买的童车到货，收到物流公司的运输费用发票。商贸企业的业务部门根据收到的运输发票填写付款申请单，审核通过后提交财务部门，财务部门根据审核过的付款申请单进行付款。根据固定数据阶段的经营规则，运费为货款金额的5%。

（二）业务流程

商贸企业收到运费发票后，交由财务部审核，然后仓储经理在系统中填写付款申请单，财务经理和总经理审核后，出纳办理网银付款，财务会计根据付款证明填写记账凭证，财务会计、出纳和财务经理登记相关明细账和日记账、总账。收到运输费发票并支付运输费的业务流程如图8-16所示。

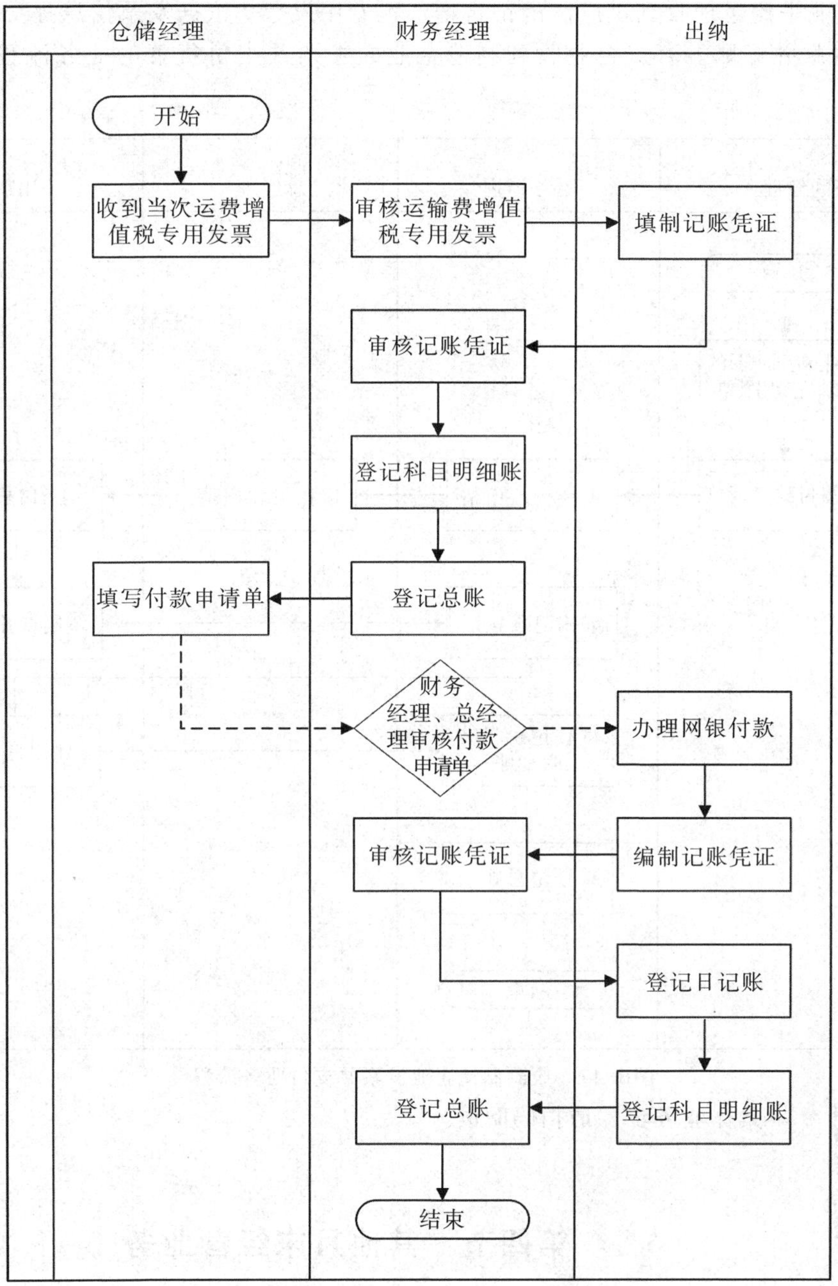

图8-16 收到运输费发票并支付业务流程

具体业务步骤请扫码阅读。

商贸企业收到运输费发票并支付运费业务步骤

四、收到制造企业发票并支付货款

（一）业务介绍

采购付款业务是企业的常规业务之一，是上游企业获取收益的直接项目。采购付款流程运行得成功与否，影响到整个供应链的最终获利情况。

（二）业务流程

商贸企业采购经理收到供应商的销售增值税专用发票，依据发票信息提交付款申请，财务部门付款并记账。商贸企业收到制造企业的发票并支付货款的业务流程如图8-17所示。

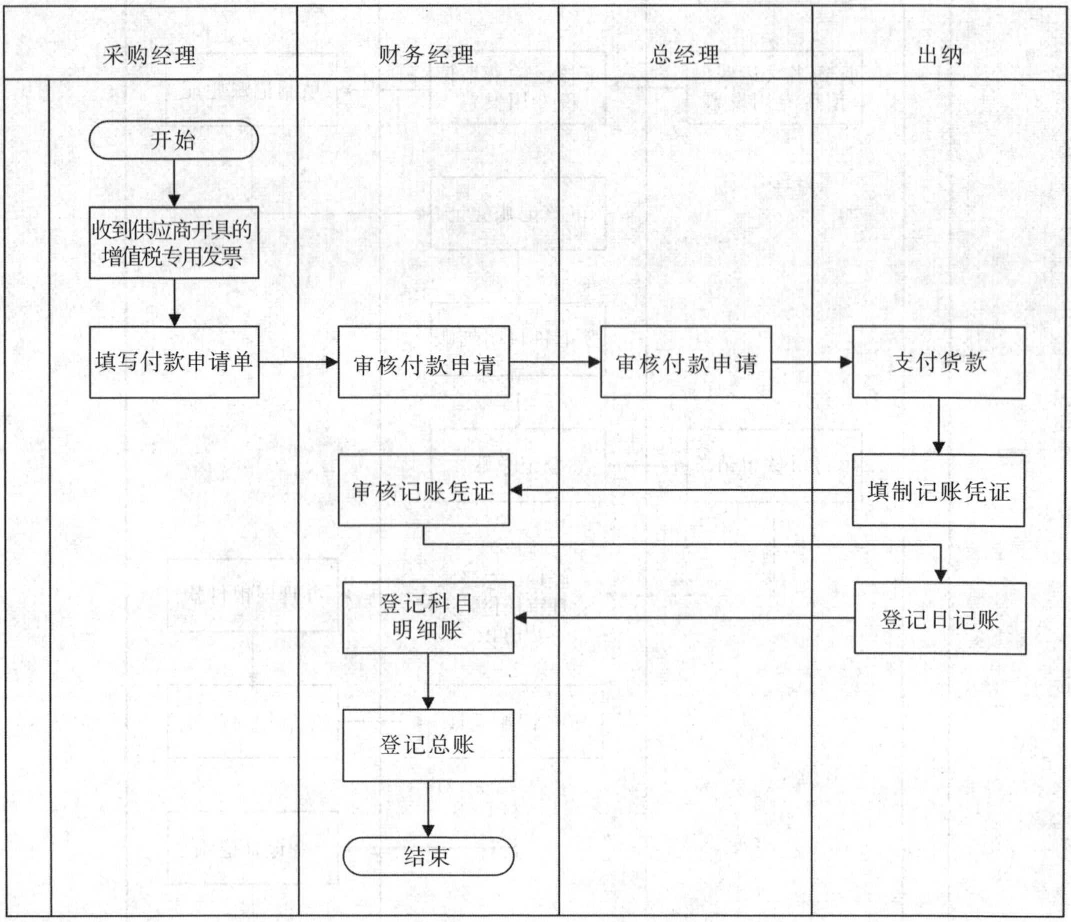

图8-17　收到制造企业发票并支付业务流程

具体业务步骤请扫码阅读。

收到制造企业发票并支付货款业务步骤

第四节　其他月末经营业务

一、收到运费业务回单

（一）业务介绍

1月25日，物流公司收到制造企业的运费业务银行回单，运费总金额为运输货物总价的5%。在该业务中，制造企业需要支付向上游工贸企业购买原材料的物流运输费用，商贸企业需要支付采购经济型童车的物流运输费用。

（二）业务流程

在运输付款业务中，主要涉及工贸企业、制造企业、物流公司、银行四类组织。以制造企业采购原材料为例，制造企业从工贸企业购买原材料后，委托物流公司运输原材料，到货后通过银行网银系统付款，运输费用到达物流公司账户。物流公司需要查询网银，确认款项是否到账，并到银行打印回单。收到运费业务回单涉及的组织关系如图 8-18 所示。

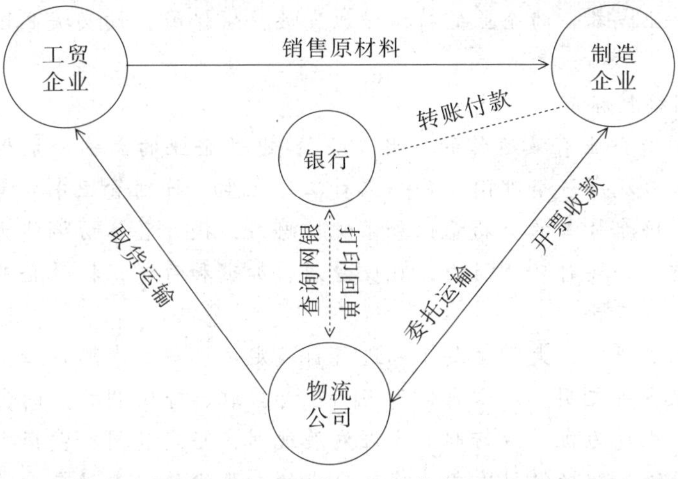

图8-18　货物运输付款业务组织间的关系

（三）业务步骤

物流公司总经理在系统中执行“业务操作”，查询网银对账情况，前往银行柜员处打印到账通知，银行柜员按组织打印出各企业给物流公司的转账回单，物流公司收到制造企业和商贸企业的运费回单。

物流公司收到运费回单业务步骤

具体业务步骤请扫码阅读。

二、就业指导——面试技巧

面试是进行综合素质测验的考场，也是求职者自身修养、文化知识底蕴的厚积薄发，是将自己全方位地展示给用人单位，也是走向职业之路的第一关。面试技巧指的是求职者在面试时应该掌握的技术与方法，包括面试前的准备工作、面试中应该注意的问题以及面试结束后的跟进与反思。

具体业务步骤请扫码阅读。

课程思政元素

1.增值税抵扣联认证环节

企业会计人员处理增值税认证抵扣时，为防范认证抵扣的税务风险，要理解税法的刚性，税理与法理、税理与伦理的统一，感悟税负的公平和大国担当；认真关注相关税法、条例、细则，及时掌握财税变革情况，获取可认证抵扣的票据，根据企业资金状况，进行科学的纳税筹划，谨慎地处理好认证抵扣的具体会计问题。只有熟悉法理，了解实际业务，并将法规和具体业务有机地无缝对接，才能更好地提升办税效率，进一步规避税务风险。会计人员应树立为纳税人服务的社会责任意识、创新意识和主人公意识，立志服务社会、报效国家。

2.企业薪酬核算环节

我国新会计准则的颁布施行，首次系统规范了企业职工薪酬的确认、计量和相关信息的披露。新准则在确保会计信息安全性的同时，规范了企业职工薪酬的定义，扩展了企业职工薪酬的范围。薪酬核算工作的开展，需要从企业自身运营现状和发展需求出发，以新会计准则要求为基准，确定下一阶段的优化方向和要点，保障企业员工利益，在职工薪酬核算中合理控制企业成本，为企业的持续健康发展提供保障，切实提高国内企业会计制度水平。

3.主生产计划编制环节

计划管理是制造企业有效运作的“火车头”，也是企业的大脑。主生产计划贯穿了价值创造的全过程，涉及每一个部门、每一名员工。在生产计划管理中要考虑到生产的每个细节，步步扎实，培养员工的全局意识和系统性思维，提升整体协调能力，未雨绸缪，提高对客户的服务质量和按时交货能力，减少费用、加班和存货，提升企业产出和利润。

4.就业面试技巧环节

在求职、就业过程中，大学生要正确进行自我定位、树立求职信心，理智客观地分析就业形势，习礼仪、讲文明，以“自信乐观、理智勇敢、守时明礼”的良好精神风貌拥抱变化、迎接挑战、化危为机，做好职业生涯发展规划，坚定爱国、爱岗、敬业、奉献的理想信念，为毕业后进入职场做好准备，实现自我的人生价值，彰显自身的职业风采。

第九章

固定数据阶段的账务处理

项目综述

在VBSE实训中，企业财务部门的主要工作是进行会计核算、账务处理和财务报表编制，为企业内部提供投资、筹资及日常运营数据，同时对接外部审计及其他外部机构的审查工作。本项目主要介绍制造企业、工贸企业和商贸企业的账务处理。

学习目标

1.了解财务部门的岗位职责及工作内容；

2.完成期初建账并与各部门核对期初数据；

3.对各部门发生的日常业务进行账务处理；

4.期末结账。

重点难点

期初建账、成本核算。

第一节　制造企业账务处理

一、期初建账

财务人员浏览期初交接信息，了解公司的经营情况以及产品类型和生产过程等情况，及时和其他业务部门进行沟通，做到财务数据和业务数据一致，并使财务数据起到为公司经营提供决策的作用，避免出现财务数据滞后现象。固定数据阶段的账务处理，均以实训中开设10家制造企业、4家工贸企业、4家商贸企业为例进行编制。

（一）全面掌握财务数据

在VBSE系统中，各岗位仅能看到自己岗位所推送的任务和资源，为了全面掌握财务数据，便于后续Excel表数据的使用，制造企业财务部门各岗位可以向CEO索取财务数据的Excel电子文件。如图9-1所示，CEO进入“业务系统”，点击“制造企业期初数据及运营”，将文件下载到自己电脑，方便财务部门各岗位数据的统计。

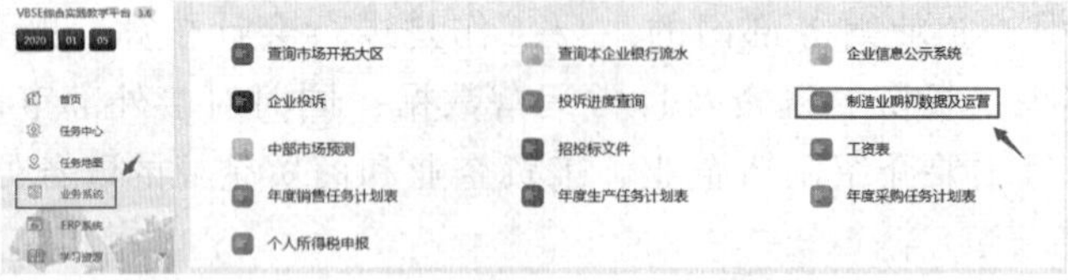

图9-1　下载制造企业期初数据文件

（二）账簿登记

制造企业财务部门各岗位根据表5-47所示的“制造企业期初余额表”进行期初账务处理。

1. 财务经理岗位

财务经理岗位登记各科目总账，以“库存现金”和“原材料”科目为例，总分类账格式如图9-2和图9-3所示。

1001—库存现金　**总分类账**　　总页：____ 分页：____

科目名称：库存现金

2020 年		记账凭证号数	摘要	借方													贷方													借或贷	余额													
月	日			百	十	亿	千	百	十	万	千	百	十	元	角	分	百	十	亿	千	百	十	万	千	百	十	元	角	分		百	十	亿	千	百	十	万	千	百	十	元	角	分	√
1	5		期初余额																											借							2	0	0	0	0	0	0	

图9-2　“库存现金”总分类账期初建账

1403—原材料　**总分类账**　　总页：____ 分页：____

科目名称：原材料

2020 年		记账凭证号数	摘要	借方													贷方													借或贷	余额													
月	日			百	十	亿	千	百	十	万	千	百	十	元	角	分	百	十	亿	千	百	十	万	千	百	十	元	角	分		百	十	亿	千	百	十	万	千	百	十	元	角	分	√
1	5		期初余额																											借					3	4	1	5	8	2	4	0	0	

图9-3　“原材料”总分类账期初建账

在VBSE实训中，财务经理需要登记的总分类账有“库存现金”“银行存款”“原材料”“库存商品”“自制半成品”“固定资产”“累计折旧”“应付职工薪酬”“应交税费”“实收资本”“盈余公积”“利润分配”，登记方法同以上两种，不再赘述。

2. 财务会计岗位

财务会计主要登记三栏式明细账，以“应付职工薪酬——工资”为例，账簿格式如图9-4所示。

221101—工资　**明 细 账**　总页：　分页：

会计科目：应付职工薪酬

明细科目：工资

<table>
<tr><td colspan="4">记账凭证</td><td rowspan="3">摘要</td><td rowspan="3">对应科目</td><td colspan="12" rowspan="2">借 方 金 额</td><td colspan="12" rowspan="2">贷 方 金 额</td><td rowspan="3">借或贷</td><td colspan="13" rowspan="2">余 额</td></tr>
<tr><td colspan="2">2020 年</td><td rowspan="2">类别</td><td rowspan="2">号数</td></tr>
<tr><td>月</td><td>日</td><td>十</td><td>亿</td><td>千</td><td>百</td><td>十</td><td>万</td><td>千</td><td>百</td><td>十</td><td>元</td><td>角</td><td>分</td><td>十</td><td>亿</td><td>千</td><td>百</td><td>十</td><td>万</td><td>千</td><td>百</td><td>十</td><td>元</td><td>角</td><td>分</td><td>十</td><td>亿</td><td>千</td><td>百</td><td>十</td><td>万</td><td>千</td><td>百</td><td>十</td><td>元</td><td>角</td><td>分</td><td>√</td></tr>
<tr><td>1</td><td>5</td><td></td><td></td><td>期初余额</td><td></td><td></td><td></td><td></td><td></td><td></td><td></td><td></td><td></td><td></td><td></td><td></td><td></td><td></td><td></td><td></td><td></td><td></td><td></td><td></td><td></td><td></td><td></td><td></td><td></td><td>贷</td><td></td><td></td><td></td><td></td><td>2</td><td>6</td><td>5</td><td>5</td><td>0</td><td>0</td><td>0</td><td>0</td><td></td></tr>
<tr><td></td><td></td><td></td><td></td><td></td><td></td><td></td><td></td><td></td><td></td><td></td><td></td><td></td><td></td><td></td><td></td><td></td><td></td><td></td><td></td><td></td><td></td><td></td><td></td><td></td><td></td><td></td><td></td><td></td><td></td><td></td><td></td><td></td><td></td><td></td><td></td><td></td><td></td><td></td><td></td><td></td><td></td><td></td><td></td></tr>
</table>

图9-4　工资明细账期初建账

需要注意的是，在实务中“应交税费——应交增值税”明细账为多栏式明细账，VBSE实训降低了登记账簿的难度，以三栏式明细账的格式登记该科目明细账。“应交税费——应交增值税（进项税额）”账簿格式如图9-5所示，“应交税费——应交增值税（销项税额）”账簿格式如图9-6所示。在实务中“应交税费——应交增值税”多栏式明细账账簿格式如图9-7所示。“应交税费——应交增值税（未交增值税）”账簿格式如图9-8所示。

22210101—进项税额　**明 细 账**　总页：　分页：

会计科目：应交税费

明细科目：应交增值税（进项税额）

<table>
<tr><td colspan="4">记账凭证</td><td rowspan="3">摘要</td><td rowspan="3">对应科目</td><td colspan="12" rowspan="2">借 方 金 额</td><td colspan="12" rowspan="2">贷 方 金 额</td><td rowspan="3">借或贷</td><td colspan="13" rowspan="2">余 额</td></tr>
<tr><td colspan="2">2020 年</td><td rowspan="2">类别</td><td rowspan="2">号数</td></tr>
<tr><td>月</td><td>日</td><td>十</td><td>亿</td><td>千</td><td>百</td><td>十</td><td>万</td><td>千</td><td>百</td><td>十</td><td>元</td><td>角</td><td>分</td><td>十</td><td>亿</td><td>千</td><td>百</td><td>十</td><td>万</td><td>千</td><td>百</td><td>十</td><td>元</td><td>角</td><td>分</td><td>十</td><td>亿</td><td>千</td><td>百</td><td>十</td><td>万</td><td>千</td><td>百</td><td>十</td><td>元</td><td>角</td><td>分</td><td>√</td></tr>
<tr><td>1</td><td>5</td><td></td><td></td><td>期初余额</td><td></td><td></td><td></td><td></td><td></td><td></td><td></td><td></td><td></td><td></td><td></td><td></td><td></td><td></td><td></td><td></td><td></td><td></td><td></td><td></td><td></td><td></td><td></td><td></td><td></td><td>借</td><td></td><td></td><td></td><td></td><td>3</td><td>2</td><td>1</td><td>3</td><td>1</td><td>8</td><td>5</td><td>8</td><td></td></tr>
<tr><td></td><td></td><td></td><td></td><td></td><td></td><td></td><td></td><td></td><td></td><td></td><td></td><td></td><td></td><td></td><td></td><td></td><td></td><td></td><td></td><td></td><td></td><td></td><td></td><td></td><td></td><td></td><td></td><td></td><td></td><td></td><td></td><td></td><td></td><td></td><td></td><td></td><td></td><td></td><td></td><td></td><td></td><td></td><td></td></tr>
</table>

图9-5　“应交税费——应交增值税（进项税额）”明细账账簿

22210102—销项税额　**明 细 账**　总页：　分页：

会计科目：应交税费

明细科目：应交增值税（销项税额）

<table>
<tr><td colspan="4">记账凭证</td><td rowspan="3">摘要</td><td rowspan="3">对应科目</td><td colspan="12" rowspan="2">借 方 金 额</td><td colspan="12" rowspan="2">贷 方 金 额</td><td rowspan="3">借或贷</td><td colspan="13" rowspan="2">余 额</td></tr>
<tr><td colspan="2">2020 年</td><td rowspan="2">类别</td><td rowspan="2">号数</td></tr>
<tr><td>月</td><td>日</td><td>十</td><td>亿</td><td>千</td><td>百</td><td>十</td><td>万</td><td>千</td><td>百</td><td>十</td><td>元</td><td>角</td><td>分</td><td>十</td><td>亿</td><td>千</td><td>百</td><td>十</td><td>万</td><td>千</td><td>百</td><td>十</td><td>元</td><td>角</td><td>分</td><td>十</td><td>亿</td><td>千</td><td>百</td><td>十</td><td>万</td><td>千</td><td>百</td><td>十</td><td>元</td><td>角</td><td>分</td><td>√</td></tr>
<tr><td>1</td><td>5</td><td></td><td></td><td>期初余额</td><td></td><td></td><td></td><td></td><td></td><td></td><td></td><td></td><td></td><td></td><td></td><td></td><td></td><td></td><td></td><td></td><td></td><td></td><td></td><td></td><td></td><td></td><td></td><td></td><td></td><td>贷</td><td></td><td></td><td></td><td></td><td>4</td><td>9</td><td>1</td><td>8</td><td>1</td><td>4</td><td>1</td><td>6</td><td></td></tr>
<tr><td></td><td></td><td></td><td></td><td></td><td></td><td></td><td></td><td></td><td></td><td></td><td></td><td></td><td></td><td></td><td></td><td></td><td></td><td></td><td></td><td></td><td></td><td></td><td></td><td></td><td></td><td></td><td></td><td></td><td></td><td></td><td></td><td></td><td></td><td></td><td></td><td></td><td></td><td></td><td></td><td></td><td></td><td></td><td></td></tr>
</table>

图9-6　“应交税费——应交增值税（销项税额）”明细账账簿

222101—应交增值税 **应交税费–应交增值税明细账**

分页：______ 总页：______

2020年 月	日	凭证 种类	号数	摘要	借方 合计（千百十万千百十元角分）	借方 进项税额（千百十万千百十元角分）	借方 已交税金（千百十万千百十元角分）	借方 减免税款（千百十万千百十元角分）	借方 出口抵减内销应纳税额（千百十万千百十元角分）	借方 转出未交增值税（千百十万千百十元角分）	贷方 合计（千百十万千百十元角分）	贷方 销项税额（千百十万千百十元角分）	贷方 出口退税（千百十万千百十元角分）	贷方 进项税额转出（千百十万千百十元角分）	贷方 转出多交增值税（千百十万千百十元角分）	借或贷	余额（千百十万千百十元角分）
1	5			期初余额	49181416	32131858				17049558	49181416	49181416				平	-0-

图9-7 “应交税费——应交增值税”多栏式明细账账簿

222104—未交增值税 **明细账**

总页：______ 分页：______

会计科目：应交税费

明细科目：未交增值税

记账凭证 2020年 月	日	类别	号数	摘要	对应科目	借方金额（十亿千百十万千百十元角分）	贷方金额（十亿千百十万千百十元角分）	借或贷	余额（十亿千百十万千百十元角分）	√
1	5			期初余额				贷	17049558	

图9-8 “应交税费——应交增值税（未交增值税）”明细账账簿

在VBSE实训中，财务会计需要登记的明细账有“应付职工薪酬——工资”“应付职工薪酬——社会保险费”“应付职工薪酬——住房公积金”“应交税费——应交增值税”“应交税费——应交增值税（进项税额）”“应交税费——应交增值税（销项税额）”“应交税费——应交增值税（未交增值税）”“利润分配——未分配利润”。

3. 成本会计岗位

成本会计岗位主要登记数量金额明细账，以“原材料——钢管”为例，账簿格式如图9-9所示。其他原材料和库存商品，均按此格式登记。

总页：______ 分页：______ 140301——钢管 **数量金额式明细账**

编号名称：B0001 存放地点：仓库 寄存放地点：______ 计量单位：根 规模：Φ外16/Φ内11… 类别：原材料

2020年 月	日	凭证字号	摘要	收入 数量	收入 单价	收入 金额（亿千百十万千百十元角分）	发出 数量	发出 单价	发出 金额（亿千百十万千百十元角分）	结存 数量	结存 单价	结存 金额（亿千百十万千百十元角分）
1	5		期初余额							10 800	105.2	113616000

图9-9 “原材料——钢管”数量金额明细账

在VBSE实训中，成本会计需要登记的明细账有“原材料——钢管”“原材料——坐垫”“原材料——车篷”“原材料——车轮”“原材料——经济型童车包装套件”“库存商品——经济型童车”“库存商品——经济型童车车架”。

4. 出纳岗位

出纳岗位登记库存现金和银行存款日记账，账簿格式如图9-10和图9-11所示。

1001—库存现金 **现金日记账** 第____页

2020年		记账凭证号数	摘要	借方										√	贷方										√	余额									
月	日			千	百	十	万	千	百	十	元	角	分		千	百	十	万	千	百	十	元	角	分		千	百	十	万	千	百	十	元	角	分
1	5		期初余额											□											□				2	0	0	0	0	0	0

图9-10 “库存现金”日记账期初建账

100201—工行存款 **银行存款日记账** 第____页

2020年		记账凭证号数	摘要	借方										√	贷方										√	余额									
月	日			千	百	十	万	千	百	十	元	角	分		千	百	十	万	千	百	十	元	角	分		千	百	十	万	千	百	十	元	角	分
1	5		期初余额											□											□	1	0	0	0	0	0	0	0	0	0

图9-11 “银行存款”日记账期初建账

二、日常账务处理

日常业务的发生涉及企业资金运动的所有业务，在编制过记账凭证后，财务部门各岗位均应在上述各账簿中完成登记。例如，发放职工薪酬业务的记账凭证见表9-1。

表9-1 **发放职工薪酬的记账凭证** **单位：元**

日期	凭证号	摘要	总账科目	明细账科目	借方金额	贷方金额
2020.1.5	001	发放上月工资	应付职工薪酬	工资	265 500.00	
2020.1.5	001	发放上月工资	应交税费	应交个人所得税		634.06
2020.1.5	001	发放上月工资	其他应付款	五险一金（个人）		53 805.00
2020.1.5	001	发放上月工资	银行存款	工行存款		211 060.94

根据以上凭证，财务会计需要登记“应付职工薪酬——工资”“应交税费——应交个人所得税”“其他应付款”三个科目明细账，出纳需要登记“银行存款”明细账。以出纳的“银行存款”明细账为例，登记方法如图9-12所示。

100201—工行存款 **银行存款日记账** 第____页

2020年		记账凭证号数	摘要	借方										√	贷方										√	余额									
月	日			千	百	十	万	千	百	十	元	角	分		千	百	十	万	千	百	十	元	角	分		千	百	十	万	千	百	十	元	角	分
1	5		期初余额											□											□	1	0	0	0	0	0	0	0	0	0
1	5	001	发放上月薪酬											□			2	1	1	0	6	0	9	4	□		9	7	8	8	9	3	9	0	6
														□											□										

图9-12 登记“银行存款”明细账

为方便期末进行账务结转和报表编制，财务经理根据记账凭证登记总账后，可将记账凭证登记到Excel格式的文件中，文件格式如图9-13所示。

日期	凭证号	摘要	总账科目	明细账科目	借方金额	贷方金额	业务编号
2020.1.5	001	发放上月工资	应付职工薪酬	工资	265 500.00		MXC2
2020.1.5	001	发放上月工资	应交税费	应交个人所得税		634.06	MXC2
2020.1.5	001	发放上月工资	其他应付款	五险一金（个人）		53 805.00	MXC2
2020.1.5	001	发放上月工资	银行存款	工行存款		211 060.94	MXC2
2020.1.5	002	企管部借备用金	其他应收款	备用金	500.00		MJK1
2020.1.5	002	企管部借备用金	库存现金			500.00	MJK1
2020.1.5	003	人力资源部借备用金	其他应收款	备用金	500.00		MJK2
2020.1.5	003	人力资源部借备用金	库存现金			500.00	MJK2
2020.1.5	004	采购部借备用金	其他应收款	备用金	500.00		MJK3
2020.1.5	004	采购部借备用金	备用金			500.00	MJK3

图9-13　在Excel中录入记账凭证

财务经理完成登记后可筛选科目，与手工登记的总账或明细账进行核对，方便查错、纠错，如图9-14所示。

日期	凭证号	摘要	总账科目	明细账科目	借方金额	贷方金额	业务编号
2020.1.5	001	发放上月工资	银行存款	工行存款		211 060.94	MXC2
2020.1.5	009	支付ISO认证费	银行存款	工行存款		50 000.00	MRZ3
2020.1.5	011	缴纳上月个人所得税	银行存款	工行存款		634.06	MGS2
2020.1.5	012	支付五险一金	银行存款	工行存款		165 580.50	MWX1
2020.1.5	015	支付运输费用	银行存款	工行存款		175 113.60	MCG14
2020.1.5	016	支付工贸企业货款	银行存款	工行存款		3 502 272.00	MCG15
2020.1.5	017	收经销商货款	银行存款	工行存款	4 849 536.00		DCG17
2020.1.5	021	支付电费	银行存款	工行存款		28 970.40	MSD2

图9-14　“银行存款”筛选明细表

三、薪酬核算

薪酬核算的原理和方法在前面已详细介绍，此处再提供一种Excel格式的薪酬核算方法，更适合进行计算和账务处理。

从系统中导出“制造企业职工薪酬统计表”，将其放到Excel文件中计算。计算方法如下：

（一）整理系统导出的工资表

系统导出的工资表需要放在Excel环境中进行整理，去掉无用的信息，增加计算用的表头信息，如图9-15所示。根据背景资料，将生产工人精确到具体部门，如机加车间和组装车间。

A	B	C	D	E	F	G	H	I	J	K	L	M	N
工　资　表													
序号	姓名	部门	职务类别	基本工资	五险小计（单位）	五险小计（个人）	住房公积金（单位）	住房公积金（个人）	五险一金小计（单位）	五险一金小计（个人）	应税工资	应扣个人所得税	实发金额
44	田勤	生产计划部	生产工人	4000	1284.00	411.00	400.00	400.00	1684.00	811.00	3189.00	0.00	3189.00
45	肖鹏	生产计划部	生产工人	4000	1284.00	411.00	400.00	400.00	1684.00	811.00	3189.00	0.00	3189.00
46	徐宏	生产计划部	生产工人	4000	1284.00	411.00	400.00	400.00	1684.00	811.00	3189.00	0.00	3189.00
47	田军	生产计划部	生产工人	4000	1284.00	411.00	400.00	400.00	1684.00	811.00	3189.00	0.00	3189.00
48	郑华珺	生产计划部	生产工人	4000	1284.00	411.00	400.00	400.00	1684.00	811.00	3189.00	0.00	3189.00
49	洪梁	生产计划部	生产工人	4000	1284.00	411.00	400.00	400.00	1684.00	811.00	3189.00	0.00	3189.00
50	冯奇	生产计划部	生产工人	4000	1284.00	411.00	400.00	400.00	1684.00	811.00	3189.00	0.00	3189.00
51	黄聪	生产计划部	生产工人	4000	1284.00	411.00	400.00	400.00	1684.00	811.00	3189.00	0.00	3189.00
52	薛萍	生产计划部	生产工人	4000	1284.00	411.00	400.00	400.00	1684.00	811.00	3189.00	0.00	3189.00
53	张世平	生产计划部	生产工人	4000	1284.00	411.00	400.00	400.00	1684.00	811.00	3189.00	0.00	3189.00
54	李小春	生产计划部	生产工人	4000	1284.00	411.00	400.00	400.00	1684.00	811.00	3189.00	0.00	3189.00
55	蔡丽娟	生产计划部	生产工人	4000	1284.00	411.00	400.00	400.00	1684.00	811.00	3189.00	0.00	3189.00
56	吴新祥	生产计划部	生产工人	4000	1284.00	411.00	400.00	400.00	1684.00	811.00	3189.00	0.00	3189.00
57	胡首科	生产计划部	生产工人	4000	1284.00	411.00	400.00	400.00	1684.00	811.00	3189.00	0.00	3189.00
58	李豆豆	生产计划部	生产工人	4000	1284.00	411.00	400.00	400.00	1684.00	811.00	3189.00	0.00	3189.00

图9-15　制造企业职工薪酬统计表格式

（二）录入计算公式

在Excel格式的工资表中计算代扣的个人社保公积金、单位承担的社保公积金和应交个人所得税的金额。根据VBSE薪酬核算规则，计算方法如下：

G2=E2*（8%+2%+0.2%+0+0）+3

F2=E2*（20%+10%+1%+0.3%+0.8%）

H2=E2*10%

I2=E2*10%

J2=F2+H2

K2=G2+I2

L2=E2-K2

N2=L2-M2

注：M2的计算方法见个人所得税的计算。

在第二行录入相关计算公式后，选中第二行中有计算公式的单元，当鼠标呈现“+”时，向下拖动填充，或双击填充，即可计算出所有员工的各项工资数据（见表9-2）。用Excel计算的实发工资结果与系统导出的结果相同，但用Excel计算后，更能看出数据之间的逻辑，也方便进行数据的汇总和成本的计算。

表9-2　　　　**制造企业工资数据**　　　　单位：元

序号	姓名	部门	职务类别	基本工资	五险小计（单位）	五险小计（个人）	住房公积金（单位）	住房公积金（个人）	五险一金小计（单位）	五险一金小计（个人）	应税工资	应扣个人所得税	实发金额
1	梁天	企业管理部	总经理	12 000	3 852.00	1 227.00	1 200.00	1 200.00	5 052.00	2 427.00	9 573.00	457.30	9 115.70
2	张万军	人力资源部	部门经理	7 500	2 407.50	768.00	750.00	750.00	3 157.50	1 518.00	5 982.00	29.46	5 952.54
3	李斌	采购部	部门经理	7 500	2 407.50	768.00	750.00	750.00	3 157.50	1 518.00	5 982.00	29.46	5 952.54
4	何明海	仓储部	部门经理	7 500	2 407.50	768.00	750.00	750.00	3 157.50	1 518.00	5 982.00	29.46	5 952.54
5	钱坤	财务部	部门经理	7 500	2 407.50	768.00	750.00	750.00	3 157.50	1 518.00	5 982.00	29.46	5 952.54
6	叶润中	生产计划部	部门经理	7 500	2 407.50	768.00	750.00	750.00	3 157.50	1 518.00	5 982.00	29.46	5 952.54
7	杨笑笑	市场营销部	部门经理	7 500	2 407.50	768.00	750.00	750.00	3 157.50	1 518.00	5 982.00	29.46	5 952.54
8	叶瑛	企业管理部	职能主管	5 500	1 765.50	564.00	550.00	550.00	2 315.50	1 114.00	4 386.00	0.00	4 386.00
9	肖红	人力资源部	职能主管	5 500	1 765.50	564.00	550.00	550.00	2 315.50	1 114.00	4 386.00	0.00	4 386.00
10	付海生	采购部	职能主管	5 500	1 765.50	564.00	550.00	550.00	2 315.50	1 114.00	4 386.00	0.00	4 386.00
11	王宝珠	仓储部	职能主管	5 500	1 765.50	564.00	550.00	550.00	2 315.50	1 114.00	4 386.00	0.00	4 386.00
12	刘自强	财务部	职能主管	5 500	1 765.50	564.00	550.00	550.00	2 315.50	1 114.00	4 386.00	0.00	4 386.00
13	朱中华	财务部	职能主管	5 500	1 765.50	564.00	550.00	550.00	2 315.50	1 114.00	4 386.00	0.00	4 386.00
14	赵丹	财务部	职能主管	5 500	1 765.50	564.00	550.00	550.00	2 315.50	1 114.00	4 386.00	0.00	4 386.00
15	周群	生产计划部	职能主管	5 500	1 765.50	564.00	550.00	550.00	2 315.50	1 114.00	4 386.00	0.00	4 386.00
16	孙盛国	生产计划部	职能主管	5 500	1 765.50	564.00	550.00	550.00	2 315.50	1 114.00	4 386.00	0.00	4 386.00
17	马博	市场营销部	销售人员	4 500	1 444.50	462.00	450.00	450.00	1 894.50	912.00	3 588.00	0.00	3 588.00
18	刘思羽	市场营销部	销售人员	4 500	1 444.50	462.00	450.00	450.00	1 894.50	912.00	3 588.00	0.00	3 588.00
19	李良钊	生产计划部	生产工人	3 600	1 155.60	370.20	360.00	360.00	1 515.60	730.20	2 869.80	0.00	2 869.80
20	付玉芳	生产计划部	生产工人	3 600	1 155.60	370.20	360.00	360.00	1 515.60	730.20	2 869.80	0.00	2 869.80
21	张接义	生产计划部	生产工人	3 600	1 155.60	370.20	360.00	360.00	1 515.60	730.20	2 869.80	0.00	2 869.80
22	毕红	生产计划部	生产工人	3 600	1 155.60	370.20	360.00	360.00	1 515.60	730.20	2 869.80	0.00	2 869.80
23	吴淑敏	生产计划部	生产工人	3 600	1 155.60	370.20	360.00	360.00	1 515.60	730.20	2 869.80	0.00	2 869.80
24	毛龙生	生产计划部	生产工人	3 600	1 155.60	370.20	360.00	360.00	1 515.60	730.20	2 869.80	0.00	2 869.80
25	扈志明	生产计划部	生产工人	3 600	1 155.60	370.20	360.00	360.00	1 515.60	730.20	2 869.80	0.00	2 869.80
26	李龙吉	生产计划部	生产工人	3 600	1 155.60	370.20	360.00	360.00	1 515.60	730.20	2 869.80	0.00	2 869.80
27	吴官胜	生产计划部	生产工人	3 600	1 155.60	370.20	360.00	360.00	1 515.60	730.20	2 869.80	0.00	2 869.80
28	雷丹	生产计划部	生产工人	3 600	1 155.60	370.20	360.00	360.00	1 515.60	730.20	2 869.80	0.00	2 869.80
29	刘良生	生产计划部	生产工人	3 600	1 155.60	370.20	360.00	360.00	1 515.60	730.20	2 869.80	0.00	2 869.80

续表

序号	姓名	部门	职务类别	基本工资	五险小计（单位）	五险小计（个人）	住房公积金（单位）	住房公积金（个人）	五险一金小计（单位）	五险一金小计（个人）	应税工资	应扣个人所得税	实发金额
30	余俊美	生产计划部	生产工人	3 600	1 155.60	370.20	360.00	360.00	1 515.60	730.20	2 869.80	0.00	2 869.80
31	徐积福	生产计划部	生产工人	3 600	1 155.60	370.20	360.00	360.00	1 515.60	730.20	2 869.80	0.00	2 869.80
32	潘俊辉	生产计划部	生产工人	3 600	1 155.60	370.20	360.00	360.00	1 515.60	730.20	2 869.80	0.00	2 869.80
33	朱祥松	生产计划部	生产工人	3 600	1 155.60	370.20	360.00	360.00	1 515.60	730.20	2 869.80	0.00	2 869.80
34	刘文钦	生产计划部	生产工人	3 600	1 155.60	370.20	360.00	360.00	1 515.60	730.20	2 869.80	0.00	2 869.80
35	龚文辉	生产计划部	生产工人	3 600	1 155.60	370.20	360.00	360.00	1 515.60	730.20	2 869.80	0.00	2 869.80
36	王小强	生产计划部	生产工人	3 600	1 155.60	370.20	360.00	360.00	1 515.60	730.20	2 869.80	0.00	2 869.80
37	刘胜	生产计划部	生产工人	3 600	1 155.60	370.20	360.00	360.00	1 515.60	730.20	2 869.80	0.00	2 869.80
38	刘贞	生产计划部	生产工人	3 600	1 155.60	370.20	360.00	360.00	1 515.60	730.20	2 869.80	0.00	2 869.80
39	余永俊	生产计划部	生产工人	3 600	1 155.60	370.20	360.00	360.00	1 515.60	730.20	2 869.80	0.00	2 869.80
40	万能	生产计划部	生产工人	3 600	1 155.60	370.20	360.00	360.00	1 515.60	730.20	2 869.80	0.00	2 869.80
41	万俊俊	生产计划部	生产工人	3 600	1 155.60	370.20	360.00	360.00	1 515.60	730.20	2 869.80	0.00	2 869.80
42	张逸君	生产计划部	生产工人	3 600	1 155.60	370.20	360.00	360.00	1 515.60	730.20	2 869.80	0.00	2 869.80
43	言海根	生产计划部	生产工人	3 600	1 155.60	370.20	360.00	360.00	1 515.60	730.20	2 869.80	0.00	2 869.80
44	田勤	生产计划部	生产工人	4 000	1 284.00	411.00	400.00	400.00	1 684.00	811.00	3 189.00	0.00	3 189.00
45	肖鹏	生产计划部	生产工人	4 000	1 284.00	411.00	400.00	400.00	1 684.00	811.00	3 189.00	0.00	3 189.00
46	徐宏	生产计划部	生产工人	4 000	1 284.00	411.00	400.00	400.00	1 684.00	811.00	3 189.00	0.00	3 189.00
47	田军	生产计划部	生产工人	4 000	1 284.00	411.00	400.00	400.00	1 684.00	811.00	3 189.00	0.00	3 189.00
48	郑华珺	生产计划部	生产工人	4 000	1 284.00	411.00	400.00	400.00	1 684.00	811.00	3 189.00	0.00	3 189.00
49	洪梁	生产计划部	生产工人	4 000	1 284.00	411.00	400.00	400.00	1 684.00	811.00	3 189.00	0.00	3 189.00
50	冯奇	生产计划部	生产工人	4 000	1 284.00	411.00	400.00	400.00	1 684.00	811.00	3 189.00	0.00	3 189.00
51	黄聪	生产计划部	生产工人	4 000	1 284.00	411.00	400.00	400.00	1 684.00	811.00	3 189.00	0.00	3 189.00
52	薛萍	生产计划部	生产工人	4 000	1 284.00	411.00	400.00	400.00	1 684.00	811.00	3 189.00	0.00	3 189.00
53	张世平	生产计划部	生产工人	4 000	1 284.00	411.00	400.00	400.00	1 684.00	811.00	3 189.00	0.00	3 189.00
54	李小春	生产计划部	生产工人	4 000	1 284.00	411.00	400.00	400.00	1 684.00	811.00	3 189.00	0.00	3 189.00
55	蔡丽娟	生产计划部	生产工人	4 000	1 284.00	411.00	400.00	400.00	1 684.00	811.00	3 189.00	0.00	3 189.00
56	吴新祥	生产计划部	生产工人	4 000	1 284.00	411.00	400.00	400.00	1 684.00	811.00	3 189.00	0.00	3 189.00
57	胡首科	生产计划部	生产工人	4 000	1 284.00	411.00	400.00	400.00	1 684.00	811.00	3 189.00	0.00	3 189.00
58	李豆豆	生产计划部	生产工人	4 000	1 284.00	411.00	400.00	400.00	1 684.00	811.00	3 189.00	0.00	3 189.00

（三）工资数据汇总

将Excel工资表按部门汇总，可以快速计算出每个部门的应发工资和计提社保，从而编制相应的计提工资的记账凭证，方法如下：

在Excel工资表的任意位置，点击左上角“插入丨数据透视表”，按快捷键“Ctrl+A”选中所有工资数据，再选择“部门”“基本工资”“五险一金小计（单位）”，使“部门”在行标签，“基本工资”和“五险一金小计（单位）”在值字段，如图9-16所示。

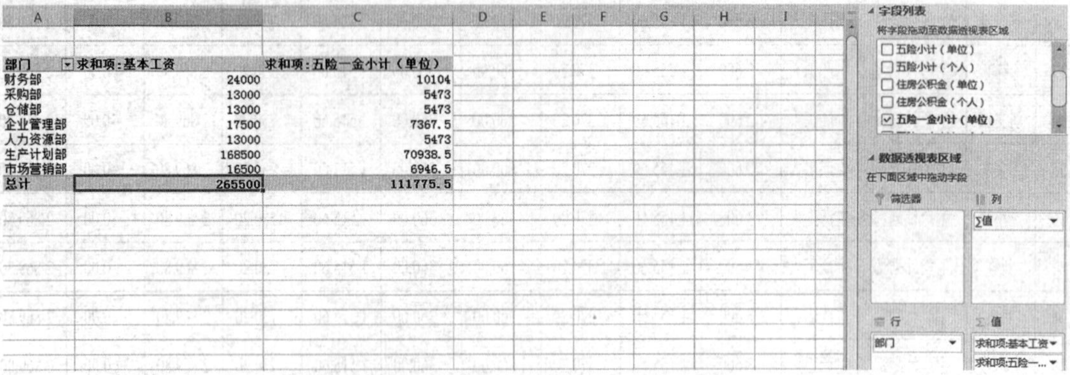

部门	求和项:基本工资	求和项:五险一金小计（单位）
财务部	24000	10104
采购部	13000	5473
仓储部	13000	5473
企业管理部	17500	7367.5
人力资源部	13000	5473
生产计划部	168500	70938.5
市场营销部	16500	6946.5
总计	265500	111775.5

图9-16 制造企业工资数据透视图

根据工资透视图，财务会计和成本会计可以快速地编制计提工资的记账凭证，图9-16中财务部、采购部、仓储部、企管部、人资部基本工资合计，即为要计入“管理费用”的数额80500元，销售人员工资16 500元计入“销售费用”，机加车间工人的工资72 000元计入车架的“生产成本——直接人工”，组装间工人的工资78 000元计入整车的“生产成本——直接人工”，其他生产计划部员工工资18 500元计入“制造费用”，记账凭证为：

（1）计提本期职工工资

借：生产成本——车架——直接人工　　72 000.00

　　　　　　——童车——直接人工　　78 000.00

　　制造费用　　18 500.00

　　管理费用　　80 500.00

　　销售费用　　16 500.00

　贷：应付职工薪酬——工资　　265 500.00

（2）计提五险一金企业部分

借：生产成本——车架——直接人工　　30 312.00

　　　　　　——童车——直接人工　　32 838.00

　　制造费用　　7 788.50

　　管理费用　　33 890.50

　　销售费用　　6 946.50

　贷：应付职工薪酬——社会保险　　85 225.50

　　　　　　　　——住房公积金　　26 550.00

四、计提折旧

财务会计在编制计提固定资产折旧的凭证时，也在Excel文件中进行核算，以提高核算的效率和准确度。

1. 整理系统导出的固定资产信息表

将系统导出的固定资产信息表复制到Excel表中，去除与计算无关的信息。

2. 录入计算公式

在Excel表中录入相应的计算公式：

I2=（G2−H2）/D2

J2=F2*I2

K2=G2−J2

将第二行的公式向下复制填充，即可计算出固定资产的当月折旧，如图9-17所示。

	A	B	C	D	E	F	G	H	I	J	K
1	固定资产编号	固定资产名称	使用部门	使用年限（月）	开始使用日期	已计提月份	原值	残值	月折旧额	累计折旧	净值
1	0100001	办公楼	企业管理部	240.00	2018.9.15	15.00	12,000,000.00	600,000.00	47,500.00	712,500.00	11,287,500.00
2	0100002	普通仓库	仓储部	240.00	2018.9.15	15.00	5,400,000.00	270,000.00	21,375.00	320,625.00	5,079,375.00
3	0100003	大厂房	生产计划部	240.00	2018.9.15	15.00	7,200,000.00	360,000.00	28,500.00	427,500.00	6,772,500.00
5	0200001	普通机床（机加工生产线）	生产计划部	120.00	2018.9.15	15.00	210,000.00	—	1,750.00	26,250.00	183,750.00
6	0200002	普通机床（机加工生产线）	生产计划部	120.00	2018.9.15	15.00	210,000.00	—	1,750.00	26,250.00	183,750.00
7	0200003	普通机床（机加工生产线）	生产计划部	120.00	2018.9.15	15.00	210,000.00	—	1,750.00	26,250.00	183,750.00
8	0200004	普通机床（机加工生产线）	生产计划部	120.00	2018.9.15	15.00	210,000.00	—	1,750.00	26,250.00	183,750.00
9	0200005	普通机床（机加工生产线）	生产计划部	120.00	2018.9.15	15.00	210,000.00	—	1,750.00	26,250.00	183,750.00
10	0200006	普通机床（机加工生产线）	生产计划部	120.00	2018.9.15	15.00	210,000.00	—	1,750.00	26,250.00	183,750.00
11	0200007	普通机床（机加工生产线）	生产计划部	120.00	2018.9.15	15.00	210,000.00	—	1,750.00	26,250.00	183,750.00
12	0200008	普通机床（机加工生产线）	生产计划部	120.00	2018.9.15	15.00	210,000.00	—	1,750.00	26,250.00	183,750.00
13	0200009	普通机床（机加工生产线）	生产计划部	120.00	2018.9.15	15.00	210,000.00	—	1,750.00	26,250.00	183,750.00
14	0200010	普通机床（机加工生产线）	生产计划部	120.00	2018.9.15	15.00	210,000.00	—	1,750.00	26,250.00	183,750.00
15	0200011	组装生产线	生产计划部	120.00	2018.9.15	15.00	510,000.00	—	4,250.00	63,750.00	446,250.00

图9-17　固定资产折旧计算表

3. 折旧数据汇总

对Excel固定资产表按使用部门和固定资产名称进行分类汇总，可以快速计算出每个部门、每种资产的当月折旧额，从而编制相应的计提折旧的凭证。其中，生产计划部使用的固定资产折旧计入制造费用，需要分配后计入产品成本。折旧汇总表如图9-18所示。

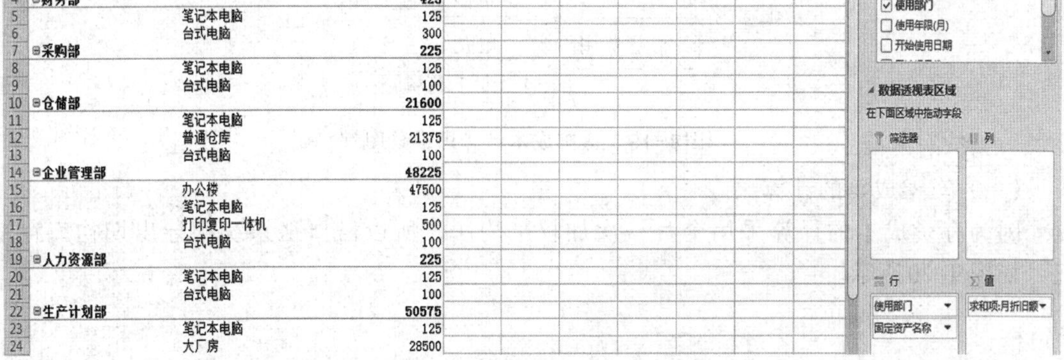

	A	B	C
3	使用部门	固定资产名称	求和项：月折旧额
4	⊟财务部		425
5		笔记本电脑	125
6		台式电脑	300
7	⊟采购部		225
8		笔记本电脑	125
9		台式电脑	100
10	⊟仓储部		21600
11		笔记本电脑	125
12		普通仓库	21375
13		台式电脑	100
14	⊟企业管理部		48225
15		办公楼	47500
16		笔记本电脑	125
17		打印复印一体机	500
18		台式电脑	100
19	⊟人力资源部		225
20		笔记本电脑	125
21		台式电脑	100
22	⊟生产计划部		50575
23		笔记本电脑	125
24		大厂房	28500

图9-18　固定资产折旧汇总透视图

【温馨提示】

为简化计算，VBSE实训假设间接费用在组装车间分配，机加车间只分配直接费用。所以生产计划部的大厂房、1台笔记本电脑和2台台式电脑的折旧计入组装车间的制造费用，不再向机加车间分配，机加车间只分摊10条普通机床（机加工生产线）的折旧。因此，计提折旧的记账凭证为：

借：制造费用——机加车间　　17 500.00

　　　　　　——组装车间　　33 075.00

　　管理费用　　70 700.00

　　销售费用　　325.00

　贷：累计折旧　　121 600.00

五、成本核算

经济型童车的BOM结构的成本计算适宜采用分步法。如图9-19所示，先计算出车架的成本，再将车架作为原材料计算童车的成本。成本的计算也要放在Excel中进行。

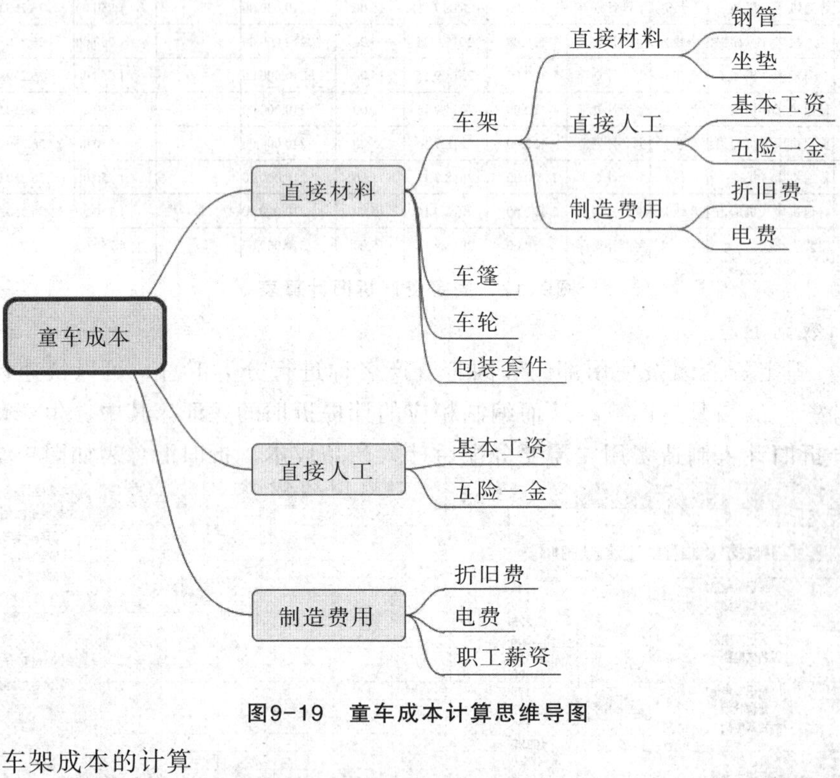

图9-19　童车成本计算思维导图

（一）车架成本的计算

因为存货成本的计算采用全月一次加权平均法，所以需要从系统中导出期初库存情况，如图9-20所示。

存货编码	存货类型	存货名称	规格	计量单位	期初库存量	单价（元）	金额（元）
P0001	产成品	经济型童车	—	辆	5 400	756.82	4 086 828.00
P0002	产成品	舒适型童车	—	辆	0	—	—
P0003	产成品	豪华型童车	—	辆	0	—	
M0001	半成品	经济型童车车架	—	个	5 400	346.24	1 869 696.00
M0002	半成品	舒适型童车车架	—	个	0	—	—
M0003	半成品	豪华型童车车架	—	个	0	—	—
B0001	原材料	钢管	Φ外16/Φ内11/L5000（mm）	根	10 800	105.20	1 136 160.00
B0002	原材料	镀锌管	Φ外16/Φ内11/L5000（mm）	根	0	—	—
B0003	原材料	坐垫	HJM500	个	5 400	80.18	432 972.00
B0004	原材料	记忆太空棉坐垫	HJM0031	个	0	—	—
B0005	原材料	车篷	HJ72*32*40	个	5 400	144.26	779 004.00
B0006	原材料	车轮	HJΦ外125/Φ内60（mm）	个	21 600	26.89	580 824.00
B0007	原材料	经济型童车包装套件		套	5 400	90.16	486 864.00
B0008	原材料	数控芯片	MCX3154A	片	0	—	—
B0009	原材料	舒适型童车包装套件	HJTB200	套	0	—	—
B0010	原材料	豪华型童车包装套件	HJTB300	套	0	—	—

图9-20　存货期初库存明细表

1. 计算原材料采购入库成本

固定数据阶段原材料采购订单是含税单价，运费单独计算，所以需要还原原材料的采购成本，即：

原材料的采购成本=采购订单中的不含税单价+不含税运费

计算方法和结果如图9-21所示（金额单位：元）。

商品名称	数量	含税单价	含税总金额	不含税单价=含税单价/(1+13%)	不含税总金额	增值税额	含税运费=含税金额*5%	不含税运费=物流运费/1.09	物流费税额	运费分配率	运费分配	含运费(不含税)总金额	不含税单价
钢管	9 600.00	121.80	1 169 280.00	107.79	1 034 761.06	134 518.94	58 464.00	53 636.70	4 827.30	3.72	35 701.04	1 070 462.10	111.51
坐垫	4 800.00	92.80	445 440.00	82.12	394 194.69	51 245.31	22 272.00	20 433.03	1 838.97	3.72	17 850.52	412 045.21	85.84
车篷	4 800.00	164.72	790 656.00	145.77	699 695.58	90 960.42	39 532.00	36 268.62	3 264.18	3.72	17 850.52	717 546.10	149.49
车轮	19 200.00	31.32	601 344.00	27.72	532 162.83	69 181.17	30 067.20	27 584.59	2 482.61	3.72	71 402.08	603 564.91	31.44
经济型童车包装套件	4 800.00	103.24	495 552.00	91.36	438 541.59	57 010.41	24 777.60	22 731.74	2 045.86	3.72	17 850.52	456 392.11	95.08
合计	43 200.00		3 502 272.00		3 099 355.75	402 916.25	175 113.60	160 654.68	14 458.92	3.72	160 654.68	3 260 010.43	

图9-21　制造企业原材料采购成本计算表

2. 计算原材料出库成本

将原材料期初数量和领用数量汇总到一个Excel表中，命名为“材料领用汇总表”，使用全月一次加权平均计算原材料的领用成本：

领用单价=（期初金额+本期购进金额）÷（期初数量+本期购进数量）

计算结果如图9-22所示（金额单位：元）。

商品名称	期初数量	期初单价	期初金额	本期购进数量	本期购进单价	本期购进金额	全月一次加权单价	领用数量	领用成本	结余数量	期末结余金额
钢管	10 800	105.20	1 136 160.00	9 600.00	11.51	1 070 462.10	108.17	9 600.00	1 038 432.00	10 800	1 168 190.110
坐垫	5400	80.18	432 972.00	4 800.00	82.12	412 045.21	82.84	4 800.00	397 632.00	5 400	447 385.21
车篷	5 400	144.26	779 004.00	4 800.00	145.77	717 546.10	146.72	4 800.00	704 256.00	5 400	792 294.10
车轮	21 600	26.89	580 824.00	19 200.00	27.22	603 564.91	29.03	19 200.00	557 376.00	21 600	627 012.91
经济型童车包装套件	5 400	90.16	486 864.00	4 800.00	91.36	456 392.11	92.48	4 800.00	443 904.00	5 400	499 352.11
经济型童车车架	5 400	346.24	1 869 696.00					4 800.00			

图9-22　材料领用汇总表

3. 车架成本计算单

根据分配好的人工费用、折旧费用和材料费用，计算本期投产的车架成本，计算过程和结果如图9-23所示。

本月投产数量	4 800.00	本月完工数量	4 800.00
项目	**金额（元）**	**数量**	**单价（元）**
直接材料	1 436 064.00		
直接人工	102 312.00		
制造费用	37 124.78		
本期生产费用合计	1 575 500.78	4 800.00	328.23
期初库存	1 869 696.00	5 400.00	346.24
全月加权平均单价（出库单价）			337.76
本月生产领用（出库成本）	1 621 269.07	4 800.00	337.76
期末余额	1 823 927.71	5 400.00	337.76

图9-23　车架成本计算表

【温馨提示】

为简化计算，系统规定机加车间只分配直接费用，所以此处归集的只是直接作用于机加车间的费用，即折旧费为10条生产线的折旧费，电费为机加车间生产用电（不含照明用电）费用，车间管理人员的工资26 288.50元也不进行分配，而是直接计入童车整车成本中。

车架成本计算出来后，补充到“原材料出库汇总表”中。车架作为原材料之一被组装车间领用。

（二）童车成本的计算

童车的成本包含直接材料、直接人工和制造费用，在分配车架成本时，材料费用、人工费用和制造费用已经完成分配，只需将各数据汇总即可得到童车成本，如图9-24所示。注意，为简化计算，两个车间发生的所有间接费用，全部计入整车成本，如生产计划部人员的工资、大厂房的折旧、车间一般消耗等。

本月投产数量	4 800.00	本月完工数量	4 800.00
项目	**金额（元）**	**数量**	**单价（元）**
直接材料	3 326, 116.13		
直接人工	110 838.00		
制造费用	65 376.24		
本期生产费用合计	3 502 330.37	4 800.00	729.65
期初库存	4 086 828.00	5 400.00	756.82
全月加权平均单价（出库单价）			744.04
本月生产领用（出库成本）	3 571 368.65	4 800.00	744.04
期末余额	4 017 789.73	5 400.00	744.04

图9-24　童车成本计算表

（三）编制记账凭证

根据以上两个成本计算单，编制车架材料分配、结转车架成本、结转童车成本以及销售成本的记账凭证：

借：生产成本——经济型童车车架（料）　　1 436 064.00
　贷：原材料——钢管　　1 038 432.00
　　　　　　——坐垫　　397 632.00

结转车架制造费用的记账凭证（机加车间折旧费和电费）：

借：生产成本——经济型童车车架（费）　　37 124.78
　贷：制造费用——经济型童车车架　　37 124.78

结转车架生产成本的记账凭证：

借：自制半成品——经济型童车车架　　1 575 500.78
　贷：生产成本——经济型童车车架（料）　　1 436 064.00
　　　　　　　——经济型童车车架（工）　　102 312.00
　　　　　　　——经济型童车车架（费）　　37 124.78

结转童车直接材料的记账凭证：

借：生产成本——经济型童车（料）　　3 326 805.07
　贷：自制半成品——经济型童车车架　　1 621 269.07
　　　原材料——车篷　　704 256.00
　　　　　　——车轮　　557 376.00
　　　　　　——经济型童车包装套件　　443 904.00

分配童车制造费用的记账凭证（注：制造费用全部计入童车成本）：

借：生产成本——经济型童车（费）　　65 376.24
　贷：制造费用——经济型童车（费）　　65 376.24

结转童车生产成本的记账凭证：

借：库存商品　　3 503 019.31

　贷：生产成本——经济型童车（料）　　3 326 805.07

　　　　　　——经济型童车（工）　　110 838.00

　　　　　　——经济型童车（费）　　65 376.24

结转销售成本的记账凭证：

借：主营业务成本　　3 571 692.85

　贷：库存商品——经济型童车　　3 571 692.85

【温馨提示】

系统给出的数据为含税价，索取的发票金额要价税分离，注意核对是否正确。

六、期末结账

在会计期末，需要结转本期损益，并编制财务报表。这些任务也可以在Excel环境中完成。

（一）期末账务结转

结转收入的记账凭证：

借：主营业务收入——经济型童车　　4 291 624.78

　贷：本年利润——经济型童车　　4 291 624.78

结转成本和费用的记账凭证：

借：本年利润——成本费用结转　　3 827 400.46

　贷：主营业务成本　　3 571 368.65

　　　管理费用　　232 260.31

　　　销售费用　　23 771.50

计提所得税费用的记账凭证：

借：所得税费用　　115 975.03

　贷：应交税费——应交所得税　　115 975.03

结转所得税费用的记账凭证：

借：本年利润　　115 975.03

　贷：所得税费用　　115 975.03

提取法定盈余公积的记账凭证：

借：利润分配——法定盈余公积　　34 792.51

　贷：盈余公积——法定盈余公积　　34 792.51

结转法定盈余公积的记账凭证：

借：本年利润　　34 792.51

　贷：利润分配　　34 792.51

结转本年利润的记账凭证：

借：本年利润　　313 132.58

　贷：利润分配——未分配利润　　313 132.58

使用Excel文件记录的制造企业全部记账凭证，见表9-3。

表9-3　　制造企业固定数据阶段记账凭证　　单位：元

日期	凭证号	摘要	总账科目	明细账科目	借方金额	贷方金额
2020.1.5	001	发放上月工资	应付职工薪酬	工资	265 500.00	
2020.1.5	001	发放上月工资	应交税费	应交个人所得税		634.06
2020.1.5	001	发放上月工资	其他应付款	五险一金（个人）		53 805.00
2020.1.5	001	发放上月工资	银行存款	工行存款		211 060.94
2020.1.5	002	企管部借备用金	其他应收款	备用金	500.00	
2020.1.5	002	企管部借备用金	库存现金			500.00
2020.1.5	003	人力资源部借备用金	其他应收款	备用金	500.00	
2020.1.5	003	人力资源部借备用金	库存现金			500.00
2020.1.5	004	采购部借备用金	其他应收款	备用金	500.00	
2020.1.5	004	采购部借备用金	库存现金			500.00
2020.1.5	005	营销部借备用金	其他应收款	备用金	500.00	
2020.1.5	005	营销部借备用金	库存现金			500.00
2020.1.5	006	仓储部借备用金	其他应收款	备用金	500.00	
2020.1.5	006	仓储部借备用金	库存现金			500.00
2020.1.5	007	生产部借备用金	其他应收款	备用金	500.00	
2020.1.5	007	生产部借备用金	库存现金			500.00
2020.1.5	008	收ISO认证发票	管理费用	管理费用	47 169.81	
2020.1.5	008	收ISO认证发票	应交税费	进项税额	2 830.19	
2020.1.5	008	收ISO认证发票	应付账款	融通服务		50 000.00
2020.1.5	009	支付ISO认证费	应付账款	融通服务	50 000.00	
2020.1.5	009	支付ISO认证费	银行存款	工行存款		50 000.00
2020.1.5	010	销售开具发票	应收账款	商贸企业（4家）	4 849 536.00	
2020.1.5	010	销售开具发票	主营业务收入	主营业务收入		4 291 624.78
2020.1.5	010	销售开具发票	应交税费	销项税额		557 911.22
2020.1.5	011	缴纳上月个人所得税	应交税费	应交个人所得税	634.06	
2020.1.5	011	缴纳上月个人所得税	银行存款	工行存款		634.06
2020.1.5	012	支付五险一金	应付职工薪酬	住房公积金（单位）	26 550.00	
2020.1.5	012	支付五险一金	应付职工薪酬	社会保险（单位）	85 225.50	
2020.1.5	012	支付五险一金	其他应付款	五险一金（个人）	53 805.00	
2020.1.5	012	支付五险一金	银行存款	工行存款		165 580.50
2020.1.5	013	缴纳上期增值税	应交税费	未交增值税	170 495.58	

续表

日期	凭证号	摘要	总账科目	明细账科目	借方金额	贷方金额
2020.1.5	013	缴纳上期增值税	银行存款			170 495.58
2020.1.25	014	到货办理入库	原材料	钢管	1 070 462.10	
2020.1.25	014	到货办理入库	原材料	坐垫	412 045.21	
2020.1.25	014	到货办理入库	原材料	车篷	717 546.10	
2020.1.25	014	到货办理入库	原材料	车轮	603 564.91	
2020.1.25	014	到货办理入库	原材料	经济型童车包装套件	456 392.11	
2020.1.25	014	到货办理入库	应交税费	进项税额	417 375.17	
2020.1.25	014	到货办理入库	应付账款	邦尼公司		3 502 272.00
2020.1.25	014	到货办理入库	应付账款	隆飞物流		175 113.60
2020.1.25	015	支付运输费用	应付账款	隆飞物流	175 113.60	
2020.1.25	015	支付运输费用	银行存款	工行存款		175 113.60
2020.1.25	016	支付工贸企业货款	应付账款	邦尼公司	3 502 272.00	
2020.1.25	016	支付工贸企业货款	银行存款	工行存款		3 502 272.00
2020.1.25	017	收商贸企业货款	银行存款	工行存款	4 849 536.00	
2020.1.25	017	收商贸企业货款	应收账款	旭日商贸		4 849 536.00
2020.1.25	018	计提人员工资	生产成本	直接人工	150 000.00	
2020.1.25	018	计提人员工资	制造费用	工资	18 500.00	
2020.1.25	018	计提人员工资	销售费用	销售费用	16 500.00	
2020.1.25	018	计提人员工资	管理费用	管理费用	80 500.00	
2020.1.25	018	计提人员工资	应付职工薪酬	工资		265 500.00
2020.1.25	019	计提五险一金	生产成本	直接人工	63 150.00	
2020.1.25	019	计提五险一金	制造费用	工资	7 788.50	
2020.1.25	019	计提五险一金	管理费用	管理费用	33 890.50	
2020.1.25	019	计提五险一金	销售费用	销售费用	6 946.50	
2020.1.25	019	计提五险一金	应付职工薪酬	社会保险（单位）		85 225.50
2020.1.25	019	计提五险一金	应付职工薪酬	住房公积金（单位）		26 550.00
2020.1.25	020	收电费发票	制造费用	机加车间	19 624.78	
2020.1.25	020	收电费发票	制造费用	组装车间	5 747.26	
2020.1.25	020	收电费发票	制造费用	生产计划部	265.48	
2020.1.25	020	收电费发票	应交税费	应交增值税（进）	3 332.88	
2020.1.25	020	收电费发票	应付账款	融通服务		28 970.40

续表

日期	凭证号	摘要	总账科目	明细账科目	借方金额	贷方金额
2020.1.25	021	支付电费	应付账款	融通服务	28 970.40	
2020.1.25	021	支付电费	银行存款	工行存款		28 970.40
2020.1.25	022	计提折旧	制造费用	折旧	50 575.00	
2020.1.25	022	计提折旧	管理费用	折旧	70 700.00	
2020.1.25	022	计提折旧	销售费用	折旧	325.00	
2020.1.25	022	计提折旧	累计折旧	折旧		121 600.00
2020.1.25	023	领取原材料汇总	生产成本	经济型童车车架(料)	1 436 064.00	
2020.1.25	023	领取原材料汇总	原材料	钢管		1 038 432.00
2020.1.25	023	领取原材料汇总	原材料	坐垫		397 632.00
2020.1.25	024	人工结转	生产成本	经济型童车车架(工)	102 312.00	
2020.1.25	024	人工结转	生产成本	直接人工		102 312.00
2020.1.25	025	制造费用结转	生产成本	经济型童车车架(费)	37 124.78	
2020.1.25	025	制造费用结转	制造费用	经济型童车车架(费)		37 124.78
2020.1.25	026	车架完工入库	自制半成品	经济型童车车架	1 575 500.78	
2020.1.25	026	车架完工入库	生产成本	经济型童车车架(料)		1 436 064.00
2020.1.25	026	车架完工入库	生产成本	经济型童车车架(工)		102 312.00
2020.1.25	026	车架完工入库	生产成本	经济型童车车架(费)		37 124.78
2020.1.25	027	领用材料	生产成本	经济型童车车架(料)	3 326 805.07	
2020.1.25	027	领用材料	自制半成品	经济型童车车架		1 621 269.07
2020.1.25	027	领用材料	原材料	车篷		704 256.00
2020.1.25	027	领用材料	原材料	车轮		557 376.00
2020.1.25	027	领用材料	原材料	经济型童车包装套件		443 904.00
2020.1.25	028	人工结转	生产成本	经济型童车车架(工)	110 838.00	
2020.1.25	028	人工结转	生产成本	直接人工		110 838.00
2020.1.25	029	制造费用结转	生产成本	经济型童车车架(费)	65 376.24	
2020.1.25	029	制造费用结转	制造费用	经济型童车车架(费)		65 376.24
2020.1.25	030	童车完工入库	库存商品		3 503 019.31	
2020.1.25	030	童车完工入库	生产成本	经济型童车车架(料)		3 326 805.07
2020.1.25	030	童车完工入库	生产成本	经济型童车车架(工)		110 838.00
2020.1.25	030	童车完工入库	生产成本	经济型童车车架(费)		65 376.24
2020.1.25	031	结转销售成本	主营业务成本		3 571 692.85	

续表

日期	凭证号	摘要	总账科目	明细账科目	借方金额	贷方金额
2020.1.25	031	结转销售成本	库存商品	经济型童车		3 571 692.85
2020.1.25	032	期末结转损益	主营业务收入	经济型童车	4 291 624.78	
2020.1.25	032	期末结转损益	本年利润	经济型童车		4 291 624.78
2020.1.25	033	期末结转损益	本年利润	成本费用结转	3 827 724.66	
2020.1.25	033	期末结转损益	主营业务成本	成本结转		3 571 692.85
2020.1.25	033	期末结转损益	管理费用	费用结转		232 260.31
2020.1.25	033	期末结转损益	销售费用	费用结转		23 771.50
2020.1.25	034	计提所得税	所得税费用	费用结转	115 975.03	
2020.1.25	034	计提所得税	应交税费	应交所得税		115 975.03
2020.1.25	035	结转所得税	本年利润		115 975.03	
2020.1.25	035	结转所得税	所得税费用			115 975.03
2020.1.25	036	提取盈余公积	利润分配	法定盈余公积	34 792.51	
2020.1.25	036	提取盈余公积	盈余公积	法定盈余公积		34 792.51
2020.1.25	037	结转盈余公积	本年利润		34 792.51	
2020.1.25	037	结转盈余公积	利润分配			34 792.51
2020.1.25	038	结转本年利润	本年利润		313 132.58	
2020.1.25	038	结转本年利润	利润分配	未分配利润		313 132.58

（二）期末报表编制

在Excel表中，设置取数公式或函数，可以快速地生成科目汇总表和财务报表。科目汇总表中的本期合计数和期末数：

E3=SUMIF（记账凭证！D：D，B3，记账凭证！F：F）

F3=SUMIF（记账凭证！D：D，B3，记账凭证！G：G）

G3=IF（（C3-D3）+（E3-F3）>=0，（C3-D3）+（E3-F3），0）

H3=IF（（D3-E3）+（F3-G3）>=0，（D3-E3）+（F3-G3），0）

将此公式向下复制填充，即可计算出科目汇总表，见表9-4。

表9-4 **制造企业科目汇总表**

科目编码	科目名称	期初余额		本期发生额		期末余额	
		借方	贷方	借方	贷方	借方	贷方
1001	库存现金	20 000.00			3 000.00	17 000.00	
1002	银行存款	10 000 000.00		4 849 536.00	4 304 127.08	10 545 408.92	
1122	应收账款			4 849 536.00	4 849 536.00		
1221	其他应收款			3 000.00		3 000.00	

续表

科目编码	科目名称	期初余额		本期发生额		期末余额	
		借方	贷方	借方	贷方	借方	贷方
1402	在途物资						
1403	原材料	3 415 824.00		3 260 010.43	3 141 600.00	3 534 234.43	
1405	库存商品	4 086 828.00		3 503 019.31	3 571 692.85	4 018 154.46	
1409	自制半成品	1 869 696.00		1 575 500.78	1 621 269.07	1 823 927.71	
1601	固定资产	27 328 800.00				27 328 800.00	
1602	累计折旧		1 824 000.00		121 600.00		1 945 600.00
1606	固定资产清理						
1701	无形资产						
1702	累计摊销						
2202	应付账款			3 756 356.00	3 756 356.00		
2203	预收账款						
2211	应付职工薪酬		377 275.50	377 275.50	377 275.50		377 275.50
2221	应交税费		204 413.79	594 667.88	674 520.31		284 266.22
2241	其他应付款			53 805.00	53 805.00		
2501	长期借款						
4001	实收资本		35 000 000.00				35 000 000.00
4101	盈余公积		396 687.31		34 792.51		431 479.82
4103	本年利润			4 291 624.78	4 291 624.78		0.00
4104	利润分配		8 918 771.40	34 792.51	347 925.09		9 231 903.98
5001	生产成本			5 291 670.09	5 291 670.09		
5101	制造费用			102 501.02	102 501.02		
6001	主营业务收入			4 291 624.78	4 291 624.78	0.00	
6401	主营业务成本			3 571 692.85	3 571 692.85		
6402	其他业务支出						
6405	税金及附加						
6601	销售费用			23 771.50	23 771.50		
6602	管理费用			232 260.31	232 260.31		
6603	财务费用						
6711	营业外支出						
6801	所得税费用			115 975.03	115 975.03		
合计		46 721 148.00	46 721 148.00	40 778 619.77	40 778 619.77	47 270 525.52	47 270 525.52

根据科目汇总表和期初余额表编制资产负债表和利润表，见表9-5和表9-6。

表9-5　　制造企业资产负债表　　会企01表

编制单位：制造企业　　2020年1月25日　　单位：元

资产	期末余额	上年年末余额	负债和所有者权益（或股东权益）	期末余额	上年年末余额
流动资产：			流动负债：		
货币资金	10 562 408.92	10 020 000.00	短期借款		
交易性金融资产			交易性金融负债		
衍生金融资产			衍生金融负债		
应收票据			应付票据		
应收账款	—	—	应付账款	—	—
应收款项融资			预收账款		
预付账款			合同负债	—	
其他应收款	3 000.00		应付职工薪酬	377 275.50	377 275.50
存货	9 376 316.60	9 372 348.00	应交税费	284 266.22	170 495.58
合同资产			其他应付款		
持有待售资产			持有待售负债		
一年内到期的非流动资产			一年内到期的非流动负债		
其他流动资产			其他流动负债		
流动资产合计	19 941 725.52	19 392 348.00	流动负债合计	661 541.72	547 771.08
非流动资产：			非流动负债：		
债权投资			长期借款		
其他债权投资			应付债券	—	—
长期应收款			其中：优先股		
长期股权投资			永续债		
其他权益工具投资			租赁负债		
其他非流动金融资产			长期应付款		
投资性房地产			预计负债		
固定资产	25 383 200.00	25 504 800.00	递延收益		
在建工程			递延所得税负债		
生产性生物资产			其他非流动负债		
油气资产			非流动负债合计		
使用权资产			负债合计	661 541.72	547 771.08
无形资产			所有者权益（或股东权益）：	—	—

续表

资产	期末余额	上年年末余额	负债和所有者权益（或股东权益）	期末余额	上年年末余额
开发支出			实收资本（或股本）	35 000 000.00	35 000 000.00
商誉			其他权益工具		
长期待摊费用	—	—	其中：优先股		
递延所得税资产			永续债		
其他非流动资产			资本公积		
非流动资产合计	25 383 200.00	25 504 800.00	减：库存股		
			其他综合收益		
			专项储备		
			盈余公积	431 479.82	
			未分配利润	9 231 903.98	8 952 689.61
			所有者权益（或股东权益）合计	44 663 383.80	44 349 376.92
资产总计	45 324 925.52	44 897 148.00	负债和所有者权益（或股东权益）总计	45 324 925.52	44 897 148.00

表9-6　**制造企业利润表**

会企02表

编制单位：制造企业　　2020年1月25日　　单位：元

项目	本期金额	上期金额（略）
一、营业收入	4 291 624.78	
减：营业成本	3 571 692.85	
税金及附加	—	
销售费用	23 771.50	
管理费用	232 260.31	
研发费用		
财务费用	—	
其中：利息费用		
利息收入		
加：其他收益		
投资收益（损失以“-”号填列）		
其中：对联营企业和合营企业的投资收益		
以摊余成本计量的金融资产终止确认收益（损失以“-”号填列）		
净敞口套期收益（损失以“-”号填列）		

续表

项目	本期金额	上期金额（略）
公允价值变动损益（损失以“-”号填列）		
信用减值损失（损失以“-”号填列）		
资产减值损失（损失以“-”号填列）		
资产处置损益（损失以“-”号填列）		
二、营业利润（亏损以“-”号填列）	463 900.12	
加：营业外收入		
减：营业外支出		
三、利润总额（亏损总额以“-”号填列）	463 900.12	
减：所得税费用	115 975.03	
四、净利润（净亏损以“-”号填列）	347 925.09	
（一）持续经营净利润（净亏损以“-”号填列）	347 925.09	
（二）终止经营净利润（净亏损以“-”号填列）		
五、其他综合收益的税后净额		
（一）不能重分类进损益的其他综合收益		
1.重新计量设定受益计划变动额		
2.权益法下不能转损益的其他综合收益		
3.其他权益工具投资公允价值变动		
4.企业自身信用风险公允价值变动		
⋮		
（二）将重分类进损益的其他综合收益		
1.权益法下可转损益的其他综合收益		
2.其他债权投资公允价值变动		
3.金融资产重分类计入其他综合收益的金额		
4.其他债权投资信用减值准备		
5.现金流量套期储备		
6.外币财务报表折算差额		
⋮		
六、综合收益总额		
七、每股收益：		
（一）基本每股收益	0.01	
（二）稀释每股收益	0.01	

第二节　工贸企业账务处理

一、期初建账

工贸企业的财务部门相应岗位根据期初余额登记账簿，工贸企业的期初余额见表9-7，账簿登记的规范同制造企业，不再赘述。

表9-7　　工贸企业期初余额表

科目编码	科目名称	借	贷
1001	库存现金	20 000.00	
1002	银行存款	8 000 000.00	
100201	工行存款	8 000 000.00	
1122	应收账款		
112201	好佳童车		
1221	其他应收款		
1405	库存商品	6 971 800.00	
140501	钢管	2 243 280.00	
140502	镀锌管		
140503	坐垫	912 240.00	
140504	记忆太空棉坐垫		
140505	车篷	1 646 680.00	
140506	车轮	1 140 880.00	
140507	经济型童车包装套件	1 028 720.00	
140508	数控芯片		
140509	舒适型童车包装套件		
140510	豪华型童车包装套件		
1601	固定资产	14 448 000.00	
1602	累计折旧		870 000.00
2001	短期借款		
2202	应付账款		
220201	丽华五金		
220211	隆飞物流		
220212	融通服务		
2211	应付职工薪酬		49 024.50
221101	工资		34 500.00

续表

科目编码	科目名称	借	贷
221103	社会保险		11 074.50
221104	住房公积金		3 450.00
2221	应交税费		49 008.89
222101	应交增值税		
22210101	进项税额	189 823.01	
22210103	销项税额		238 831.90
22210106	转出未交税金	49 008.89	
222102	未交增值税		49 008.89
222103	已交增值税		
222105	应交个人所得税		
222108	应交企业所得税		
2501	长期借款		
4001	实收资本		20 000 000.00
4101	盈余公积		
4103	本年利润		
4104	利润分配		8 471 766.61
410406	未分配利润		8 471 766.61
6001	主营业务收入		
6401	主营业务成本		
6601	销售费用		
6602	管理费用		
6603	财务费用		
	合计	28 569 800.00	28 569 800.00

二、日常账务处理

工贸企业的日常业务处理与制造企业类似，在编制记账凭证、登记账簿后，也需要在Excel表中进行登记，方便期末进行结转。工贸企业日常业务的记账凭证见表9-8。

表9-8　在Excel中录入记账凭证

日期	凭证号	摘要	总账科目	借方金额	贷方金额
1.5	001	支付材料采购款	在途物资	6 301 332.00	
1.5	001	支付材料采购款	银行存款		6 301 332.00
1.5	002	支付上月薪酬	应付职工薪酬	34 500.00	

续表

日期	凭证号	摘要	总账科目	借方金额	贷方金额
1.5	002	支付上月薪酬	应交税费		545.68
1.5	002	支付上月薪酬	其他应付款		6 981.00
1.5	002	支付上月薪酬	银行存款		26 973.32
1.5	003	企管部借备用金	其他应收款	500.00	
1.5	003	企管部借备用金	库存现金		500.00
1.5	004	业务部借备用金	其他应收款	500.00	
1.5	004	业务部借备用金	库存现金		500.00
1.5	005	材料采购到货入库	库存商品	1 836 000.00	
1.5	005	材料采购到货入库	库存商品	741 000.00	
1.5	005	材料采购到货入库	库存商品	1 322 400.00	
1.5	005	材料采购到货入库	库存商品	844 800.00	
1.5	005	材料采购到货入库	库存商品	832 200.00	
1.5	005	材料采购到货入库	应交税费	724 932.00	
1.5	005	材料采购到货入库	在途物资		6 301 332.00
1.5	006	销售出库并开具发票	应收账款	8 755 680.00	
1.5	006	销售出库并开具发票	主营业务收入		7 748 389.38
1.5	006	销售出库并开具发票	应交税费		1 007 290.62
1.5	007	支付上月个人所得税	应交税费	545.68	
1.5	007	支付上月个人所得税	银行存款		545.68
1.5	008	支付五险一金	应付职工薪酬	3 450.00	
1.5	008	支付五险一金	应付职工薪酬	11 074.50	
1.5	008	支付五险一金	其他应付款	6 981.00	
1.5	008	支付五险一金	银行存款		21 505.50
1.5	009	缴纳上月增值税	应交税费	49 008.89	
1.5	009	缴纳上月增值税	银行存款		49 008.89
1.25	010	收制造企业货款	银行存款	8 755 680.00	
1.25	010	收制造企业货款	应收账款		8 755 680.00
1.25	011	计提工资	管理费用	34 500.00	
1.25	011	计提工资	应付职工薪酬		34 500.00
1.25	012	计提工资（单位承担）	管理费用	14 524.50	
1.25	012	计提工资（单位承担）	应付职工薪酬		11 074.50

续表

日期	凭证号	摘要	总账科目	借方金额	贷方金额
1.25	012	计提工资（单位承担）	应付职工薪酬		3 450.00
1.25	013	结转销售成本	主营业务成本	5 903 445.42	
1.25	013	结转销售成本	库存商品		1 958 054.40
1.25	013	结转销售成本	库存商品		763 033.85
1.25	013	结转销售成本	库存商品		1 370 344.62
1.25	013	结转销售成本	库存商品		953 126.40
1.25	013	结转销售成本	库存商品		858 886.15
1.25	014	计提固定资产折旧	管理费用	58 000.00	
1.25	014	计提固定资产折旧	累计折旧		58 000.00
1.25	015	结转期间损益	本年利润		1 737 919.47
1.25	015	结转期间损益	主营业务收入	7 748 389.38	
1.25	015	结转期间损益	主营业务成本		5 903 445.42
1.25	015	结转期间损益	管理费用		107 024.50
1.25	016	计提企业所得税	所得税费用	434 479.87	
1.25	016	计提企业所得税	应交税费		434 479.87
1.25	017	结转所得税费用	本年利润	434 479.87	
1.25	017	结转所得税费用	所得税费用		434 479.87
1.25	018	提取法定盈余公积	利润分配	130 343.96	
1.25	018	提取法定盈余公积	盈余公积		130 343.96
1.25	019	结转未分配利润	本年利润	1 303 439.60	
1.25	019	结转未分配利润	利润分配		130 343.96
1.25	019	结转未分配利润	利润分配		1 173 095.64

工贸企业财务核算中用到的工资数据、固定资产数据、期初存货、本月材料入库表、销售出库表以及销售成本计算表如图9-25至图9-30所示（金额单位：元）。

工资表

序号	部门	姓名	岗位名称	职务类别	应发工资	代扣款项目																		辞退福利	应税工资	应扣个人所得税	实发金额
						养老保险（个人）	养老保险（单位）	医疗保险（个人）	医疗保险（单位）	失业保险（个人）	失业保险（单位）	工伤保险（个人）	工伤保险（单位）	生育保险（个人）	生育保险（单位）	五险小计（个人）	五险小计（单位）	住房公积金（个人）	住房公积金（单位）	五险一金小计（个人）	五险一金小计（单位）						
1	企业管理部	赵金金	总经理	总经理	12000.00	960.00	2400.00	243.00	1200.00	24.00	120.00	0.00	36.00	0.00	96.00	1227.00	3852.00	1200.00	1200.00	2427.00	5052.00			0.00	4573.00	457.30	9115.70
2	企业管理部	孙灿	行政经理	部门经理	7500.00	600.00	1500.00	153.00	750.00	15.00	75.00	0.00	22.50	0.00	60.00	768.00	2407.50	750.00	750.00	1518.00	3157.00			0.00	982.00	29.46	5952.54
3	业务部	李鑫	业务经理	部门经理	7500.00	600.00	1500.00	153.00	750.00	15.00	75.00	0.00	22.50	0.00	60.00	768.00	2407.5	750.00	750.00	1518.00	3157.00			0.00	982.00	29.46	5952.54
4	财务部	吴迪	财务经理	部门经理	7500.00	600.00	1500.00	153.00	750.00	15.00	75.00	0.00	22.50	0.00	60.00	768.00	2407.5	750.00	750.00	1518.00	3157.00			0.00	982.00	29.46	5952.54
					34500.00	2760.00	6900.00	702.00	3450.00	69.00	345.00	0.00	103.50	0.00	276.000	3531.0	11074.50	3450.00	3450.00	6981.00	14524.50			0.00	7519.00	545.68	26973.32

图9-25　工贸企业工资表

固定资产折旧表——2020 年 1 月

单位名称：工贸企业　　　　制表人：王明　　　　日期：2020 年 1 月 25 日

资产编号	资产名称	使用部门	使用状态	使用年限（月）	开始使用日期	已计提月份	资产原值	残值	累计折旧	月折旧额	资产净值	折旧科目
0100001	办公大楼	企管部	在用	240	2018.09.15	15	9 000 000.00	450 000.00	534 375.00.00	35 625.00	8 465 625.00	管理费用
0100002	普通仓库	业务部	在用	240	2018.09.15	15	5 400 000.00	270 000.00	320 625.00	21 375.00	5 079 375.00	管理费用
0300001	笔记本电脑	企管部	在用	48	2018.09.15	15	6 000.00		1 875.00	125.00	4 125.00	管理费用
0300002	笔记本电脑	企管部	在用	48	2018.09.15	15	6 000.00		1 875.00	125.00	4 125.00	管理费用
0300003	笔记本电脑	财务部	在用	48	2018.09.15	15	6 000.00		1 875.00	125.00	4 125.00	管理费用
0300004	笔记本电脑	业务部	在用	48	2018.09.15	15	6 000.00		1 875.00	125.00	4 125.00	管理费用
0300005	打印复印一体机	企管部	在用	48	2018.09.15	15	24 000.00		7 500.00	500.00	16 500.00	管理费用
							14 448 000.00		870 000.00	58 000.00	13 578 000.00	

图9-26　固定资产折旧表

期初存货

存货编码	存货类型	存货名称	规格	计算单位	市场供应平均单价(元)	期初库存数	金额小计
B0001	库存商品	钢管	Φ外 16/Φ内 11/L5000(mm)	根	86.28	26 000.00	2 243 280.00
B0002	库存商品	镀锌管	Φ外 16/Φ内 11/L5000(mm)	根		-	-
B0003	库存商品	坐垫	HJM500	个	65.16	14 000.00	912 240.00
B0004	库存商品	记忆太空棉坐垫	HJM0031	个		-	-
B0005	库存商品	车篷	HJ72*32*40	个	117.62	14 000.00	1 646 680.00
B0006	库存商品	车轮	HJΦ外 125/Φ内 60mm	个	21.94	52 000.00	1 140 880.00
B0007	库存商品	经济型童车包装套件	HJTB100	套	73.48	14 000.00	1 028 720.00
B0008	库存商品	数控芯片	MCX3154A	片		-	
B0009	库存商品	舒适型童车包装套件	HJTB200	套		-	
B0010	库存商品	豪华型童车包装套件	HJTB300	套			
合计							6 971 800.00

图9-27　期初存货明细表

序号	存货名称	采购数量	单价（含税）	折扣单价（含税）	单价（不含税）	税额	总金额（含税）	金额（不含税）	总税额
1	钢管	24000.00	96.05	86.45	76.50	9.95	2074680.00	1836000.00	238680.00
2	坐垫	12000.00	73.45	69.78	61.75	8.03	837330.00	741000.00	96330.00
3	车篷	12000.00	131.08	124.53	110.20	14.33	1494312.00	1322400.00	171912.00
4	车轮	48000.00	24.86	19.89	17.60	2.29	954624.00	844800.00	109824.00
5	经济型童车包装套件	12000.00	82.49	78.37	69.35	9.02	940386.00	832200.00	108186.00
金额合计							6301332.00	5576400.00	724932.00

图9-28　本月材料入库表

销售出库

序号	品名	规格	单位	到货时间		付款时间	数量	销售单价(含税)	金额小计(含税)	不含税单价	销售收入（不含税）
1	钢管	Φ外 16/Φ内 11/L5000（mm）	根	2020.1.25		2020.1.25	24 000	121.80	2 923 200.200	107.79	2 586 902.65
2	坐垫	HJM500	个	2020.1.25		2020.1.25	12 000	92.80	1 113 600.00	82.12	985 486.73
3	车篷	HJ72*32*40	个	2020.1.25		2020.1.25	12 000	164.72	1 976 640.00	145.77	1 749 238.94
4	车轮	HJΦ外 125/Φ内 60mm	个	2020.1.25		2020.1.25	48 000	31.32	1 503 360.00	27.72	1 330 407.08
5	经济型童车包装套件	HJTB100	个	2020.1.25		2020.1.25	12 000	103.24	1 238 880.00	91.36	1 096 353.98
金额合计									8 755 680.00		7 748 389.38

图9-29　销售出库表

销售成本

序号	品名	规格	单位	到货时间		付款时间	数量	销售成本（不含税）	销售单价（不含税）
1	钢管	Φ外16/Φ内11/L5000（mm）	根	2020.1.25		2020.1.25	24 000	1 958 054.40	81.59
2	坐垫	HJM500	个	2020.1.25		2020.1.25	12 000	763 033.85	63.59
3	车篷	HJ72*32*40	个	2020.1.25		2020.1.25	12 000	1 370 344.62	114.20
4	车轮	HJΦ外125/Φ内60mm	个	2020.1.25		2020.1.25	48 000	953 126.40	19.86
5	经济型童车包装套件	HJTB100	个	2020.1.25		2020.1.25	12 000	858 886.15	71.57
金额合计								5 903 445.42	—

图9-30 销售成本计算表

三、期末处理

工贸企业财务经理根据日常业务记账凭证编制科目汇总表，进而编制财务报表。工贸企业固定数据阶段的科目汇总表见表9-9，资产负债表见表9-10，利润表见表9-11。

表9-9　　工贸企业科目汇总表

科目编码	科目名称	期初余额		本期发生额		期末余额	
		借方	贷方	借方	贷方	借方	贷方
1001	库存现金	20 000.00		—	1 000.00	19 000.00	—
1002	银行存款	8 000 000.00		8 755 680.00	6 399 365.39	10 356 314.61	—
1122	应收账款			8 755 680.00	8 755 680.00	—	—
1221	其他应收款			1 000.00	—	1 000.00	—
1402	在途物资			6 301 332.00	6 301 332.00	—	—
1403	原材料			—	—	—	—
1405	库存商品	6 971 800.00		5 576 400.00	5 903 445.42	6 644 754.58	—
1601	固定资产	14 448 000.00		—	—	14 448 000.00	—
1602	累计折旧		870 000.00	—	58 000.00	-	928 000.00
1606	固定资产清理			—	—	—	—
1701	无形资产			—	—	—	—
1702	累计摊销			—	—	—	—
2202	应付账款			—	—	—	—
2203	预收账款			—	—	—	—
2211	应付职工薪酬		49 024.50	49 024.50	49 024.50	—	49 024.50
2221	应交税费		49 008.89	774 486.57	1 442 316.17	—	716 838.49
2241	其他应付款			6 981.00	6 981.00	—	—
2501	长期借款			—	—	—	—
4001	实收资本		20 000 000.00	—	—	—	20 000 000.00
4101	盈余公积			—	130 343.96	—	130 343.96

续表

科目编码	科目名称	期初余额		本期发生额		期末余额	
		借方	贷方	借方	贷方	借方	贷方
4103	本年利润			1 737 919.47	1 737 919.47	—	—
4104	利润分配		8 471 766.61	130 343.96	1 303 439.60	—	9 644 862.25
5001	生产成本			—	—	—	—
5101	制造费用			—	—	—	—
6001	主营业务收入			7 748 389.38	7 748 389.38	—	—
6401	主营业务成本			5 903 445.42	5 903 445.42	—	—
6402	其他业务支出			—	—	—	—
6405	税金及附加			—	—	—	—
6601	销售费用			—	—	—	—
6602	管理费用			107 024.50	107 024.50		—
6603	财务费用			—	—	—	—
6711	营业外支出			—	—	—	—
6801	所得税费用			434 479.87	434 479.87	—	—
合计		29 439 800.00	29 439 800.00	46 282 186.66	46 282 186.66	31 469 069.19	31 469 069.19

表9-10　**工贸企业资产负债表**

会企01表

编制单位：工贸企业　　2020年1月25日　　单位：元

资产	期末余额	上年年末余额	负债和所有者权益（或股东权益）	期末余额	上年年末余额
流动资产：			流动负债：		
货币资金	10 375 314.61	8 020 000.00	短期借款		
交易性金融资产			交易性金融负债		
衍生金融资产			衍生金融负债		
应收票据			应付票据		
应收账款	—	—	应付账款	—	—
应收款项融资			预收账款		
预付账款			合同负债	—	
其他应收款	1 000.00		应付职工薪酬	49 024.50	49 024.50
存货	6 644 754.58	6 971 800.00	应交税费	716 838.49	49008.89
合同资产			其他应付款		

续表

资产	期末余额	上年年末余额	负债和所有者权益（或股东权益）	期末余额	上年年末余额
持有待售资产			持有待售负债		
一年内到期的非流动资产			一年内到期的非流动负债		
其他流动资产			其他流动负债		
流动资产合计	17 021 069.19	14 991 800.00	流动负债合计	765 862.99	98 033.39
非流动资产：			非流动负债：		
债权投资			长期借款		
其他债权投资			应付债券	—	—
长期应收款			其中：优先股		
长期股权投资			永续债		
其他权益工具投资			租赁负债		
其他非流动金融资产			长期应付款		
投资性房地产			预计负债		
固定资产	13 520 000.00	13 578 000.00	递延收益		
在建工程			递延所得税负债		
生产性生物资产			其他非流动负债		
油气资产			非流动负债合计		
使用权资产			负债合计	765 862.99	98 033.39
无形资产			所有者权益（或股东权益）：	—	—
开发支出			实收资本（或股本）	20 000 000.00	20 000 000.00
商誉			其他权益工具		
长期待摊费用	—	—	其中：优先股		
递延所得税资产			永续债		
其他非流动资产			资本公积		
非流动资产合计	13 520 000.00	13 578 000.00	减：库存股		
			其他综合收益		
			专项储备		
			盈余公积	130 343.96	—
			未分配利润	9 644 862.25	8471766.61
			所有者权益（或股东权益）合计	29 775 206.21	28 471 766.61
资产总计	30 541 069.19	28 569 800.00	负债和所有者权益（或股东权益）总计	30 541 069.19	28 569 800.00

表9-11　　工贸企业利润表

会企02表

编制单位：工贸企业　　2020年1月25日　　单位：元

项目	本期金额	上期金额（略）
一、营业收入	7 748 389.38	
减：营业成本	5 903 445.42	
税金及附加	—	
销售费用		
管理费用	107 024.50	
研发费用		
财务费用	—	
其中：利息费用		
利息收入		
加：其他收益		
投资收益（损失以“-”号填列）		
其中：对联营企业和合营企业的投资收益		
以摊余成本计量的金融资产终止确认收益（损失以“-”号填列）		
净敞口套期收益（损失以“-”号填列）		
公允价值变动损益（损失以“-”号填列）		
信用减值损失（损失以“-”号填列）		
资产减值损失（损失以“-”号填列）		
资产处置损益（损失以“-”号填列）		
二、营业利润（亏损以“-”号填列）	1 737 919.46	
加：营业外收入		
减：营业外支出		
三、利润总额（亏损总额以“-”号填列）	1 737 919.46	
减：所得税费用	434 479.87	
四、净利润（净亏损以“-”号填列）	1 303 439.60	
（一）持续经营净利润（净亏损以“-”号填列）	1 303 439.60	
（二）终止经营净利润（净亏损以“-”号填列）		
五、其他综合收益的税后净额		
（一）不能重分类进损益的其他综合收益		
1.重新计量设定受益计划变动额		
2.权益法下不能转损益的其他综合收益		

续表

3.其他权益工具投资公允价值变动		
4.企业自身信用风险公允价值变动		
⋮		
（二）将重分类进损益的其他综合收益		
1.权益法下可转损益的其他综合收益		
2.其他债权投资公允价值变动		
3.金融资产重分类计入其他综合收益的金额		
4.其他债权投资信用减值准备		
5.现金流量套期储备		
6.外币财务报表折算差额		
⋮		
六、综合收益总额		
七、每股收益：		
（一）基本每股收益	0.07	
（二）稀释每股收益	0.07	

第三节　商贸企业账务处理

一、期初建账

商贸企业的财务部门相应岗位根据期初余额登记账簿，商贸企业的期初余额见表9-12，账簿登记的规范同制造企业，不再赘述。

表9-12　　商贸企业期初科目余额表

科目编码	科目名称	期初	
		借	贷
1001	库存现金	20 000.00	—
1002	银行存款	4 700 000.00	—
100201	工行存款	4 700 000.00	—
1122	应收账款	—	—
112201	爱喜商贸		
1221	其他应收款		
1405	库存商品	13 888 000.00	—
140501	经济型童车	13 888 000.00	—

续表

科目编码	科目名称	期初	
		借	贷
140502	舒适型童车	—	—
140503	豪华型童车	—	—
1601	固定资产	14 460 000.00	—
1602	累计折旧	—	873 750.00
2001	短期借款	—	
2202	应付账款	—	—
220201	好佳童车	—	—
220211	隆飞物流	—	—
220212	融通服务	—	—
2211	应付职工薪酬	—	78 155.00
221101	工资	—	55 000.00
221103	社会保险（单位）	—	17 655.00
221104	住房公积金（单位）	—	5 500.00
2221	应交税费	—	79 380.51
222101	应交增值税	—	—
22210101	进项税额	248 495.60	—
22210103	销项税额	—	327 876.11
22210106	转出未交税金	79 380.51	
222102	未交增值税		79 380.51
222103	已交增值税	—	—
222105	应交个人所得税	—	
222108	应交企业所得税	—	—
2501	长期借款	—	—
4001	实收资本	—	28 000 000.00
4101	盈余公积	—	—
4103	本年利润	—	—
4104	利润分配	—	4 036 714.49
410406	未分配利润	—	4 036 714.49
6001	主营业务收入	—	—
6401	主营业务成本	—	—

续表

科目编码	科目名称	期初	
		借	贷
6601	销售费用	—	—
6602	管理费用	—	—
6603	财务费用	—	—
合计		32 194 250.00	32 194 250.00

二、日常账务处理

商贸企业的日常账务处理与制造企业类似，在编制记账凭证、登记账簿后，也需要在Excel表中进行登记，方便期末进行结转。商贸企业日常业务的记账凭证见表9-13。

表9-13　商贸企业在Excel表中录入记账凭证

日期	凭证号	摘要	总账科目	借方金额	贷方金额
1.5	001	收到市场开拓费发票	销售费用	300 000.00	
1.5	001	收到市场开拓费发票	应交税费	39 000.00	
1.5	001	收到市场开拓费发票	应付账款		339 000.00
1.5	002	支付市场开拓费	应付账款	339 000.00	
1.5	002	支付市场开拓费	银行存款		339 000.00
1.5	003	收到广告费发票	销售费用	150 000.00	
1.5	003	收到广告费发票	应交税费	9 000.00	
1.5	003	收到广告费发票	应付账款		159 000.00
1.5	004	支付广告费	应付账款	159 000.00	
1.5	004	支付广告费	银行存款		159 000.00
1.5	005	支付上月工资	应付职工薪酬	55 000.00	
1.5	005	支付上月工资	应交税费		604.60
1.5	005	支付上月工资	其他应付款		11 131.00
1.5	005	支付上月工资	银行存款		43 264.40
1.5	006	企业部借备用金	其他应收款	500.00	
1.5	006	企业部借备用金	库存现金		500.00
1.5	007	营销部借备用金	其他应收款	500.00	
1.5	007	营销部借备用金	库存现金		500.00
1.5	008	采购部借备用金	其他应收款	500.00	
1.5	008	采购部借备用金	库存现金		500.00
1.5	009	仓储部借备用金	其他应收款	500.00	

续表

日期	凭证号	摘要	总账科目	借方金额	贷方金额
1.5	009	仓储部借备用金	库存现金		500.00
1.5	010	销售发货并开票	银行存款	14 428 440.00	
1.5	010	销售发货并开票	主营业务收入		12 768 530.97
1.5	010	销售发货并开票	应交税费		1 659 909.03
1.5	011	支付上月个人所得税	应交税费	604.60	
1.5	011	支付上月个人所得税	银行存款		604.60
1.5	012	支付五险一金	应付职工薪酬	5 500.00	
1.5	012	支付五险一金	应付职工薪酬	17 655.00	
1.5	012	支付五险一金	其他应付款	11 131.00	
1.5	012	支付五险一金	银行存款		34 286.00
1.5	013	缴纳上月增值税	应交税费	79 380.51	
1.5	013	缴纳上月增值税	银行存款		79 380.51
1.5	014	收到物流公司发票	库存商品	556 139.45	
1.5	014	收到物流公司发票	应交税费	50 052.55	
1.5	014	收到物流公司发票	应付账款		606 192.00
1.5	015	支付物流费（旭日）	应付账款	606 192.00	
1.5	015	支付物流费（旭日）	银行存款		606 192.00
1.25	016	收虚拟经销商货款	银行存款	14 428 440.00	
1.25	016	收虚拟经销商货款	应收账款		14 428 440.00
1.25	017	支付制造企业货款（10家制造企业）	库存商品	10 729 061.95	
1.25	017	支付制造企业货款（10家制造企业）	应交税费	1 394 778.05	
1.25	017	支付制造企业货款（10家制造企业）	银行存款		12 123 840.00
1.25	018	计提工资	管理费用	55 000.00	
1.25	018	计提工资	应付职工薪酬		55 000.00
1.25	019	计提工资	管理费用	23 155.00	
1.25	019	计提工资	应付职工薪酬		17 655.00
1.25	019	计提工资	应付职工薪酬		5 500.00
1.25	020	计提折旧	销售费用	125.00	
1.25	020	计提折旧	管理费用	58 125.00	
1.25	020	计提折旧	累计折旧		58 250.00
1.25	021	结转销售成本	主营业务成本	11 361 720.90	

续表

日期	凭证号	摘要	总账科目	借方金额	贷方金额
1.25	021	结转销售成本	库存商品		11 361 720.90
1.25	022	期末结转收入类	主营业务收入	12 768 530.97	
1.25	022	期末结转收入类	本年利润		12 768 530.97
1.25	023	期末结转费用类	本年利润	12 504 265.35	
1.25	023	期末结转费用类	主营业务成本		11 361 720.90
1.25	023	期末结转费用类	管理费用		692 419.45
1.25	023	期末结转费用类	销售费用		450 125.00
1.25	024	计提企业所得税	所得税费用	66 066.41	
1.25	024	计提企业所得税	应交税费		66 066.41
1.25	025	结转所得税费用	本年利润	66 066.41	
1.25	025	结转所得税费用	所得税费用		66 066.41
1.25	026	提取法定盈余公积	利润分配	19 819.92	
1.25	026	提取法定盈余公积	盈余公积		19 819.92
1.25	025	结转未分配利润	本年利润	198 199.22	
1.25	027	结转未分配利润	利润分配		19 819.92
1.25	027	结转未分配利润	利润分配		178 379.30

商贸企业财务核算中用到的固定资产数据、期初存货以及库存台账如图9-31至图9-33所示。

固定资产折旧表——2020 年 1 月 5 日

固定资产编号	固定资产名称	使用部门	使用年限（月）	开始使用日期	已计提月份	原值	残值	月折旧额	累计折旧	资产净值	对应科目
0100001	办公大楼	企业管理部	240	2018.09.15	15	9 000 000.00	450,000.00	35 625.00	534 375.00	8 465 625.00	管理费用
0100002	普通仓库	仓储部	240	2018.09.15	15	5 400 000.00	270,000.00	21 375.00	320 625.00	5 079 375.00	管理费用
0300001	笔记本电脑	企业管理部	48	2018.09.15	15	6 000.00	—	125.00	1 875.00	4 125.00	管理费用
0300002	笔记本电脑	企业管理部	48	2018.09.15	15	6 000.00	—	125.00	1 875.00	4 125.00	管理费用
0300003	笔记本电脑	财务部	48	2018.09.15	15	6 000.00	—	125.00	1 875.00	4 125.00	管理费用
0300004	笔记本电脑	采购部	48	2018.09.15	15	6 000.00	—	125.00	1 875.00	4 125.00	管理费用
0300005	笔记本电脑	营销部	48	2018.09.15	15	6 000.00	—	125.00	1 875.00	4 125.00	管理费用
0300006	笔记本电脑	仓储部	48	2018.09.15	15	6 000.00	—	125.00	1 875.00	4 125.00	管理费用
0300019	打印复印一体机	企业管理部	48	2018.09.15	15	24 000.00	—	500.00	7 500.00	16 500.00	管理费用
						14 460 000.00		58 250.00	873 750.00	13 586 250.00	

图9-31　商贸企业固定资产折旧表

存货期初								
存货编码	存货类型	存货名称	规格	计量单位	市场供应平均单价（元）	期初库存量	库存量	金额
P001	库存商品	经济型童车	—	辆	992.00	14 000	14 000	13 888 000
P002	库存商品	舒适型童车	—	辆	—	0	0	
P003	库存商品	豪华型童车	—	辆	—	0	0	

图9-32　商贸企业期初存货

商贸企业　经济型童车　库存台账　　单位：辆

日期	摘要	入库			出库			结存		
		数量	单价	金额	数量	单价（不含税）	金额	数量	单价	金额
2020.1.5	期初	12 000.00	894.09	10 729 061.95				14 000.00	992.00	13 888 000.00
2020.1.25	采购入库							26 000.00	946.81	24 617 061.95
2020.1.25	销售出库				12 000.00	946.81	11 361 720.90	14 000.00	946.81	132 553 41.05
合计		12 000.00			12 000.00			14 000.00		

图9-33　商贸企业库存台账

三、期末处理

商贸企业财务经理根据日常业务记账凭证编制科目汇总表，进而编制财务报表。工贸企业固定数据阶段的科目汇总表见表9-14，资产负债表见表9-15，利润表见表9-16。

表9-14　商贸企业科目汇总表

科目编码	科目名称	期初余额		本期发生额		期末余额	
		借方	贷方	借方	贷方	借方	贷方
1001	库存现金	20 000.00		—	2 000.00	18 000.00	—
1002	银行存款	4 700 000.00		14 428 440.00	13 385 567.51	5 742 872.49	—
1122	应收账款			14 428 440.00	14 428 440.00	—	—
1221	其他应收款			2 000.00	—	2 000.00	—
1402	在途物资			—	—	—	—
1403	原材料			—	—	—	—
1405	库存商品	13 888 000.00		10 729 061.95	11 361 720.90	13 255 341.05	—
1601	固定资产	14 460 000.00		—	—	14 460 000.00	—
1602	累计折旧		873 750.00	—	58 250.00	—	932 000.00
1606	固定资产清理			—	—	—	—
1701	无形资产			—	—	—	—
1702	累计摊销			—	—	—	—
2202	应付账款			13 228 032.00	13 228 032.00	—	—
2203	预收账款			—	—	—	—
2211	应付职工薪酬		78 155.00	78 155.00	78 155.00	—	78 155.00
2221	应交税费		79 380.51	1 572 815.71	1 726 580.03	—	233 144.83
2241	其他应付款			11 131.00	11 131.00	—	—
2501	长期借款			—	—	—	—
4001	实收资本		28 000 000.00	—	—	—	28 000 000.00
4101	盈余公积			—	19 819.92	—	19 819.92
4103	本年利润			12 768 530.97	12 768 530.97	—	—

续表

科目编码	科目名称	期初余额		本期发生额		期末余额	
		借方	贷方	借方	贷方	借方	贷方
4104	利润分配		4 036 714.49	19 819.92	198 199.22	—	4 199 301.85
5001	生产成本			—	—	—	—
5101	制造费用			—	—	—	—
6001	主营业务收入			12 768 530.97	12 768 530.97	—	—
6401	主营业务成本			11 361 720.90	11 361 720.90	—	—
6402	其他业务支出			—	—	—	—
6405	税金及附加			—	—	—	—
6601	销售费用			450 125.00	450 125.00	—	—
6602	管理费用			692 419.45	692 419.45	—	—
6603	财务费用			—	—	—	—
6711	营业外支出			—	—	—	
6801	所得税费用			66 066.41	66 066.41	—	—
合计		33 068 000.00	33 068 000.00	92 605 289.28	92 605 289.28	33 478 213.54	33 478 213.54

表9-15 **商贸企业资产负债表**

会企01表

编制单位：商贸企业　　2020年1月25日　　单位：元

资产	期末余额	上年年末余额	负债和所有者权益（或股东权益）	期末余额	上年年末余额
流动资产：			流动负债：		
货币资金	5 760 872.49	4 720 000.00	短期借款		
交易性金融资产			交易性金融负债		
衍生金融资产			衍生金融负债		
应收票据			应付票据		
应收账款	—	—	应付账款	—	—
应收款项融资			预收账款		
预付账款			合同负债	—	
其他应收款	2 000.00		应付职工薪酬	78 155.00	78 155.00
存货	13 255 341.05	13 888 000.00	应交税费	233 144.83	79 380.51
合同资产			其他应付款		
持有待售资产			持有待售负债		
一年内到期的非流动资产			一年内到期的非流动负债		

续表

资产	期末余额	上年年末余额	负债和所有者权益（或股东权益）	期末余额	上年年末余额
其他流动资产			其他流动负债		
流动资产合计	19 018 213.54	18 608 000.00	流动负债合计	311 299.83	157 535.51
非流动资产：			非流动负债：		
债权投资			长期借款		
其他债权投资			应付债券	—	—
长期应收款			其中：优先股		
长期股权投资			永续债		
其他权益工具投资			租赁负债		
其他非流动金融资产			长期应付款		
投资性房地产			预计负债		
固定资产	13 528 000.00	13 586 250.00	递延收益		
在建工程			递延所得税负债		
生产性生物资产			其他非流动负债		
油气资产			非流动负债合计		
使用权资产			负债合计	311 299.83	157 535.51
无形资产			所有者权益（或股东权益）：	—	—
开发支出			实收资本（或股本）	28 000 000.00	28 000 000.00
商誉			其他权益工具		
长期待摊费用	—	—	其中：优先股		
递延所得税资产			永续债		
其他非流动资产			资本公积		
非流动资产合计	13 528 000.00	13 586 250.00	减：库存股		
			其他综合收益		
			专项储备		
			盈余公积	19 819.92	—
			未分配利润	4 215 093.79	4 036 714.49
			所有者权益（或股东权益）合计	32 234 913.71	32 036 714.49
资产总计	32 546 213.54	32 194 250.00	负债和所有者权益（或股东权益）总计	32 546 213.54	32 194 250.00

表9-16 **商贸企业利润表**

会企02表

编制单位：商贸企业 2020年1月25日 单位：元

项目	本期金额	上期金额（略）
一、营业收入	12 768 530.97	
减：营业成本	11 361 720.90	
税金及附加	—	
销售费用	450 125.00	
管理费用	692 419.45	
研发费用		
财务费用	—	
其中：利息费用		
利息收入		
加：其他收益		
投资收益（损失以“-”号填列）		
其中：对联营企业和合营企业的投资收益		
以摊余成本计量的金融资产终止确认收益（损失以“-”号填列）		
净敞口套期收益（损失以“-”号填列）		
公允价值变动损益（损失以“-”号填列）		
信用减值损失（损失以“-”号填列）		
资产减值损失（损失以“-”号填列）		
资产处置损益（损失以“-”号填列）		
二、营业利润（亏损以“-”号填列）	264 265.62	
加：营业外收入		
减：营业外支出		
三、利润总额（亏损总额以“-”号填列）	264 265.62	
减：所得税费用	66 066.41	
四、净利润（净亏损以“-”号填列）	198 199.21	
（一）持续经营净利润（净亏损以“-”号填列）	198 199.21	
（二）终止经营净利润（净亏损以“-”号填列）		
五、其他综合收益的税后净额		
（一）不能重分类进损益的其他综合收益		

续表

1.重新计量设定受益计划变动额		
2.权益法下不能转损益的其他综合收益		
3.其他权益工具投资公允价值变动		
4.企业自身信用风险公允价值变动		
⋮		
（二）将重分类进损益的其他综合收益		
1.权益法下可转损益的其他综合收益		
2.其他债权投资公允价值变动		
3.金融资产重分类计入其他综合收益的金额		
4.其他债权投资信用减值准备		
5.现金流量套期储备		
6.外币财务报表折算差额		
⋮		
六、综合收益总额		
七、每股收益：		
（一）基本每股收益	0.01	
（二）稀释每股收益	0.01	

课程思政元素

1.成本核算环节

成本核算是指将企业在生产经营过程中发生的各种耗费按照一定的对象进行分配和归集，以计算总成本和单位成本。成本核算的目的在于构建全面的企业成本管理思维，寻求降低企业成本的有效方法，更宏观地分析并控制成本。在日常生活中，也应培养学生控制成本的思维，树立量入为出的观念，杜绝铺张浪费的不良作风，静以修身，俭以养德。

2.期末报表编制环节

在实训中会计人员主要编制资产负债表和利润表，以反映企业的财务状况和经营成果，要做到数字真实、内容完整、计算准确、报送及时、手续完备。近年来上市公司财务造假事件仍然存在，在多数财务造假事件中会计人员都难以独善其身，唯有树立诚实守信、爱岗敬业、客观公正的价值观念，坚守初心，才能避免走入歧途。

第十章 自主经营

项目综述

经过固定数据阶段的实训，受训学员应该了解并掌握了企业常见业务的处理和经营规则。在自主经营阶段，老师不再推送任务，各虚拟组织在负责人的组织协调下，共同设定组织经营目标，制订自主经营计划，并根据计划自主发起任务。经过2~3个月的自主经营，提升受训学员的决策能力、团队合作能力等综合职业素养。

学习目标

1. 能够制订本部门经营计划；
2. 能与团队一起顺利完成实训任务。

重点难点

各部门自主经营计划的制订和实施。

第一节　准备自主经营

一、了解自主经营规则

在自主经营阶段，企业的大部分数据恢复到工作交接的状态，期初余额保持不变，日期切换到2021年1月5日。自主经营阶段遵守的规则与固定数据阶段稍有不同。

（一）制造企业自主经营规则

1.生产与派工规则：生产设备不支持混合生产；生产派工原料用量必须符合BOM要求，否则不能派工。

2.研发与认证规则：舒适型、豪华型童车需投入研发费用；ISO认证根据合同信息确认是否需要投入；无提前期。

3.厂房和设备规则：原有大厂房/仓库不允许出售，经营中只有小厂房/仓库，不能租赁、只能采购，无提前期；原有设备允许出售，经营中购买相应设备，需要1个虚拟日的安装周期（如1月5日购买，1月25日使用）；购买时注意厂房/仓库容量规则、设备与人员工种和数量的对应规则。

4.人力资源规则：根据生产部的生产计划确定人员需求，缺少生产工人可进行招聘和解聘，人员即招即用，无提前期；注意招聘和解聘费用支付规则；每月25日计提本月薪酬，下月5日发放本月薪酬。

5.原料采购规则：经营中同商贸企业在线上、线下签订采购合同，企业发货结算按照系统录入的销售与采购订单进行；可以无提前期，即买即用，按合同约定的结算条款执行。

6.销售与市场规则：制造企业只能与商贸企业、连锁企业、国贸企业签订销售合同；如直接将商品销售到虚拟市场，只能先开拓中部市场，并参加招投标，支付中标费用；按合同约定的结算条款执行。

7.物流运输规则：注意物流合同与每笔采购合同的编号对应，否则无法收货；物流费用为合同金额的5%。

8.财务规则：当月新增资产不计提折旧；每月25日缴纳水电费，收发存汇总表，核算物料成本，计提个人所得税、增值税、社保、公积金，计提后于次月5日缴纳。

9.制造企业间不能进行组间交易。

（二）工贸企业自主经营规则

1.仓储规则：原有仓库不允许出售；经营中仓库不能租赁，只能采购；无提前期；购买时注意仓库容量规则。

2.人力资源规则：不涉及人员招聘和解聘；每月25日计提本月薪酬，下月5日发放薪酬。

3.原料采购规则：经营中根据市场分析情况从虚拟市场采购原料；按录入VBSE系统中的采购订单结算条款执行。

4.销售与市场规则：经营中只能与制造企业签订线上、线下销售合同；不涉及广告与市场开拓；交货日期、结算日期及结算方式可双方协商后录入系统。

5. 物流运输规则：不涉及。

6. 财务规则：编制收发存汇总表核算物料成本；每月25日计提本月个人所得税、增值税、社保、公积金，下月5日进行缴纳、月末结账等。

7. 工贸企业间不允许进行组间交易。

8. 注意线上交互任务（快捷入口内所有任务）与线上同步，确保线上交互任务的准确性与及时性。

（三）商贸企业自主经营规则

1. 仓储规则：原有仓库不允许出售，经营中仓库不可租赁，只能采购，无提前期；购买时注意仓库容量规则。

2. 人力资源规则：不涉及人员招聘和解聘；每月25日计提本月薪酬，下月5日发放。

3. 商品采购规则：经营中与制造企业签订线上、线下销售合同，按合同约定的结算条款执行。

4. 销售与市场规则：经营中根据市场分析情况与虚拟市场签订线上、线下销售合同，按合同约定的结算条款执行；前期必须完成市场开拓（1年1次）和广告投放（1个虚拟日1次），否则无法取得订单；注意广告投放额度与竞单选择的优先权。

5. 物流运输规则：注意每笔采购合同与物流合同对应，否则无法收货；物流费用为合同金额的5%。

6. 财务规则：编制收发存汇总表核算物料成本；每月25日计提本月个人所得税、增值税、社保、公积金，下月5日进行缴纳、月末结账等。

（四）连锁企业自主经营规则

1. 原料采购规则：经营中只能与制造企业签订线上、线下销售合同，在合同中约定好结算条款并执行。

2. 销售与市场规则：经营中只能根据虚拟市场已有订单完成线上、线下零售；不涉及市场开拓与广告投放。

3. 物流运输规则：同制造企业。

4. 财务规则：每月5日、25日将相关票据交由会计师事务所进行代理记账。

（五）国贸企业自主经营规则

1. 原料采购规则：经营中只能与制造企业签订线上、线下销售合同，在合同中约定好结算条款并执行。

2. 销售与市场规则：经营中只能根据虚拟市场已有订单完成海外销售；不涉及市场开拓与广告投放。

3. 物流运输规则：同制造企业。

4. 财务规则：不涉及（教师如具指导能力，可指导学生交由会计师事务所进行外币核算相关的代理记账）。

（六）社会资源机构自主经营规则

1. 招投标企业：从主讲教师处获得中部虚拟市场的招标标的，发布招标公告，只能组织制造企业竞标。

2. 服务公司：线上配合完成各企业的相关申请，收取费用并开具发票；每月催缴制造企业水电费和物流维护费，需要记录付款人信息、摘要和金额。

3. 会计师事务所：获取物流企业和连锁企业的期初和业务票据信息，进行代理记账，按月收取费用并开具发票。

4. 工商银行：配合完成各企业的日常转账以及缴纳税费、社保、公积金等任务，每月25日做好与企业间的对账工作。

5. 其他机构：配合完成各企业申请的日常业务，并与其他社会资源机构合力完成整个社会资源服务工作。

其他规则参照固定数据经营阶段的经营规则并按流程进行。

在经营开始时有以下几点需要注意：

1. 线上交互任务与线上同步，确保线上交互任务的准确性与及时性。

2. 虚拟供应市场提供的发票由买方企业申请，由税务机构开具；货物买卖增值税税率均为13%，运输费用增值税税率为9%，服务类增值税税率为6%；所有企业均为一般纳税人。

二、自主经营操作界面

自主经营的任务在总经理的协调下由各个部门自行发起。发起岗位的员工在“发起任务”选项栏内选择自己需要发起的任务，如图10-1所示。

图10-1　发起任务选项栏

出现图10-2所示界面后，员工可以选择要发起的具体任务。自主经营阶段的任务由总经理在每个工作日开始前将要做的工作线下传达给本公司内部员工。员工无须发起所有任务，只选择公司需要的任务发起即可。

图10-2　任务中心任务选项界面

如果想在1月5日进行产品研发，选择该任务（MYF1），点击“发起任务”，然后点击“是”，产品研发任务随即出现在待办任务列表中，如图10-3所示。待办任务栏右上角的数字代表待办任务数量。

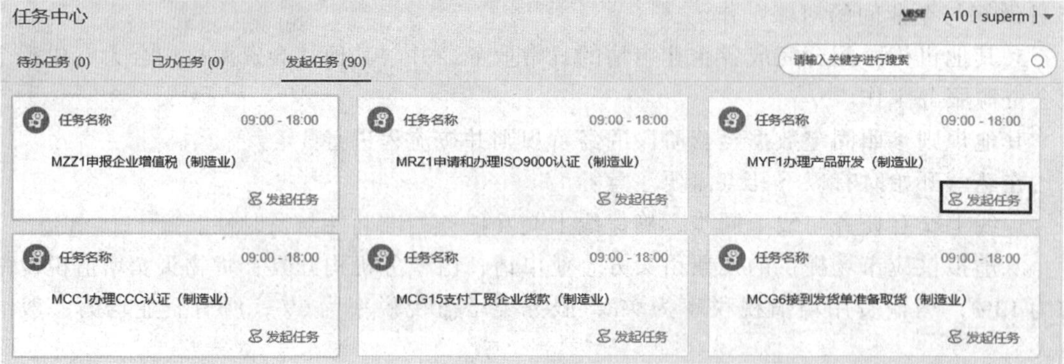

图10-3　生产主管的任务选项

生产主管点击“执行该任务”，后续操作流程与固定数据阶段的操作流程一致。

有的任务有多个岗位的员工参与。以产品研发为例，生产计划经理完成新产品研发的申请，填写支出凭单后交财务经理审核，点击“完成”后，待办任务消失，出现在已办业务和财务经理岗位的待办任务中。多岗位共同完成的任务的操作步骤与固定数据阶段一致。

三、自主经营计划制订

在自主经营阶段，虚拟组织要认真研究市场，根据市场需求作出科学规划。比如，某制造企业的销售人员预测：经济型童车市场日益狭窄，企业需转向更高一级的产品。经管理层商定后，各部门计划拟定如下：

产品类型：舒适型童车、豪华型童车。

产能规划：舒适型童车7 000辆，豪华型童车6 000辆。

设备规划：组装流水线2条，分别组装舒适型童车和豪华型童车。数控机床4台，普通机床2台。其中，2台数控机床用于生产豪华型童车车架，2台数控机床和2台普通机床用于生产舒适型童车车架。在经营之初需采购4台数控机床、1条普通生产线，出售8台普通机床。

人员需求规划：由于采购4台数控机床，因此需招聘8名高级工人、15名中级工人，遣散11名初级工人（原普通机床工人共16名，余5名）。

各部门在总经理的协调下，根据以上规划填写主生产计划、原材料采购计划、设备需求计划、人员招聘计划、销售收入计划以及财务预算。

第二节　自主经营特有任务

自主经营阶段的业务除了固定数据阶段的采购、销售以及企业内部管理业务以外，还会出现特殊情况。比如，企业准备生产舒适型童车或豪华型童车，就需要提前进行产品研发，还需要为豪华型童车的生产招聘高级工人等。

自主经营阶段的操作需要注意每项任务的发起岗位。

一、产品研发

因企业并未设立专门的研发部，该任务由生产计划经理发起，委托服务公司代为研发，产品研发需要一个虚拟日，即2021年1月5日申请完成，2021年1月25日取得资格，可投产。

产品研发的业务操作步骤如图10-4所示。

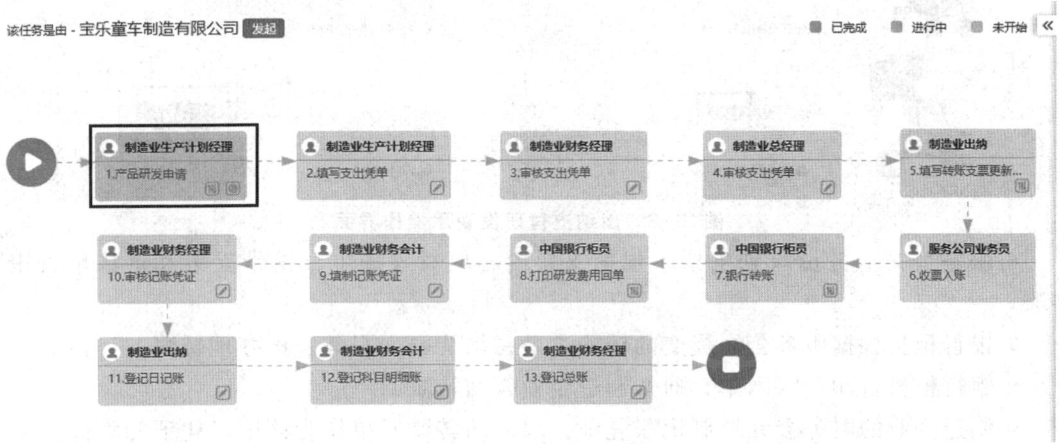

图10-4　产品研发业务操作步骤

1.制造企业生产计划经理申请产品研发。在自主经营之初，制造企业已研发的产品只有经济型童车，若要投产舒适型童车和豪华型童车需要生产计划经理在自己的“发起任务”选项栏中发起该项任务。生产计划经理在“业务操作”界面点击“申请”，选项变为“已申请”（如图10-5所示）。

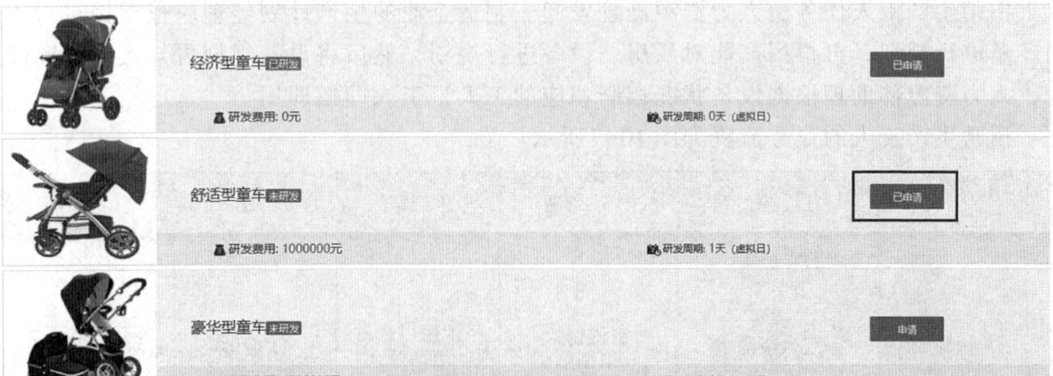

图10-5　生产计划经理申请生产计划研发

2.生产计划经理填写支出凭单，申请支付服务公司的研发费用。

3.财务经理审核支出凭单。

4.制造企业总经理审核支出凭单。

5.制造企业的出纳填写转账支票，并完成在线支付。出纳将支票转交服务公司的业务员。出纳一定要按流程在“业务操作”界面点击“支付”（如图10-6所示）；否则，切换虚拟日后研发状态仍然为“研发中”。

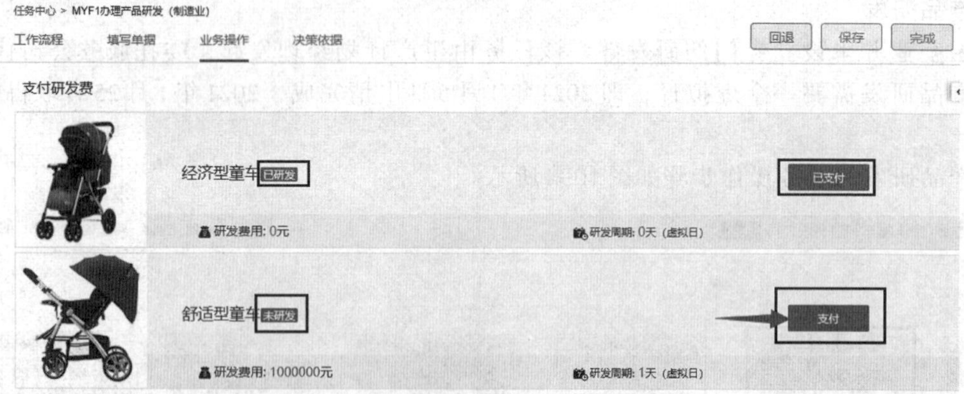

图10-6　出纳支付研发费用操作界面

6.服务公司业务员收到支票，根据支票内容填写进账单，携带支票和进账单去银行转账。

7.银行柜员根据服务公司提交的转账支票在系统中为服务公司办理转账。

8.银行柜员打印转账回单，通知制造企业领回转账回单。

9.制造企业的财务会计填制记账凭证，取回的转账回单作为该记账凭证的附件。

10.制造企业财务经理审核记账凭证，将其转交给出纳以登记日记账。

11.出纳登记银行存款日记账。

12.财务会计登记科目明细账。

13.财务经理登记总账。

二、招聘生产工人

招聘生产工人任务由人力资源经理发起。制造企业的生产计划经理应根据销量对本公司产量进行规划，再根据产能对厂房、设备进行规划，然后将设备规划告知人力资源部助理，人力资源部助理根据设备状况招聘相应的工人，工人即招即用。

招聘生产工人的业务流程如图10-7所示。

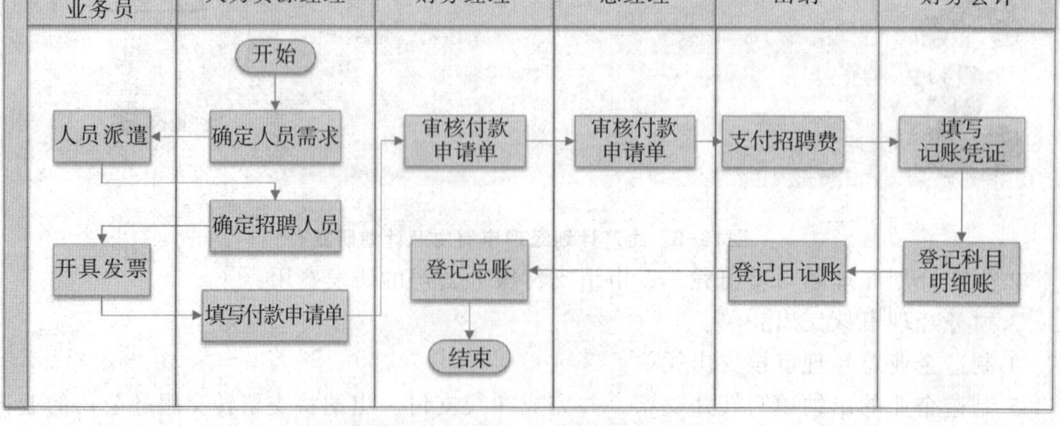

图10-7　招聘生产工人的业务流程

招聘生产工人的操作步骤：

1.制造企业的人力资源部经理确定人员需求。生产计划部经理根据生产需求，告知人力资源部经理其对工人的需求。人力资源部经理确定工人的职称及数量，并填写招聘计划表，填写完毕后将招聘计划表提交服务公司业务员，申请派遣人员。

2.服务公司业务员在系统中将人员派至对方公司。服务公司业务员的待办任务中出现招聘任务，需注意发起公司名称。服务公司业务员选择用人单位，并在制造企业申请的工种右下角填写招聘人数，如图10-8所示。

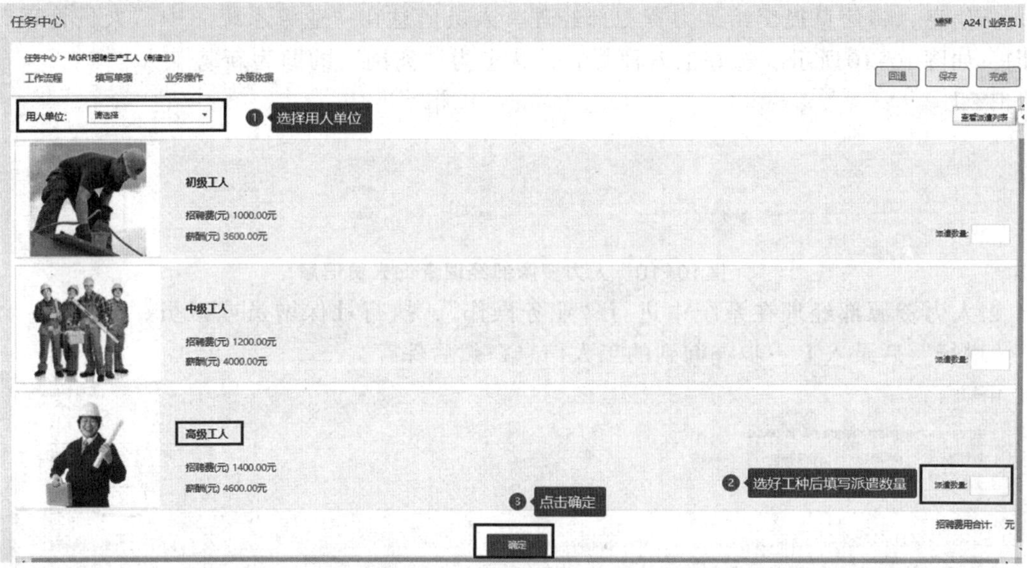

图10-8　服务公司业务员派遣工人操作界面

3.制造企业的人力资源部经理确定招聘人员。人力资源部经理核对工人职称及数量，确认无误后点击“确定”，如图10-9所示；若工种或数量错误，可点击“拒绝”，重新发起该项任务。

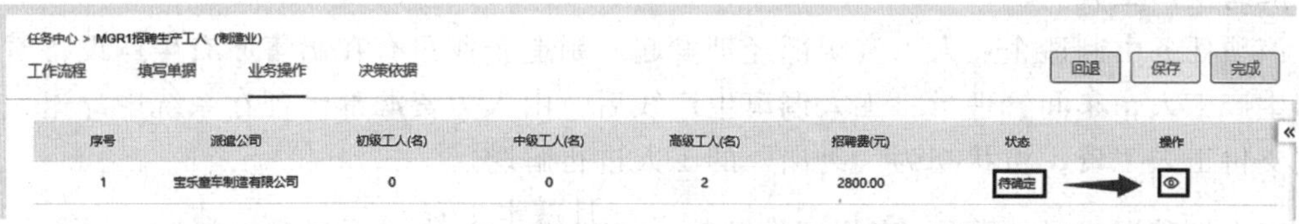

图10-9　人力资源部经理确认招聘工人操作界面

4.服务公司的业务员根据系统中的服务费用金额开具发票，并将发票交给招聘企业，要求其尽快支付。服务业适用的增值税税率为6%。

5.制造企业的人力资源部经理对照服务公司开具的增值税专用发票填写付款申请书。

6.财务部经理审核付款申请。

7.总经理审核付款申请，审核无误后签字，交出纳付款。

8.出纳支付招聘费。出纳收到总经理审核通过的付款申请书，按付款金额开具转账支票，将转账支票交给服务公司总经理。

9.制造企业的财务会计填写记账凭证。

10.财务经理审核记账凭证。

11.出纳登记日记账。

12.财务会计登记科目明细账。

13. 制造企业的经理登记总账。

三、社保公积金增减员

企业招聘或解聘职工，需要调整更新人力资源和社会保障局的职工信息。该项任务由制造企业的人力资源部助理发起。

1. 整理新进/离职员工信息。公司招聘了一部分员工后，人力资源部助理整理本月招聘人员信息，将信息提交给人力资源部经理。人员信息在“业务系统”中“人员管理”处查询，如图10-10所示。选好工人种类后，状态为“离岗”的即为新聘工人。

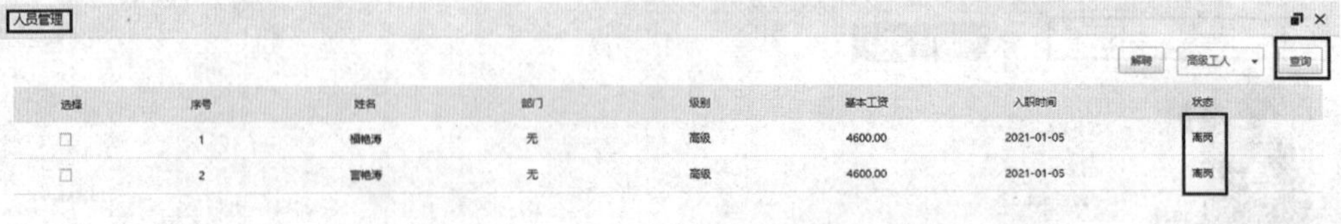

图10-10 人力资源部经理查询人员信息

2. 人力资源部经理在系统中进行“业务操作”，执行社保增员或减员，如图10-11所示，“增行”后录入上一步查询到的工人信息，然后保存。

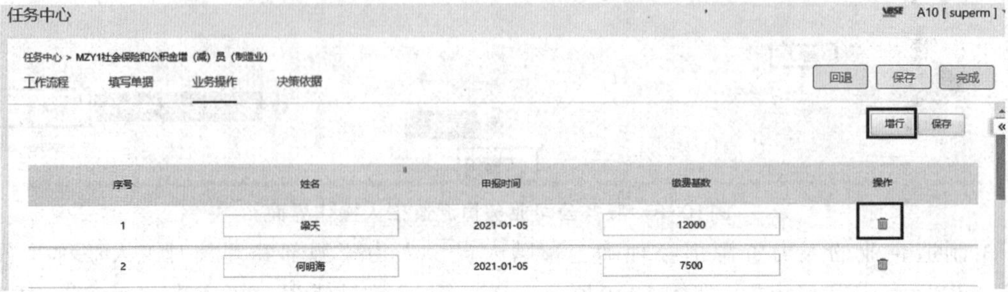

图10-11 社保和公积金增员或减员操作

四、解聘生产工人

该项任务由制造企业人力资源部经理发起。制造企业只有在出售原有生产设备时，可解聘生产工人，车间管理员将工人调离生产线后，由人力资源部经理在系统中辞退，并按规则支付工人工资，将状态为“离岗”的工人进行解聘。

$$\text{工人被辞退当月的薪酬}=\text{实际工作日数}\times\frac{\text{月基本工资}}{\text{当月全勤工作日数}}+\text{辞退福利}$$

辞退福利为3个月的基本工资。

辞退福利会计分录：

1. 计提时

借：管理费用　　118 800

　贷：应付职工薪酬　　118 800

2. 发放时

借：应付职工薪酬　　118 800

　贷：银行存款　　118 800

劳动报酬部分仍计入车架成本。

五、出售生产设备

该项任务由制造企业的采购员发起。企业按上述计划进行经营时，可以将原有的设备出售，收回部分资金，并空出厂房安装新设备。以出售8台普通机床为例，出售生产设备的业务流程如图10-12所示。

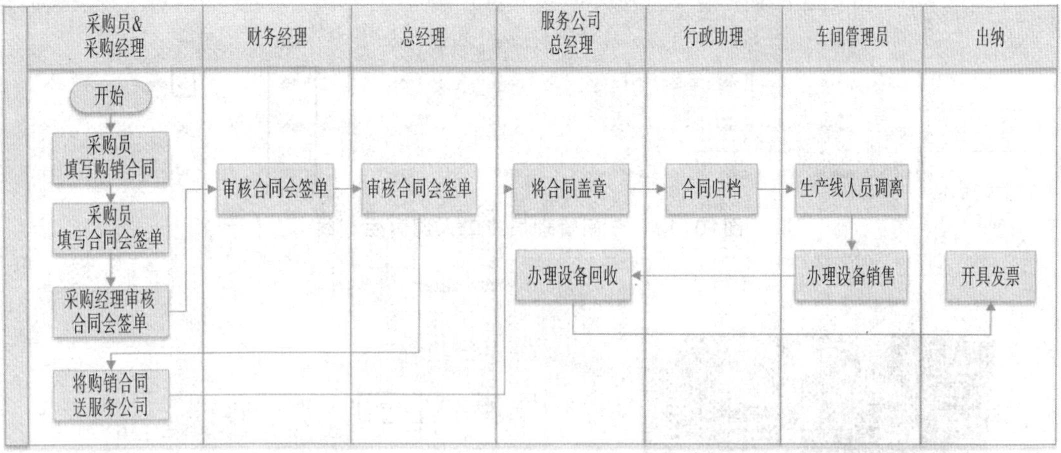

图10-12　制造企业出售生产设备的业务流程

出售生产设备的业务步骤如下：

1.制造企业的采购员根据公司要求确定购买需求，到服务公司协商设备价格（参考固定数据阶段制造企业设备规则中的账面价值），价格确定后填写购销合同相关内容。

2.制造企业采购员根据已填写的购销合同条款填写合同会签单，然后交制造企业采购部经理审核。

3.采购部经理审核合同会签单，确认无误后在会签单上签字，交财务部经理审核。

4.财务部经理审核合同会签单，确认无误后在对应位置签字，交总经理审核。

5.总经理审核合同会签单及购销合同，确认无误后在对应位置盖章，将合同会签单交行政助理存档。

6.制造企业的采购员拿本公司已盖章的购销合同去服务公司盖章。

7.服务公司的总经理盖章后，购销合同正式成立，将合同交制造企业的行政助理。

8.制造企业的行政助理将合同存档。

9.车间管理员将工人调离生产线，选择要出售的设备，点击右下角的“人员离岗”，将所有要出售的设备配置的工人调离，调离后，人员状况为“未配置”，如图10-13所示。工人调离后，设备方可出售。

10.车间管理员在系统中将不用的设备进行出售。车间管理员按账面价值填写出售生产线的价格，出售时处理价为含增值税的价格，即原值减累计折旧，不存在资产处置的损益，可简化本年利润结转。计算过程见任务“收回设备销售款”，如图10-14所示。

11.服务公司的业务员在系统中回收设备。

12.制造企业的出纳按处理金额为服务公司开具发票。

图10-13　车间管理员将工人调离生产线

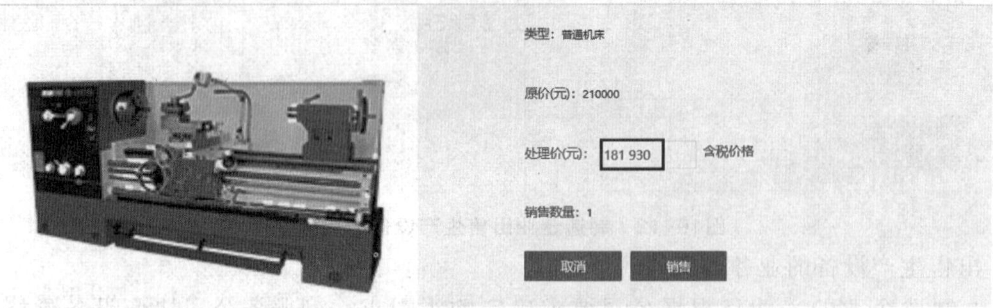

图10-14　车间管理员出售设备操作界面

六、收回设备销售款

生产设备出售后，需要收回设备销售款，该任务由制造企业的采购员发起，业务流程如图10-15所示。

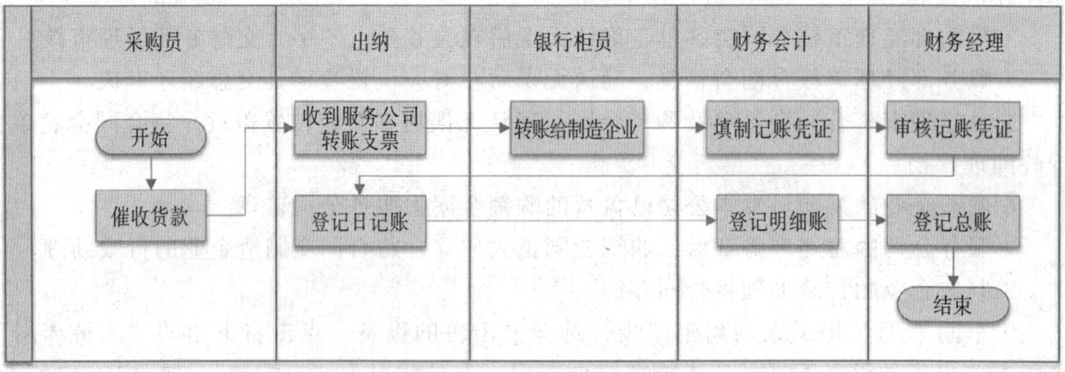

图10-15　收回设备销售款的业务流程

收回设备销售款的业务步骤如下：

1. 采购员催收货款。

2. 收到服务公司递交的转账支票。

3. 制造企业出纳审核支票，确认无误后填写进账单，连同支票一起送交银行入账。银行柜员根据支票信息进行转账。

4. 财务会计填写记账凭证。

5. 制造企业财务经理审核记账凭证，审核无误后在记账凭证上签字或盖章，转交出纳登记日记账。

6. 制造企业的出纳登记银行存款日记账。

7. 财务会计登记科目明细账。

8. 制造企业的财务经理登记总账。

以出售 1 台普通机床为例，其账务处理为：

（1）将需要出售的固定资产转入固定资产清理科目。

机床为2018年9月15日购入，原价为210 000元，购入当月不计提折旧，使用期限为10年，残值为0，月折旧额为1 750元（（210 000−0）÷120）；出售日期为2021年1月5日，出售当月仍然计提折旧，累计折旧月数为28个月，累计折旧额为49 000元（1 750×28），固定资产净值为161 000元（210 000−49 000）。为简化账务处理，假设机床按净值出售。增值税税率为13%（具体可参照税法中一般纳税人出售使用过的固定资产增值税税率相关规定）。

借：固定资产清理　　161 000

　　累计折旧　　49 000

　贷：固定资产　　210 000

（2）取得出售固定资产的收入。

借：银行存款　　181 930

　贷：固定资产清理　　161 000

　　　应交税费——应交增值税（销项税）　　20 930

七、购买生产设备

购买生产设备任务由制造企业的采购员发起。制造企业的生产计划部经理根据销量对本公司的产量进行规划，并对产能、厂房、设备进行规划，以决定是否购买设备。

假设某制造企业决定购买生产设备，其业务流程如图10-16所示。

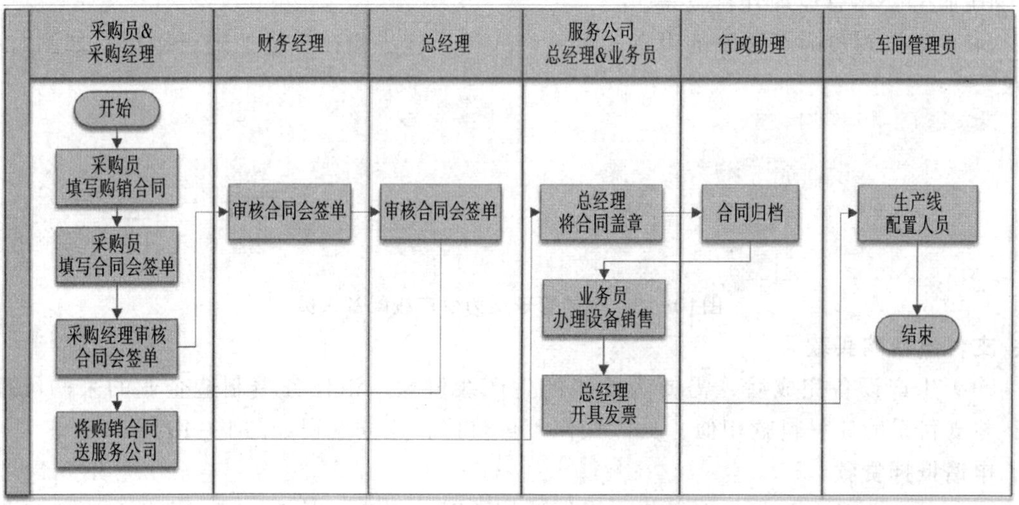

图10-16　设备购买业务流程

购买设备的具体操作步骤如下：

1. 制造企业的采购员填写设备购销合同。采购员根据公司要求确定购买需求，到服务公司协商设备价格，价格确定后填写购销合同相关内容。

2. 制造企业的采购员根据已填写的购销合同条款，填写合同会签单，然后交制造企业采购经理审核。

3.采购经理审核合同会签单，确认无误后在会签单上签字，交财务经理审核。

4.财务经理审核合同会签单，确认无误后在对应位置签字，交总经理审核。

5.总经理审核合同会签单及购销合同，确认无误后在对应位置盖章，将合同会签单交行政助理存档。

6.制造企业的采购员拿本公司已盖章的购销合同去服务公司盖章。

7.服务公司总经理盖章后，购销合同正式生效，将合同交制造企业的行政助理。

8.制造企业的行政助理将合同存档。

9.服务公司的业务员按照合同在系统中为采购企业选择相应的设备，如图10-17所示。

图10-17　服务公司业务员在系统中选择设备

10.服务公司总经理开具发票。

11.车间管理员为新采购的设备配备生产人员。该步骤在系统上进行操作，如图10-18所示。

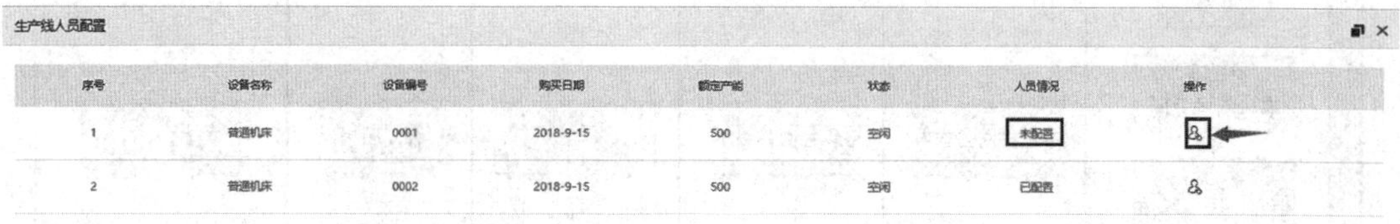

图10-18　车间管理员为生产线配备人员

八、支付设备购买款

购买生产设备完成后，需要为购买的生产线付款。该任务由制造企业的采购经理发起，与支付采购原材料款相似，具体操作不再赘述，业务流程如图10-19所示。

九、申请抵押贷款

抵押贷款业务由财务经理发起。根据期初的财务预算，财务经理可向银行办理抵押贷款。整笔贷款业务由三项任务组成：MDK1申请抵押贷款，MDK2签订抵押贷款合同并放款，MDK3贷款还款。

其中，要注意银行柜员发放贷款和出纳确认贷款发放两个步骤。银行柜员发放贷款时参考表10-1的贷款利率，选择“利率”和“贷款期限”，点击“确认”即可，如图10-20所示。右下角的操作图标为收回贷款的操作，发放贷款时无须进行，避免重复扣除企业的利息。

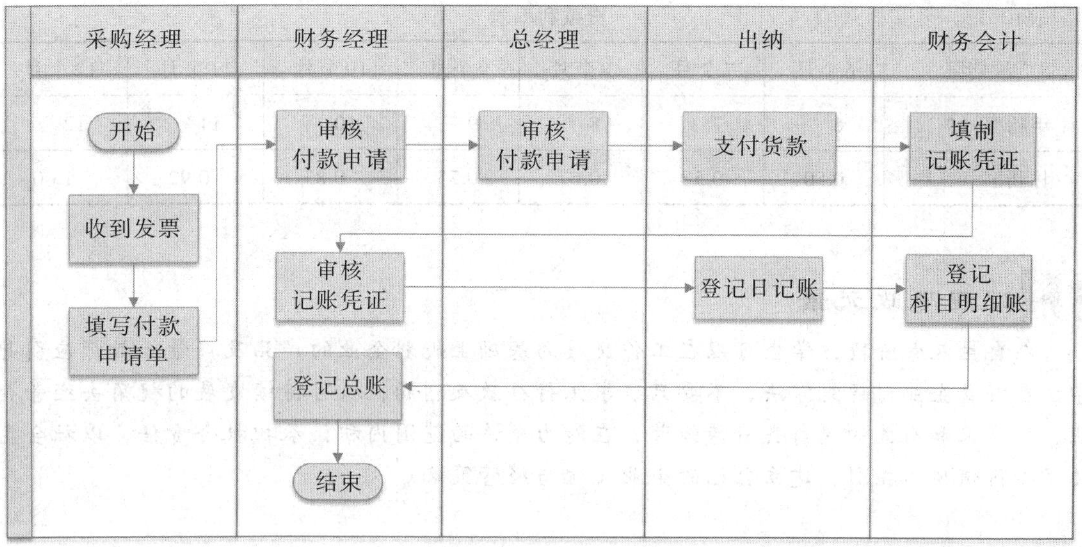

图10-19　支付设备款

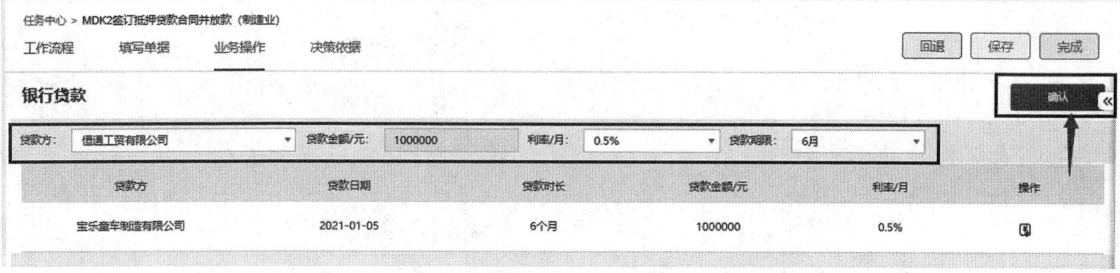

图10-20　银行柜员发放贷款操作界面

贷款发放成功后，出纳在“业务操作”界面即可查询到银行发放的贷款，如图10-21所示。

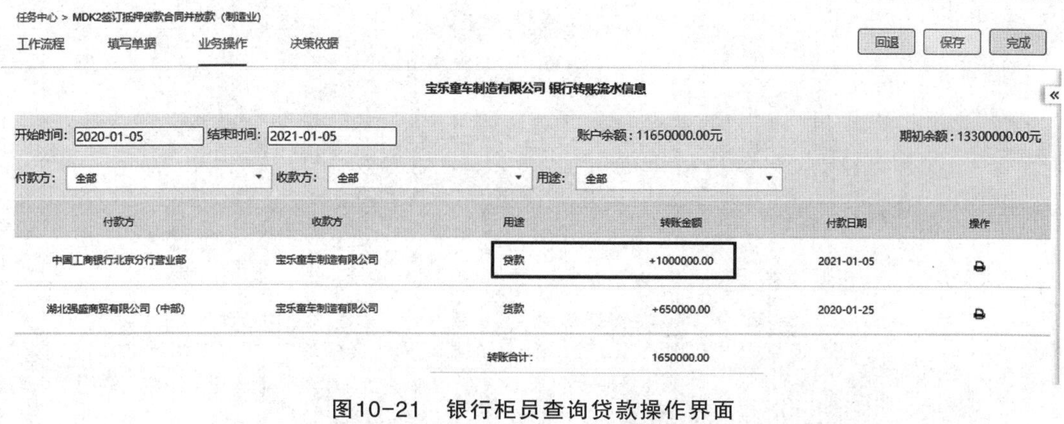

图10-21　银行柜员查询贷款操作界面

制造企业、商贸企业、工贸企业、国贸企业、连锁企业等均可向中国工商银行申请抵押贷款。贷款金额为0~1 000万元，贷款期限为1~12个月，企业可根据自身情况申请贷款金额与期限。贷款利率见表10-1。申请企业抵押贷款所需的基本资料有：营业执照、法定代表人身份证、银行开户许可证、最近一期财务报表（均须加盖财务印鉴）。抵押保证为房屋产权。还款方式为一次还本付息。

表10-1 贷款利率表

贷款期限	6个月	7个月	8个月	9个月	10个月	11个月	12个月
年利率（%）	6	7	8	9	10	11	12
月利率（%）	0.50	0.58	0.67	0.75	0.83	0.92	1.00

课程思政元素

在自主经营阶段，学生可以在工作交接的基础上规划企业的产品及产量。教师应引导学生在经营企业时遵纪守法，不要只追求银行存款及利润，从可持续发展的视角去经营企业，从国家和人民的视角去看待经营，在能力允许的范围内积极承担社会责任，以社会主义核心价值观为指引，建立自己的企业文化与经营策略。

第十一章

特殊组织的特殊业务

项目综述

VBSE实训主要围绕制造企业、工贸企业、商贸企业组成的供应链展开，这三类实训组织具有相似的业务，如采购、销售、发放工资等业务；其他特殊的实训组织如连锁机构、国贸企业、招投标公司、会计师事务所，除了具有常规业务外，还有自己独特的业务，如连锁机构的集中配送门店销售业务、国贸企业的涉外销售业务、招投标公司的招标业务、会计师事务所的审计业务等。

学习目标

1.能够完成连锁企业门店的销售收款业务；
2.能够完成国贸企业的出口销售业务；
3.能够完成招标公司的招标业务；
4.能够完成会计师事务所的审计业务。

重点难点

各类特殊组织的特殊业务流程。

第一节　百联集团主要业务

在固定数据阶段，百联集团的业务主要有门店向总部借备用金、门店向消费者销售童车、东西区门店补货和连锁采购等，如图 11-1 所示。按业务类型归类，这些业务包括借备用金、销售收款、上缴营业款、请货及总部向门店配送、连锁采购等。其中，借备用金业务与其他组织借备用金相似，此处不再赘述；连锁采购业务已进行详细介绍，此处也不再赘述。本章重点介绍连锁门店销售收款、上缴营业款和中心向门店配货的业务。连锁零售组织为非必开外围组织，可视人数开立。具体业务内容请扫码阅读。

百联集团固定数据阶段主要业务步骤

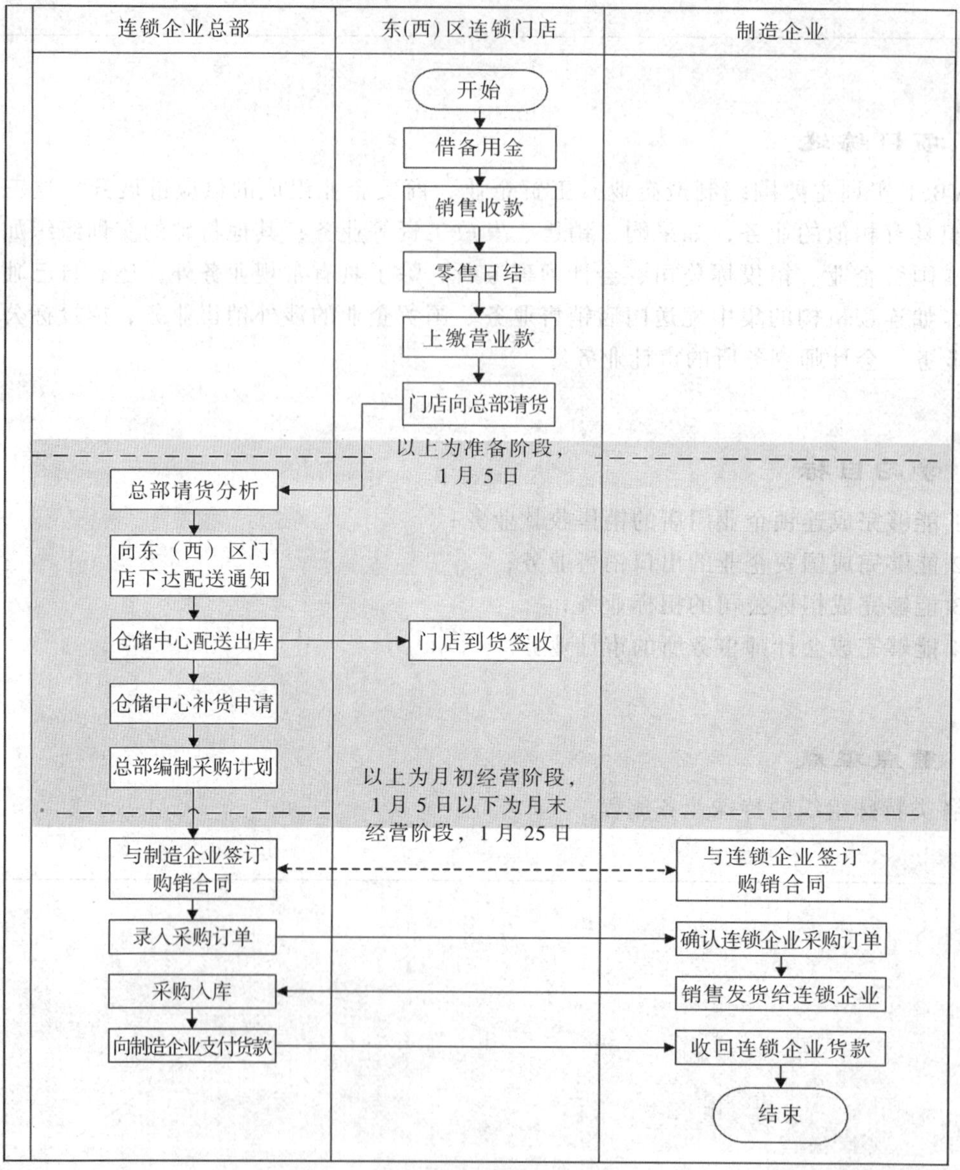

图11-1　百联集团主要业务列表

第二节　国贸企业主要业务

国际贸易业务涉及租船订舱、保险、报检、报关、出口收汇核销、出口退税等环节，每个环节单据的填写规范要求较严，一点小差错就有可能导致卖方无法顺利交货，甚至无法顺利收汇。国际贸易业务在VBSE系统中由五洲进出口公司来办理，相对于其他企业，五洲进出口公司与其他组织的关联不多，这一部分专业性较强的环节可参照图11-2进行操作，旨在使学生对国际贸易流程有初步认识。

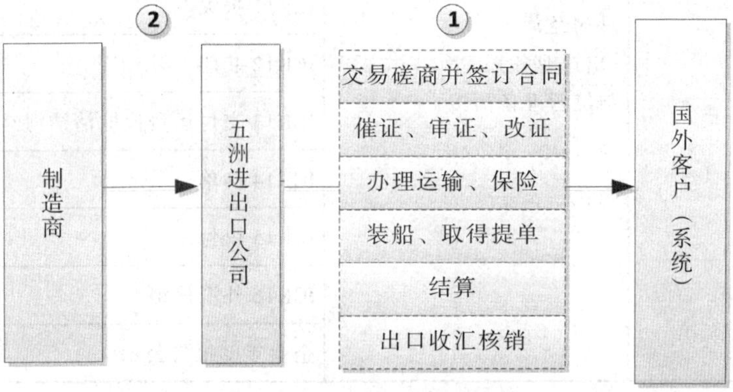

图11-2　国际贸易业务流程图

在VBSE实训的固定数据阶段，五洲进出口公司有两笔业务：一笔出口业务和一笔采购业务。国际贸易的采购业务与制造企业的采购业务类似，可参考第四章中的采购与付款业务。

国际贸易的销售业务流程很大程度上取决于结算方式，国际贸易普遍采用信用证作为结算方式，VBSE实训采用的就是这种结算方式，具体操作流程请扫码阅读。

五洲进出口公司
固定数据阶段
主要业务步骤

在VBSE实训中，五洲进出口公司的任务列表见表11-1。

表11-1　国际贸易任务列表

虚拟日期	任务名称	任务列表
1月5日	经营准备（出口业务）	商标制作及注册
		ICK1 贸易洽谈
		ICK2 出口合同签订
		ICK3 催证、审证、改证
		ICK4 开商业发票和装箱单
		ICK5 订舱
		ICK6 出口货物出库

续表

虚拟日期	任务名称	任务列表
1月5日	月初经营（出口业务）与经营准备衔接	ICK7 商检
		ICK8 投保
		ICK9 支付保险费，获得保险单
		ICK10 出口收汇核销单申领与备案
		ICK11 报关
		ICK12 装船
		ICK13 支付运费换取清洁海运提单
		ICK14 制单
		ICK15 议付
		ICK16 外汇核销
		企业年度报告公示

第三节 招投标公司主要业务

新华招投标公司固定数据阶段主要业务步骤

招投标公司在固定数据阶段的任务主要是新公司注册和招投标业务，同学们可按照系统中的任务提示完成招投标业务，也可以对某一采购主题的招标活动进行自主策划，包括选取评标主题、设定评选标准，在月末经营时开始投标。在自主经营阶段，学生更可以充分开展招投标业务。

在VBSE实训中，新华招投标公司的业务类型包括新公司注册和开展招投标业务，其任务列表见表11-2。具体操作流程请扫码阅读。

表11-2 招投标公司任务列表

虚拟日期	任务名称	任务列表
1月5日	上岗交接	了解各岗位职责
		熟悉招投标企业规则
		学习公司注册流程
		企业设立登记
		银行开户申请
		税务登记、社保登记
		第一阶段考核

续表

虚拟日期	任务名称	任务列表
1月5日	经营准备	BZB1 签订招标委托合同
		BZB2 制作招标文件
		BZB3 发布招标公告
		BZB4 投标资格预审
1月5日	月初经营	BZB5 出售招标文件
		BZB6 制作投标文件（制造企业）
		BZB7 组织开标会
		BZB9 定标并发出中标订单
1月25日	月末经营	BZB13 结算招标服务费（制造企业收到招标客户货款并给客户发货后）
		第二阶段考核——招投标总经理

第四节　会计师事务所主要业务

会计师事务所是指依法设立并承办注册会计师业务的社会中介机构。

会计师事务所承办审计业务、会计咨询、会计服务业务及其他法定审计业务；审查企业财务报表，出具审计报告；验证企业资本，出具验资报告；办理企业合并、分立、清算等审计业务；代理记账、会计咨询、税务咨询、管理咨询等日常业务。由于会计师事务所不属于必须开设的外围机构，具体的内容请扫码阅读。

会计师事务所固定数据阶段主要业务步骤

课程思政元素

会计师事务所在出具审计报告的过程中应保持和坚守应有的独立性和道德防线，否则事务所和个人都会置身于风险之中。永拓会计师事务所在广东金刚玻璃科技股份有限公司2016年、2017年年度财务报表审计执业中，未对公司业务管理系统实施相应审计程序，并且在风险识别与评估程序、内控测试审计程序、实质性审计程序等多个环节存在未勤勉尽责的行为。中国证券监督管理委员会广东监督管理局对永拓会计师事务所及参与审计的注册会计师分别给予了行政处罚。注册会计师要树立规则意识和守法意识，强化独立、客观、公正的职业特性，保证市场经济秩序的稳定标准，促进社会公平正义，做好资本市场的“看门人”。

第十二章

实训总结

项目综述

在VBSE跨专业综合实训课程结束之后，学生要对实训过程进行总结：首先，对实训过程的相关资料进行整理、归档；其次，根据教师的要求认真抄写实训报告；最后，进行实训汇报。通过撰写实训报告和汇报，引导学生学会思考、归纳和呈现，增强全局意识，提高思维能力。

学习目标

1. 了解需要整理的实训资料类型；
2. 掌握实训报告的书写规范；
3. 了解实训汇报的形式；
4. 培养归纳总结的能力。

重点难点

实训报告的撰写。

第一节　实训资料整理

实训结束，同学们要以实训组织（团队）为单位，整理提交实训资料，主要包括以下内容。

一、资料种类

1. 企业管理类

企业管理类资料主要包括企业基本情况、公司发展状况、公司业务等介绍性文档，以及关于本团队接手后的公司业务开展、企业文件建设、企业管理制度的文档和营销规划书等。

2. 单证报表类

实训各组织在实训过程中要填写纸质单据或打印电子单据，这些单据要分岗位装订。其中，会计资料的装订要严格遵守我国会计法规定，符合国家统一的会计制度：

（1）手工会计凭证和信息化环境下打印出来的凭证，各装订一本。

（2）账簿和报表均分类填写封面并装订；证章及虚拟货币类的实训器材从各岗位收齐后，放回工具箱。

（3）其他纸质实训资料需要分类整理，按日期排序装订，按组织统一上交。

3. 实训日志

本实训课程要求参与者每日拟定实训日志（工作日志），记录当天工作所得。实训结束后，工作日志按岗位整理，按团队装订提交。

二、资料归档要求

1. 章证类

CEO组织本机构的办公用品回收任务，分别交给不同的责任人。

（1）所有填制过的单据汇总给本组织的财务负责人，然后由其统一上交给服务公司。

（2）所有未填制过的单据分种类上交给税务局。

（3）所有印章上交给供应商。

（4）所有办公用具（印泥、工作牌等）上交给客户。

（5）所有现金、银行卡以企业为单位统一汇总，然后上交给银行。

【温馨提示】

办公用品回收注意事项：服务公司整体负责办公用品的回收工作，对其进行统一保管和分类；办公用品交回后清点数量和使用程度，做好记录；有关人员要对各组织各部门的办公用品领用清单进行核对，并做好登记。办公用品回收清单见表12-1。

表12-1　　办公用品回收清单

序号	物品名称	规格	数量	回收时间	完好程度	经办人	备注

2. 实训日志及企业管理用文件

（1）人事制度、发展规划、营销策划、企业文化等文档性纸质材料由机构人事经理整理后，上交给实训老师。

（2）工作日志每日书写，第二天汇总给所在组织的CEO，统一上交给实训老师。

第二节　实训总结与实训报告的撰写

实训资料整理完毕，各组织在负责人的带领下对实训进行总结和评价，通过系统自评、小组评价以及实训报告，完成对本课程的考核。

一、团队总结和评价

1. 完成系统中的自评与互评任务

VBSE系统针对每个阶段设计了考核评价任务，认真完成系统中每个阶段的考核任务是对当前阶段的工作总结，也是学生成绩评定的一部分。

2. 对组织经营业绩进行评价

对组织经营业绩的评价主要从经营效益和制度建设两个方面来进行。根据实训模拟的经营数据，从企业利润、品牌价值、资质、市场开拓情况、研发能力等方面对所在组织进行分析评价；结合所在企业的相关制度，从完整性、规范性、适用性、制度文档管理等方面对企业的制度进行分析评价。在各虚拟组织自评的基础上，由教师评定每个团队的考核成绩，该成绩也是学生成绩的一部分。

3. 团队内部评价考核

团队内部评价考核由团队负责人进行，各组织负责人依据团队成员在日常工作中的任务完成情况、工作态度等对其进行综合评价，评价结果写在实训报告中，并提交给老师，这也是学生成绩的组成部分。

二、撰写实训报告

VBSE跨专业综合实训课程的考核内容之一为撰写实训报告。报告的撰写是一项重要的职业技能，它不仅是对本次实训的总结，也是对学生的归纳能力、文字表达能力和工作总结能力的锻炼。因此，参加实训的同学要积极认真地完成实训报告。

实训报告包括五项实训分析：实习动员与团队组建、工作交接、月初经营、月末经营、自主经营。通过对每部分的实训目的、实训内容、实训步骤和实训结果进行分析，让学生对本学期企业仿真综合实训课程的具体操作进行回顾、描述和反思，对自己所在的岗位的工作进行总结汇报，这也是对整个实训课程中具体操作的描述、反思和总结。

实训报告格式如图12-1所示，可附页。

实训报告的撰写可参照以下内容：

1. 实训一：实习动员与团队组建

实训目的：通过本实训的学习，完成从学生到员工的思想转变，进入企业模拟环境，了解职位种类、工作职责，并迅速熟悉本虚拟企业内部岗位；提高表达能力、形象展示能力和竞争意识。

<table>
<tr><td rowspan="4">《VBSE跨专业综合实训》

____实训报告

院　　部：________
专　　业：________
班　　级：________
姓　　名：________
学　　号：________
指导教师：________</td><td>实训目的</td></tr>
<tr><td>实训内容</td></tr>
<tr><td>实训步骤</td></tr>
<tr><td>实训结果及分析</td></tr>
<tr><td></td><td>分数：　　　　教师签字：　　　　日期：　年　月　日</td></tr>
</table>

图12-1　实训报告格式

实训内容：（1）实习动员，系统操作培训；（2）CEO竞选；（3）现场招聘团队组建，员工上岗。

实训步骤：（1）介绍课程能力，认识实训组织及岗位；（2）系统操作讲解；（3）CEO候选人竞选，提交简历，各岗位应聘上岗；（4）发放办公用品；（5）学生系统测评。

实训结果及分析：每个岗位根据自己公司的实际情况介绍求职动机、公司的人员构成，并描述自身职位及实训规划。

2. 实训二：工作交接

实训目的：通过本实训的学习，设定企业经营起点，清理企业现实资源，梳理运行中的企业业务，了解本企业的运营环境和规则，熟悉岗位业务流程和对象。

实训内容：（1）工作交接内容讲解；（2）了解岗位职责，熟悉行业运营规则；（3）各岗位工作交接；（4）工作交接考核。

实训步骤：（1）查看企业基本信息，熟悉虚拟商业企业运营规则；（2）读懂前任工作文档，进行工作交接；（3）梳理企业期初数据，设定企业运营起点；（4）期初数据建账；（5）填写工作交接考核试题。

实训结果及分析：对实训中的企业有哪些了解？掌握了企业期初的哪些数据？填写了什么单据？

3. 实训三：月初经营

在VBSE系统中，2020年1月任务分为经营准备、月初工作、月末工作三个部分，月初经营实训包括1月5日进行的经营准备和月初工作两个部分。

实训目的：通过本实训的学习，提高自主学习能力，适应并热爱自身岗位，熟悉企业日常经营工作流程，理解工作环节设置原因，锻炼部门协作能力。

实训内容：根据自身岗位内容填写。

实训步骤：根据自身岗位内容填写。

实训结果及分析：环节上有没有出错？最后的数据有没有对上？分析成功的经验和失败的原因。

4. 实训四：月末经营

实训目的：梳理企业本月发生的业务类型，盘点企业资源状况，及时发现问题，了解企业运转状况；开展连续经营，制订下月工作计划，掌握业务开展的关键技能，明晰业务之间的关联性。

实训内容：根据自身岗位内容填写。

实训步骤：根据自身岗位内容填写。

实训结果及分析：在1月25日进行的月末工作、资源盘点等环节有无出错？对此展开分析。

5. 实训五：自主经营

实训目的：通过本实训的学习，能够自主制订企业经营计划并将其顺利实施；开展连续经营，掌握业务开展的关键技能；熟悉企业运营的基本流程，学会企业管理与运营的理念与方法，提升自主规划能力、计划实施能力、过程控制能力与总结反思能力。

实训内容：企业自主经营阶段所制订的计划及发起的任务。

实训步骤：根据实际情况填写。

实训结果及分析：环节上有无出错？是否按照自主经营计划成功开展工作？

6. 课程实训总结

实训目的：通过企业仿真综合实训课程的学习，完成思想上的身份转换，进入企业模拟环境，在虚拟的市场环境、商务环境、政务环境和公共服务环境中，根据现实岗位工作内容、管理流程、业务单据，结合业务规则，进行仿真经营和业务运作；切实提高认知能力、情感能力和动手能力，熟悉企业运营的基本流程，培养综合职业素养。

实训内容：（1）实习动员与团队组建；（2）工作交接；（3）月初经营；（4）月末经营；（5）自主经营；（6）实训总结，物化成果。

实训步骤：

（1）工作准备：①六项准备；②实习动员；③系统操作培训。

（2）组建团队：① CEO竞选；②招聘上岗；③发放办公用品。

（3）工作交接：①工作交接任务讲解，掌握期初数据，了解岗位职责，熟悉行业运营规则；②虚拟企业各部门工作交接；③工作交接阶段考核。

（4）固定数据：①月初工作任务逻辑关系讲解；②经营准备、月初经营、月末经营三个时期的工作处理；③固定数据阶段的总结与考核。

（5）自主经营：①自主经营工作任务逻辑关系、经营规则讲解；②制订自主经营计划，开展连续经营，进行2021年1月月初和月末、2021年2月月初和月末的工作处理；③自主经营总结与考核。

（6）物化成果：收集素材制作PPT或视频，进行实训工作汇报与总结；填写实训报告，物化成果，保存档案。

实训结果及分析：（1）岗位职责；（2）工作内容回顾；（3）实训成果与收获。

对于实训成果与收获建议从以下几点进行分析：（1）获得的能力；（2）自身的不足；（3）今后如何提升；（4）对该课程的评价与建议。分析应侧重对自身认知能力、自主学习能力、专业知识应用、工作态度、责任担当、沟通能力、团队协作等方面的自我反思。

第三节　实训汇报

一、实训汇报的目的

在本实训课程中，学生是主要参与者，教师主要负责指导和观察。实训汇报是检验学生的参与程度及实训效果的途径之一。作为实训体验的真实写照，实训汇报给学生提供了一个展示自我、分享实训感受的平台，有助于激发学生的创新思维，使实训效果更上一个台阶。

教师可以在实训结束前组织学生以团队为单位积累实训汇报素材。在课程安排上，教师要为实训汇报留有充足的时间，以保证汇报的效果。

二、实训汇报的内容

实训汇报围绕以下几个方面开展：

（1）团队成员和公司文化；

（2）分享团队在实训过程中的收获、体验、经验和教训；

（3）剖析自身存在的问题，确定团队成员以后的努力方向；

（4）对实训内容、形式、安排等提出合理建议。

实训汇报的内容构架要完整，涵盖业绩、目标实现、出现的问题及解决措施，思路要清晰、符合逻辑。

三、汇报形式

实训汇报以团队为单位进行，形式可以多种多样：可以推荐代表发言，可以制作PPT讲稿或视频等。汇报可以采取抽签形式，主要体现学生的PPT制作技术、视频软件的运用能力、演讲技巧等。

实训汇报为同学们提供了一个充分发挥自己特长的机会，也是对团队合作的一种促进。

课程思政元素

1.实训资料整理

实训资料的整理是实训工作中非常重要的一个环节，是一个去粗取精、消除误差、由表及里、综合提高的过程。资料的收集要保证资料整体的全面性，无论是横向还是纵向，要使占有的资料具有一定的广度，遵循真实性、准确性、完整性、统一性、简明性的原则。资料整理的核心工作就是资料分类，在分类过程中学生应强化团队意识和合作意识，提升分类归档的能力，使资料统一化、条理化、简单化，确保调查资料的正确性和可靠性，避免弄虚作假、短缺冗余，提升资料的使用价值。

2.实训总结与实训报告的撰写

持续性自我改进是开展学生自我评价的真正目标，通过不断的自我诊断、自我改进，反思不足，调整学习策略和方法，实现良性循环，促进自我学习意识的觉醒，激发学习动力，提高自律能力和认识自我的能力，培养自主性的、发展性的、批评性的反思能力。

参考文献

［1］毕继东．创业设计与实验——企业经营仿真综合实验［M］．北京：清华大学出版社，2016.

［2］陈荣秋，马士华．生产运作管理［M］．6版．北京：机械工业出版社，2022.

［3］姬昂．Excel在会计和财务中的应用［M］．7版．北京：清华大学出版社，2020.

［4］德斯勒．人力资源管理［M］．刘昕，译．14版．北京：中国人民大学出版社，2017.

［5］寇娅雯．税务会计与税收筹划实务［M］．北京：人民邮电出版社，2023.

［6］林国超．企业运营仿真综合实验——新道VBSE（综合版）配套教程［M］．北京：清华大学出版社，2019.

［7］刘明辉，史德刚．审计［M］．8版．大连：东北财经大学出版社，2022.

［8］卢德湖，赵巧．VBSE企业综合运营全景演练［M］．北京：清华大学出版社，2015.

［9］徐佳．财务报表编制与分析［M］．北京：清华大学出版社，2016.

［10］张战勇，李晶，石英剑．虚拟商业社会（VBSE）跨专业综合实训教程［M］．北京：经济管理出版社，2018.